George H. Hodos

Mitteleuropas Osten

George H. Hodos

Mitteleuropas Osten

Ein historisch-politischer Grundriß

Mit sechs Karten

Aus dem Amerikanischen von Veit Friemert

BASISDRUCK

Titel der amerikanischen Originalausgabe:
The East-Central European Region. An Historical Outline.
Praeger: Westport/Connecticut and London 1999.

Gedruckt mit freundlicher Unterstützung der Hans-Böckler-Stiftung.

ISBN 3-86163-120-2

© Basisdruck Verlag

Berlin 2004 – Erste Auflage
Gestaltung und Satz: Eckhardt Natorp, Berlin
Druck: Fuldaer Verlagsagentur
Bindung: Leipziger Großbuchbinderei
Printed in Germany

Inhalt

Vorwort zur amerikanischen Ausgabe

Ich biete dem Leser ein eher kleines Buch zu einem großen Thema an: zur tausend Jahre alten Geschichte Ostmitteleuropas. Die Idee kam mir bei lang andauernden Reflexionen über mein kurzes Leben, das mit diesem kleinen und unglücklichen Teil der Welt verbunden ist.

Der Anstoß für mein voriges Buch[1] über den stalinistischen Nachkriegsterror war Resultat fünf bitterer Jahre, die ich wegen erfundener politischer Anschuldigungen in ungarischen Gefängnissen verbrachte. Wie und warum konnte das passieren? Wie und warum konnte es geschehen, daß mein Vater, mein Großvater, daß alle meine Tanten, Onkel und Cousinen im Holocaust starben? Wie konnte ich im Oktober 1956 nur an meinen Jugendtraum, einen demokratischen Sozialismus, glauben? Und zerstörte die sowjetische Militärintervention, die zu meiner Emigration in den Westen führte, diesen Glauben? Lag das nur an den Taten Stalins und Hitlers oder muß ich wesentlich tiefer graben?

Die Suche nach Antworten führte mich immer weiter zurück in die Geschichte Ostmitteleuropas und schließlich dazu, dieses Buch zu schreiben. Die Wurzeln des deutschen Faschismus und des stalinistischen Kommunismus reichen bis ins 15. Jahrhundert – zur Refeudalisierung Preußens und der Einführung staatlicher Leibeigenschaft im Moskowiterreich. Das zerschlagene sozialistische Ideal hat sein frühes Gegenstück in der Unterdrückung des demokratischen Traums während der ungarischen Revolution durch die russische Armee 1848. Der besonders brutale Charakter einer langen Kette von Tragödien, die immer wieder den Weg in eine bessere Gesellschaft versperrten, war jedoch nicht allein Ungarns Schicksal. Er war vielmehr das historisch bedingte Schicksal ganz Ostmitteleuropas.

Um Antworten für die Gegenwart zu finden, muß man die Vergangenheit untersuchen.

Dieses Buch kann nur einen knappen Überblick über die komplexe Geschichte dieser Region von ihrer Entstehung bis zu ihrem Unter-

---

1   Schauprozesse. Stalinistische Säuberungen in Osteuropa 1948–54, Frankfurt/M., New York 1988; Berlin [-Ost] ²1990; Berlin ³2001.

gang geben. Die Vergangenheit kann die Gegenwart nicht vollständig erklären, geschweige denn die Zukunft voraussagen; jedoch kann sie den Wandel eingrenzen und seine allgemeinen Richtung umreißen. Aus diesem Grund endet dieser Überblick mit einer Mischung aus Hoffnung und Resignation. Möge die Zukunft meine Hoffnungen bestätigen und meine Resignation widerlegen.

Danksagung

Mein tief empfundener Dank geht an Professor Iván T. Berend, den Direktor des Zentrums für europäische und russische Studien an der Universität von Kalifornien in Los Angeles (UCLA). Ohne seine Freundschaft, Unterstützung und Anregungen wäre dieses Buch unmöglich gewesen. Viele Kapitel basieren auf seinen Einsichten und den präzisen Informationen in seinen Werken.

Mein Dank geht auch an Kati Radics, die als Westeuropa-Bibliographin in der Forschungsbibliothek der UCLA tätig ist. Über meine Unkenntnis in technischen Dingen hinwegsehend half sie mir im mysteriösen Labyrinth der Computerarchive, viele nützliche Quellen zu finden. Ebenfalls sehr hilfreich waren die Direktoren und Kollegen an den Instituten für Geschichtswissenschaften und Politikgeschichte in Budapest wie auch im Zentrum für Zeitgeschichtliche Forschung Potsdam mit ihrem Rat und ihren Forschungsbibliotheken.

Sehr dankbar bin ich auch für das Interesse und die Aufmerksamkeit, die dieses Buch durch die Geschichtslektorin beim Praeger Verlag, Heather R. Staines, erfuhr, die auch mein vorheriges Buch herausbrachte. Trotz meines gelegentlich langsamen Vorankommens hatte sie stets Geduld mit mir und unterstütze mich mit guten Ratschlägen und Korrekturen.

Die Geburt der westlichen Region

Das englische und das französische Modell

Die Geschichte Europas begann im Westen und zwar mit der Errichtung des fränkisch-karolingischen Reiches im 9. Jahrhundert. Seine Grenzen markierten eine Linie, jenseits derer „Europa" nichts weiter war als ein geographischer Terminus. Östlich des Reiches erstreckte sich „Osteuropa", damals ein Begriff ohne jeden Inhalt, ein riesiges Gebiet, das sich langsam mit Nomadenstämmen füllte, die während der Jahrhunderte der Völkerwanderung aus Asien hereinströmten. Es handelte sich dabei um Bulgaren, Awaren, Chasaren, Magyaren oder Slawen, die sich von ihrem ursprünglichen Gebiet zwischen Weichsel und Dnjepr nach Osten, Westen und Süden ausbreiteten. Im Süden wurde das karolingische Europa durch das Byzantinische Reich mit seinem Zentrum in Kleinasien begrenzt, im Südwesten durch die arabischen Eroberungen, die, von Nordafrika ausgehend, bis weit auf die iberische Halbinsel reichten.

Mit dem Karolingerreich entstand nicht nur Europa, sondern auch seine spezifische Struktur, der westliche Feudalismus, der die gesellschaftliche Grundlage für das sich entwickelnde Europa bildete, bis er vom Kapitalismus ersetzt wurde. Das westliche Modell des Feudalismus war eine Synthese aus spätantiken christlich-römischen und barbarisch-germanischen Elementen. Möglich wurde es durch den Zerfall des Römischen Reiches und, damit einhergehend, dem Ende seiner politischen Souveränität, seines Staatswesens und aller traditionellen juristischen und sozial bindenden Kräfte. Die einzige Macht, die dieses Chaos überlebte, war die katholische Kirche, doch verwarf auch sie im 9. Jahrhundert jeden Gedanken an einen „Cäsaropapismus".

Der westliche Feudalismus entwickelte sich innerhalb eines Gefüges von Gewohnheitsrechten, einem System kleiner persönlicher und beidseitig abgesicherter „Freiheiten" zwischen König, Kirche, Lehnsherr, Lehnsmann und Leibeigenem, die sich gegenseitig die Waage hielten und so eine Machtkonzentration oder einseitige Unterwerfung verhinderten. Diese Struktur förderte die Trennung von Staat und Gesellschaft, geistiger und säkularer, ideologischer und politischer Sphäre. Unter ihrer feudalen Schale barg sie die Saat späterer Freiheiten: der Emanzipation der Gesellschaft und der Entstehung von Nationalstaaten, der Renaissance und Reformation, des Gesellschaftsvertrages und der Volkssouveränität und – in einer sehr viel späteren Periode – der Demokratie.

In der chaotischen Welt einer sich auflösenden Staatsmacht bot das aufkommende westliche Feudalsystem mit seinen spezifisch persönlichen Verträgen dem Einzelnen Schutz und Machtprestige. Alle sozialen Elemente waren integriert, sie standen nicht neben oder unter dem Staat, sie ersetzten ihn. Der Vertragscharakter zementierte die gewohnheitsmäßigen Verpflichtungen zwischen Lehnsherr und Lehnsmann; es war ein ungleicher Vertrag zwischen den Mächtigen und Schwachen. Dennoch lag in ihm auch die Möglichkeit für die Bauern, die Verhältnisse eines Tages umzukehren; wenn auch ungewiß und an Bedingungen geknüpft war dies ein Freiheitsversprechen.

Ein weiteres Merkmal des westlichen Feudalsystems war, daß es die menschliche Würde bewahrte. Trotz ihrer Unterordnung begegneten die Vasallen ihrem Lehnsherrn weder mit Handkuß, noch knieten sie vor ihm nieder, um den Saum seiner Kleidung zu küssen, wie es damals überall sonst üblich war. Statt dessen näherte sich der Lehnsmann seinem Herrn mit erhobenem Haupt, beugte das Knie, Herr und Knecht berührten gegenseitig ihre Handflächen und küßten sich, um ihre Verbindung zu festigen.

Dies kennzeichnet, wenn auch nur symbolisch, die Einzigartigkeit des westlichen Feudalismus. Die formale Zeremonie, die zu feudaler Huldigung wurde, und der Schwur der Lehnstreue verweisen auf die ehrbare Stellung des Knechts und seinen Stolz, daß Vertrauen und Dienst für beide Seiten gleich verbindlich sein sollten.

Diese Symbolik hatte weitreichende Folgen: jeder westliche Bauernaufstand rechtfertigte die Revolte mit dem Vertragsbruch seitens des Lehnsherrn und verlangte sein Recht auf „Freiheit". Nur der Feudalismus westlicher Prägung war in der Lage, ritterliche Ehre und untertänige Treue organisch zu verbinden. Menschliche Würde als konstitutives Element politischer Beziehungen ist also kein Erbe der Antike, sondern des westlichen Feudalismus.

Von größter Bedeutung war die Entstehung autonomer Städte mit ihren spezifischen „Freiheiten" und die Entwicklung einer städtischen Wirtschaft innerhalb dreier Jahrhunderte. Sie wurde zum Antrieb und Zentrum eines raschen Wachstums des westlichenFeudalismus, eines Wachstums, das mit den Grenzen dieser Struktur um 1300 kollidierte. Die darauffolgende schwere Krise des Agrar- und Finanzsystems wurde begleitet von Hungersnösten, Massensterben, drastischem Bevölkerungsschwund, dem Zerfall von Dörfern, Raubrittertum und Anarchie.

Die städtische Wirtschaft erholte sich zuerst, indem sie neue Märkte erschloß; dies geschah hauptsächlich in Ostmitteleuropa, wo sie Quellen für den wachsenden Bedarf nach Edelmetallen in den mittelalterlichen Städten fand. Der Impuls durch eine erneute Expansion der städtischen Wirtschaft war für die Überwindung der Krise entscheidend und trug zu bedeutenden Veränderungen der Feudalstrukturen bei.

Das wichtigste Ergebnis war eine drastische Lockerung der Pflichten für die Leibeigenen. Am Ausgang des Mittelalters waren Geld, Zins und Pacht die vorherrschenden regulativen Faktoren für die Beziehungen zwischen Herren und Bauern geworden. Gleichzeitig profitierten die Monarchien von den prosperierenden Städten und dem geschwächten Adel. In der horizontal geteilten Gesellschaft gewannen die Monarchen die Oberhand und veränderten nicht nur die Machtverhältnisse, sondern auch die geographischen Grenzen der Region. Die erstarkten Monarchien begannen von Westen aus eine enorme Expansion, die durch Entdeckungsreisen und Kolonisierung die Fundamente für eine Weltwirtschaft neuzeitlichen Zuschnitts legte und einhundert Jahre später zum Absolutismus führte.

Der ausgedehnte Weltmarkt wurde zum Hauptantrieb für die Entwicklung neuer Produktionsformen und untergrub so die wirtschaftlichen Grundlagen der Leibeigenschaft. Trotz verzweifelter Versuche der absolutistischen Monarchen, die Kontrolle über den Staat und ihre feudale Macht zu erhalten, war der Zusammenbruch des westlichen Feudalismus unvermeidbar. Der Durchbruch ereignete sich in England mit der Einberufung des Langen Parlamentes 1640, den zwei Bürgerkriegen und 1649 der Enthauptung Karls I. Auf den bröckelnden Ruinen feudaler Institutionen entstand eine von einem starken Bürgertum angeführte neue Gesellschaft. Jetzt war Raum für den Beginn der *ursprünglichen Akkumulation von Kapital,* die ihre Eruption in der Industriellen Revolution Mitte des 18. Jahrhunderts fand.

Die Vorreiterrolle Englands bei der wirtschaftlichen Umwandlung wurde auf politischem Gebiet von Frankreich einige Dekaden später in der Französischen Revolution übernommen. Diese beiden Revolutionen beseitigten die feudalen Überbleibsel und sicherten so den Siegeszug von Kapitalismus und Demokratie in der westlichen Region Europas.

*

Ein genauerer Blick auf die Geschichte Englands und Frankreichs zeigt die zwei klassischen methodischen Verläufe: der eine langsam und organisch, der andere plötzlich und gewaltsam. Beide transformierten die feudale, kirchliche Ordnung in eine säkulare und kapitalistische und führten schließlich zur Demokratie in der westlichen Region.

Vom 14. Jahrhundert an wurde der Handel in England immer wichtiger. Im Spätmittelalter war England der größte Wollproduzent und belieferte Märkte in Kontinentaleuropa, speziell in Italien und den Niederlanden. Einhundert Jahre später sorgten die Rosenkriege für einen großen Aderlaß beim herrschenden Landadel und ermöglichte so der Tudordynastie die Festigung ihrer Königsmacht. Um verlorenen Boden wiedergutzumachen, begann der Feudaladel, beeindruckt von dem schnellen Reichtum der städtischen Wollhändler, eine wirtschaftliche Ausrichtung anzunehmen. Hatte Landbesitz bis dahin hauptsächlich militärische und soziale Bedeutung gehabt, sah man jetzt auch seinen wirtschaftlichen Wert. Verfügungsgewalt über Geld wurde wichtiger als die über Menschen. Dieser Wechsel markierte den Übergang von der mittelalterlichen Auffassung, der zufolge Landbesitz politische Funktionen und Pflichten begründete, hin zur Vorstellung vom Land als Einkommensquelle: Landbesitz wurde immer stärker als Handelsgut gesehen, als etwas, das ge- und verkauft werden kann. Der Landadel paßte sich der veränderten Lage an, die die zu Reichtum gekommene Schicht der Händler geschaffen hatte.

Eine der wichtigsten strukturellen Veränderungen in der Landwirtschaft des 16. Jahrhunderts waren die *Einhegungen,* d. h. die private Aneignung der Ländereien, die bisher per Gewohnheitsrecht für
die Mehrheit der Bevölkerung zur gemeinschaftlichen Nutzung frei-
gegeben waren. Landbesitzer oder ihre Großpächter nahmen den Bauern diese Rechte und begannen, das Land nach ihrem Belieben kommerziell zu nutzen. Der Feudalherr wurde zum Geschäftsmann, der
die materiellen Ressourcen des Besitzes, mittlerweile eher Getreide als
Wolle, profit- und effizienzorientiert ausbeutete. Die Oberschicht der
Bauernschaft, die *Yeomen,* taten das Gleiche und entwickelten sich so
zu einer der Hauptkräfte der Einhegungen; dabei entledigten sie sich
nach und nach ihrer feudalen Verpflichtungen. Während die Bauernschaft und die *Yeomen* den Agrarkapitalismus vorantrieben, waren die
einfachen Bauern – vom Land verdrängt – Opfer des Fortschritts geworden. Das Acker- und Gemeindeland hatte sich zum kommerziell
genutzten Weideland gewandelt.

Die Landbesitzer und die *Gentry,* der breite mittlere Adel zwischen
Hochadel und *Yeomen,* wurden zur führenden Kraft gegen die Königsmacht und deren politische Bemühungen, die alte Ordnung zu bewahren. Sie gingen alle möglichen Beziehungen, geschäftliche und
private, mit dem wohlhabenden städtischen Bürgertum ein, eine
Allianz, die die kapitalistische und kommerzielle Landwirtschaft weiter förderte. Außerdem führte sie zu einer vereinten, fest gefügten
Opposition gegenüber der Krone, die unfähig war, eine effiziente
Verwalung und Gesetzgebung zu etablieren, die den Fortschritt, der
im 17. Jahrhundert stetig voranschritt, aufhalten konnte.

Die Spannungen entluden sich im Bürgerkrieg. Er räumte den
königlichen Absolutismus aus dem Weg, das Haupthindernis der
Einhegungen durch die Landbesitzer. Eine bürgerliche Revolution kam
jedoch nicht zustande; die aristokratische Ordnung überlebte – wenn
auch in veränderter Form –, indem sie sich mehr auf Geld als auf
Abstammung gründete. Das Parlament, dessen Wurzeln bis ins
14. Jahrhundert zurückreichten, wurde zum Instrument der kapitalistischen Landbesitzer und ihrer Verbündeten in den Städten; ihre
Interessen deckten sich mit denen des Staates. War im Mittelalter der
erste Impuls Richtung Kapitalismus von der Stadt ausgegangen, so
setzte er sich jetzt gleichermaßen auf dem Land wie in der Stadt fort.

Das kapitalistische Prinzip – Produktion um des Profites und nicht des Eigenbedarfs willen – triumphierte und führte schließlich auch zum Triumph der parlamentarischen Demokratie. Mit der Enthauptung Karls I. entfiel das theokratische Prinzip, die göttliche Unterstützung der königlichen Autorität; sein Schicksal war eine Mahnung für die Zukunft, und so versuchte kein späterer englischer Thronfolger, den königlichen Absolutismus wiedereinzuführen.

Das Ergebnis des Bürgerkriegs hatte die Position der landbesitzenden Oberschicht ungemein gestärkt. Die folgenden einhundert Jahre wurden zum goldenen Zeitalter des Großgrundbesitzes, einem Zeitalter der Verbesserung landwirtschaftlicher Techniken wie des vermehrten Einsatzes von Düngemitteln, der Züchtung neuer Getreidesorten und der Einführung der Fruchtfolge. Der Beitrag der Landbesitzer zur kapitalistischen Landwirtschaft war vor allem rechtlicher und politischer Natur: Ihnen fehlten die Leibeigenen, und sie verpachteten das Land an Großbauern, die das Betriebskapital aufbrachten, Arbeitskräfte stellten und dem Landbesitzer Pacht zahlten.

Durch die damit verbundene Schwächung der Königsmacht entfiel für die Kleinbauern der letzte Schutz vor dem Zugriff des aristokratischen Landadels. Die forcierten Einhegungen versetzten der englischen bäuerlichen Gesellschaft mit ihren traditionellen Dorfstrukturen den Todesstoß. Das von der landbesitzenden Oberschicht dominierte Parlament kontrollierte jetzt diesen sich beschleunigenden Prozeß. Bauernbesitz und Gemeindeland wurden in einem zwar legalen, jedoch rücksichtslosen Verfahren geschluckt und in wenigen Händen konzentriert. Die Einhegungen zerstörten 1,5 Millionen Hektar Gemeindeland und wandelten es zum Besitz der Landlords. Mitte des 19. Jahrhunderts entfielen auf ungefähr 4000 meist kommerziell geführte große Besitzungen fast die Hälfte des gesamten Agrarlandes. Kultiviert wurde es durch 250.000 meist mittelständische Bauern, die 1,25 Millionen Lohnarbeiter beschäftigten. Landlos gemachte Bauern und Farmarbeiter waren die Opfer der Einhegungen, und die Armengesetze machten das Leben der verarmten Massen so unerträglich, daß sie gezwungen waren, jede Arbeit anzunehmen, die die industriell geprägte Stadt ihnen bot.

Nach 1850 war der englische Bauernstand als politische Kraft ausgeschaltet. Die Landbesitzer agierten als Vorhut des industriellen

Kapitalismus, und die Modernisierung konnte jetzt vorangetrieben werden ohne die Massen an konservativen und reaktionären Kräften, wie sie in Frankreich und Deutschland existierten. Die „überflüssigen" Bauern wurden zum Ersatzheer, um die Industrie mit billiger Arbeitskraft zu versorgen. Der ländliche Kapitalismus avancierte so zu einem Instrument der Kapitalakkumulation für die industriellen Bereiche der Wirtschaft.

Auch die große Expansion nach Übersee hatte entscheidenden Einfluß auf den Wandlungsprozeß. Die Außenpolitik der britischen Regierung wurde der Wirtschaft untergeordnet und Kriege im Interesse des Handels und Gewinns geführt. Faktisch besaß England in den überseeischen Kolonien bei völliger Kontrolle der Seewege ein Weltmonopol, und schaltete alle Konkurrenten aus.

Während der Handel boomte, wuchs die Industrie nur langsam. Sie behielt ihre einfachen vorindustriellen Strukturen und Technologien sowie ihren ländlichen Charakter. Der Wandel begann eingangs des 18. Jahrhunderts, nahm in seinem letzten Viertel rapide zu und mündete in die Industriellen Revolution. Die Baumwolle löste den Schub aus. Durch sie entstand ein mechanisiertes Fabrikationssystem, das in solch gewaltigen Mengen und zu so verschwindend geringen Kosten produzieren konnte, daß man nicht länger auf bestehende Nachfrage angewiesen war, sondern sich einen eigenen Markt schuf.

Aus dem Kolonialhandel entwickelte sich die Baumwollindustrie. Der Rohstoff kam aus den überseeischen Kolonien und Halbkolonien. Binnen fünfzig Jahren hatte die englische Baumwollindustrie, die immer weiter mechanisiert wurde und astronomische Zuwachsraten hatte, praktisch eine Monopolstellung auf dem europäischen, südamerikanischen, afrikanischen und asiatischen Exportmärkten erlangt. Der durch die rasche Kapitalakkumulation erzielte Reichtum wurde in den Eisenbahnbau investiert, der den zweiten Impuls für die Industrielle Revolution in der Pionierzeit gab. 1830 war das Schienennetz ganz Europas nur wenige Dutzend Kilometer lang, zwanzig Jahre später 37.600 Kilometer, hauptsächlich gebaut mit englischem Kapital, Eisen, Maschinen und *know how*. Der immense Bedarf der Eisenbahn an Kohle, Eisen, Stahl, schweren Maschinen und Kapitalinvestitionen sorgte für die große Nachfrage, die nötig war, um die Investitionsgüterindustrie genauso tiefgreifend umzugestalten wie die

Baumwollindustrie. Beide Industrien standen am Beginn des modernen Industriekapitalismus und sie veränderten gleichzeitig den sozialen Charakter der britischen Demokratie von einer landwirtschaftlich-kommerziell geprägten zu einer rein bürgerlichen.

Baumwolle und Eisenbahnen waren die Hauptstimuli, die rasch die gesamte englische Industrie miteinbezogen, und in ihrem Gefolge begann die industrielle und kapitalistische Entwicklung ganz Westeuropas. England wurde zur „Werkstatt der neuen Welt", seine Pionierrolle veränderte den westlichen Kontinent und befreite die Produktivkraft der Gesellschaft von ihren feudalen Fesseln.

Die politische Revolution in Frankreich veränderte die westliche Welt genauso tiefgreifend wie die industrielle in England, wenngleich das Land seit dem Spätmittelalter einen anderen Weg in Richtung Demokratie genommen hatte. In England erwarb der Adel erhebliche Unabhängigkeit von der Krone, während die französische Aristokratie zu einem dekorativen Anhängsel des absoluten Monarchen wurde. Führte die landbesitzende Oberschicht in England die kapitalistische Agrarwirtschaft ein, so lebte sie in Frankreich weiter von den Feudalabgaben der Bauern. Handel und Manufakturproduktion auf starker ökonomischer Basis hinkten weit hinterher. Dabei waren Vorurteile gegen das Geldverdienen durch die Landwirtschaft bei der Aristokratie und besonders beim Hofadel weit verbreitet. Jeder Adlige, der „erniedrigenden Beschäftigungen" wie beispielsweise dem Handel mit Korn oder der Bewirtschaftung von mehr als einem Teil seines Landes nachging, verlor seinen adligen Status. Der königliche Absolutismus wollte das Volk am „rechten Ort" wissen und wünschte einen prosperierenden Adel als dekoratives Anhängsel der Krone. Keinesfalls sollte er eine unabhängige wirtschaftliche Grundlage schaffen können, die die königliche Macht herausforderte. Die englische Entwicklung mündete in der Zerstörung des Bauerntums, die französische im Untergang der Aristokratie.

Das aufkommende städtische Bürgertum spaltete sich im 17. und 18. Jahrhundert. Ein Teil begab sich in enge Abhängigkeit vom König, seiner Gunst und seinen Vorschriften. Die Handwerker und Händler unter ihnen, die ihre Waffen- und Luxusartikelproduktion an den

Bedürfnissen einer begrenzten Klientel ausgerichtet hatten, wurden durch die Monarchie in den Landadel absorbiert und zu Verteidigern adliger Privilegien. Der andere Teil der aufblühenden kommerziellen Klasse forderte zu Beginn des 18. Jahrhunderts die Lösung der Feudalfesseln, den freien Wettbewerb und Eigentumsrechte. Wiewohl noch im herrschenden System verhaftet, begannen die Gelehrten unter ihnen, die Umrisse einer Ordnung zu skizzieren, die sich auf die Naturrechte Freiheit und Gleichheit gründeten.

Ein beträchtlicher Teil der Bauern hatte seine persönliche Freiheit erlangt und das Land des Adels erworben. Der adlige und kirchliche Grundbesitz machte nur noch ein Viertel des Landes aus. Die Mehrheit der Bauern jedoch war landlos oder arbeitete auf zu kleinen Flächen, als daß sie ein angemessenes Einkommen für sich und ihre Familie hätten erwirtschaften können. Lehnsabgaben und der Zehnte sowie Steuern schmälerten ihr Einkommen immer mehr und die Inflation reduzierte den Rest. Bei Mißernten herrschten Hungerpreise; so geschehen in den Jahren vor der Revolution, als realer Hunger gepaart mit allgemeinem Landhunger den relativ wohlhabendsten Bauernstand Europas zu einer treibenden Kraft für Aufruhr und Wandel machte.

Die wachsenden sozialen Spannungen zwischen den Forderungen der Bauern und dem Bürgertum führten zusammen mit der Unbeweglichkeit des königlichen Absolutismus nicht sofort zur offenen Rebellion, jedoch war durch den nahe bevorstehenden finanziellen Bankrott der Monarchie, der einer vollkommen veralteten Verwaltung und Steuerstruktur geschuldet war, der Boden dafür bereitet. Der Auslöser war schließlich Frankreichs kostspieliges Engagement im Amerikanischen Unabhängigkeitskrieg.

Die Revolution nahm ihren Anfang mit der Verarmung der Aristokratie, die diesem Engagement folgte. Der Adel reagierte, indem er zum einen versuchte, die Staatsgewalt vom König zurückzuerobern, fällige Zahlungen ohne Erweiterung seiner Privilegien zu verweigern und die längst vergessene Feudalversammlung als Gegengewicht zur absoluten Monarchie wiederzubeleben. Zum anderen wurden den Bauern erhöhte Feudalzahlungen auferlegt. Ohne den kapitalistischen Geist der englischen Landlords sah sich der französische Adel zum Schutz seines luxuriösen Lebensstandards, und um die unruhige Stadtbevölkerung zu versorgen, gezwungen, „seinen" Bauern einen noch größeren Teil der Ernte abzupressen.

Die Reaktion der Feudalherren auf die Krise radikalisierte das Bürgertum wie die Bauern. Die reichen Bauern verweigerten die von der Aristokratie geforderten höheren Feudalabgaben und wandten sich auch gegen den König, der den Angriff des Adels auf ihren Besitz unterstützte. Die armen und landlosen Bauern rebellierten gegen Adel und Krone; sie forderten, alle Abgaben, ob in Naturalien oder Geld, abzuschaffen.

Das handeltreibende Bürgertum, durch die rasche Entwicklung des Fernhandels und den Kolonialismus immer reicher geworden, radikalisierte sich durch die liberalen Ideen der Philosophen und die Forderungen der physiokratischen Ökonomen nach freiem Handel und Unternehmertum und nach einer rationellen Finanz- und Verwaltungspolitik. Die berühmte „Deklaration der Menschenrechte" war ein Manifest gegen die hierarchische Ordnung der Adelsprivilegien, jedoch keines für eine demokratische Gesellschaft oder Republik. Das liberale Bürgertum von 1789 glaubte an den Konstitutionalismus, einen säkularen Staat mit bürgerlichen Freiheiten und Garantien für freies Unternehmertum, sowie an eine Regierung aus Steuerzahlern und Privateigentümern mit einem Oberhaupt – nicht länger der Monarch von Gottes Gnaden, sondern König der Franzosen und der Nation als Quelle aller Souveränität.

Mißernten, unter denen besonders die Bauern litten, verschärften die Krise. Der Markt für Händler und Handwerker schrumpfte und sorgte für eine Depression mit steigender Arbeitslosigkeit in den Städten, besonders unter den Armen, den *Sans-Culottes,* deren Arbeit endete, während ihre Lebenskosten in die Höhe schnellten.

Die Armen auf dem Land wurden immer unruhiger und verzweifelter, es kam zu Aufständen und Plünderungen. Auf dem Höhepunkt der Krise gewann die Vorstellung oberhand, sich von der Adelsgesellschaft und der königlichen Unterdrückung zu befreien; hinter dem revoltierenden Dritten Stand versammelte sich umsturzbereites Volk. Es handelte sich um eine fiktive Einheit, die all jene umfaßte, die weder dem Adel, noch dem Klerus angehörten, faktisch aber vom Mittelstand dominiert wurde.

Die Konterrevolution machte aus dieser potentiellen Kraft eine tatsächliche. Ein Truppenaufmarsch um die Hauptstadt mobilisierte in Paris die hungrigen und gewaltbereiten Massen und führte zur Erstürmung der Bastille. Die Einnahme dieses Staatsgefängnisses, das die königliche Autorität symbolisierte, besiegelte den Sturz der alten Ordnung und löste die Revolution aus.

Die französische Gesellschaft konnte, anders als in England, ohne politische Revolution kein Parlament hervorbringen, das aus kapitalistisch gesonnenen Landbesitzern mit bürgerlichem Einschlag bestand. Der königliche Absolutismus benutzte den Adel als Kronjuwel am Hof, und bis zum Schluß verharrte die Aristokratie in Opposition zur liberalen Demokratie. Sie reagierte auf die schrittweise Ausdehnung des Kapitalismus mit feudalen Maßnahmen, mit erhöhtem Druck auf die Bauern. Eine Allianz zwischen Adel und einem Teil der aufstrebenden städtischen Mittelschicht wurde nur durch den König zustande gebracht, indem er die Spitzen des Bürgertums „kaufte" und sie damit – auf ziemlich umgekehrtem Weg als in England – „feudalisierte".

Die revolutionäre Zerstörung des *ancien régime* begann nicht als bürgerliche Revolution, weil der königliche Absolutismus die Bourgeoisie nie hatte stark genug werden lassen. Daher kam die bürgerliche Oberschicht auf dem Rücken der radikalen städtischen Armen an die Macht, als die Krise der Monarchie auf ihrem Höhepunkt war und der Zusammenbruch bevorstand. Diese radikalen Kräfte verhinderten, daß die Revolution in die Errichtung einer säkularen konstitutionellen Monarchie mündete; statt dessen nutzten die Bauernmassen die Situation und schafften – eine der Hauptleistungen der Revolution – den Feudalismus ab.

Eine Zeit lang trieb der allgemeine Radikalismus in Stadt und Land die Revolution weiter bis in ihre radikalste Phase. Doch die Notwendigkeit, die Städter und revolutionären Truppen mit Nahrung zu versorgen, kollidierte mit den Interessen der bäuerlichen Oberschicht. Sie entzog der Jakobinerrepublik die Unterstützung und stoppte die radikale Revolution. Die *Sans-Culottes* machten die bürgerliche Revolution – die Bauern bestimmten, wie weit sie gehen konnte.

Die Revolution blieb gewissermaßen unfertig. Unter den Siegern, die seitdem auch das Leben in Frankreich bestimmten, befanden sich kleine und mittlere Bauern, kleine Handwerker und Ladeninhaber.

Der kapitalistische Teil der französischen Wirtschaft wurde zum Überbau, der sich auf der unverrückbaren Basis eines Bauern- und Kleinbürgertums gründete. Noch im späten 19., sogar im 20. Jahrhundert gab es für standardisierte und billige Waren, die progressiven Industriellen anderswo ein Vermögen einbrachten, keinen ausreichend großen und expandierenden Markt. Bedeutende Teile der französischen Industrie fertigten Luxusgüter und keine Massenware; Finanziers unterstützten eher ausländische als heimische Industrien. Die kapitalistische Umwandlung wurde nicht wie in England mit der Zerstörung des Bauernstandes abgeschlossen. Die Industrialisierung verlangsamte sich und verzögerte für lange Zeit die Errichtung einer vollständig entfalteten Demokratie.

Die industrielle Revolution in England und die politische in Frankreich beeinflußten die Geschichte Ostmitteleuropas zutiefst. Englands Antwort auf die strukturelle Krise des westlichen Feudalismus im späten Mittelalter und die drohende Auflösung des Feudalsystems ließ den Adel Ostmitteleuropas eine gegenteilige Antwort suchen, nämlich die Stärkung des Feudalismus durch die Zweite Leibeigenschaft. Dies führte zur Trennung vom Westen und dem Entstehen einer neuen Region.

Der Einfluß der Französischen Revolution war direkter. Ihre Ideale von Freiheit und Gleichheit, die Identifikation des Staates mit dem Volk statt des Adels fand großen Widerhall in allen Ländern jener Region. Sie versuchten, Frankreichs revolutionären Weg aus der Rückständigkeit zu kopieren, eines Mittelalters, das bei ihnen bis ins 19. Jahrhundert reichte. Daraus entstanden in einer Verzerrung des Vorbilds „Revolutionen von oben". Diese Entwicklung hatte sich 350 Jahre zuvor angebahnt. Im Gegensatz zu England und Frankreich fand in diesen Ländern ein verhängnisvoller Rückzug in die Vergangenheit statt, der ihren Fortschritt für Jahrhunderte stoppte.

Die östliche Region

Von ihrer Entstehung
bis zur bolschewistischen Revolution

Der direkte Einfluß der östlichen Region auf die Geschichte Ostmitteleuropas kann bis auf die Annexion von Teilen Kongreßpolens und die kurzzeitige russische Okkupation Moldawiens und der Walachei in den Gründungsjahren Rumäniens vernachlässigt werden.

Im Unterschied zu Ostmitteleuropa entstand die östliche Region nicht durch einen Bruch mit dem Westen (dem es zu keinem Zeitpunkt angehört hatte). Sie entwickelte sich nicht aus den auf den Ruinen des untergegangenen Römischen Reichs errichteten westlichen Strukturen. Die östliche Region wurde zu einer geschlossenen Gesellschaft, die sich sowohl von der westlichen als auch von der ostmitteleuropäischen Region Europas selbst abgetrennt hatte. Bei aller Ähnlichkeit der Zweiten Leibeigenschaft mit jener ihrer jüngeren Nachbarregion waren die sozialen und historischen Hintergründe sehr unterschiedlich und beinhalteten viele unterschiedliche Strukturen.

Wir beschäftigen uns mit dieser Region vor allem, um sie mit dem Westen und dem Hauptthema unseres Buches zu kontrastieren – Ostmitteleuropa. Auch ihre Umwandlung in das Sowjetsystem behandeln wir nicht; in einer späteren Periode und in anderem Zusammenhang werden wir zu ihr zurückkehren – nämlich bei der sowjetischen Eingliederung Ostmitteleuropas in die stalinisierte östliche Region.

Die soziale Struktur der östlichen Region, die annähernd den Grenzen des russischen Reiches entsprach, folgte von ihren Anfängen, in denen das historische Europa entstand, einem abweichenden Weg. Ihre Wurzeln reichen bis ins 6. Jahrhundert, als slawische Stämme in den russischen Ebenen siedelten und später das Teilreich der Rus mit Kiew als Zentrum gründeten. Die Rus überstand die Eroberungen durch die nomadischen Waräger aus dem Norden und der Chasaren aus dem Südosten und übernahm 988 das Christentum in seiner byzantinischen Form. Im 12. Jahrhundert allerdings war die Rus in Dutzende kleiner Fürstentümer zersplittert, die leichte Beute für die einfallenden Mongolen wurden und im Khanat der Goldenen Horde aufgingen. Unter den Mongolen behauptete das Fürstentum Moskau seine Position als Keimzelle des zukünftigen Rußland.

Um 800 entstand eine Art Protofeudalismus als Mischung aus südlich-byzantinischen, nördlichen nomadisch-barbarischen und fernöstlich-mongolischen Einflüssen und entwickelte sich zu einer spezifisch östlichen Form des Feudalismus, der staatlichen Leibeigenschaft.

In scharfem Gegensatz zum westlichen Modell mit seiner horizontalen Struktur, entwickelte sich hier eine vertikale Hierarchie. An der Spitze standen Fürsten und Herzöge, darunter ihre Räte, die Boyaren, die zwar lokale Machtbefugnisse besaßen, aber keinerlei erbliche Rechte, was über Jahrhunderte die Bildung einer gefestigten Aristokratie verhinderte. Unter den Boyaren stand die über das Land verstreute Schicht der Feudalherren. Den Bodensatz bildeten drei Schichten einer heterogenen Bauernschaft: die freien Bauern, die dem rasch expandierenden russischen Reich neues Land erschlossen, dann das Gros der Bauern, die in verschiedenen Formen feudaler Abhängigkeit lebten, und schließlich, ganz unten, die leibeigenen Bauern, deren Existenz Anzeichen archaischer Sklaverei aufwies. Sogar die Kirche war dem Fürsten untergeordnet. Die Stadtbewohner entlang der Haupthandelsrouten erreichten nicht den autonomen Status ihrer westlichen Pendants und wurden von den Boyaren beherrscht. Während sich im Westen der Feudalismus organisch aus den spontanen Kräften seiner inneren Struktur veränderte und entwickelte, wurden Anstöße zur Entwicklung der Leibeigenschaft im Osten meist „von oben" eingeleitet.

Gleichzeitig mit der Entwicklung des Feudalismus expandierte das Fürstentum der Moskowiter. Ende des 15. Jahrhunderts wurde es vom zerfallenden Mongolenreich unabhängig. Im darauffolgenden Jahrhundert eroberte es die Khanate von Kasan und Astrachan, löste die südliche Ukraine aus dem polnischen Königreich und erweiterte seinen Herrschaftsbereich bis nach Sibirien. Damit waren die Grenzen der osteuropäischen Region, einst eine rein geographische Vorstellung, fast komplett.

Die große Krise des Feudalismus erreichte Rußland im 17. Jahrhundert, und sie wies ähnliche Symptome auf wie die der westlichen Region: Hungersnöte, Pestepidemien, Bevölkerungsschwund, Zerfall von Dörfern, Bandenunwesen und politische Anarchie. Allerdings reagierte man auf diese allgemeine Krise ganz anders. Während der Westen sie dadurch überwand, daß er die Leibeigenschaft lockerte, wurden im Osten die feudalen Fesseln fester angezogen und eingefroren.

Der allgegenwärtige Tod und die riesige Ausbreitung Rußlands verursachten eine Massenflucht der Bauern in die jüngst eroberten Gebiete; große Flächen Moskowiens blieben verlassen zurück. Der damit verbundene Mangel an Arbeitskräften sorgte für einen starken Rückgang der Landwirtschaft. Dies war die Ausgangssituation für den berühmten Kodex von 1649. Er errichtete die Zweite Leibeigenschaft und verlängerte damit den Feudalismus östlichen Typs für zwei weitere Jahrhunderte. Der Kodex garantierte den Landbesitzern unbegrenzte Rechte an „ihren" Bauern und erlaubte ihnen, Flüchtlinge zurückzuholen und sie an ihren Besitz zu ketten. Die Bewegungsfreiheit der Leibeigenen wurde unterbunden, der Landbesitzer konnte sie verkaufen, tauschen, bestrafen, Familien auseinanderreißen und sie allgemein wie bewegliches Eigentum behandeln. Die einstmals freien Bauern, die die neuen Gebiete erschlossen hatten, wurden zu Leibeigenen des Staates.

Die Zweite Leibeigenschaft wurde zur prägenden Struktur des russischen Feudalsystems. Sie stärkte nicht nur die Feudalwirtschaft, sondern auch die Herrschaft des Absolutismus der Zarendynastie; dies war symbolisch für den aufkommenden östlichen Absolutismus, der dem westlichen um einhundert Jahre vorausging. Während im Westen der Absolutismus eine historische Episode auf dem Weg zum Kapitalismus blieb, diente im Osten der autokratisch-zaristische Absolutismus jahrhundertelang als struktureller Rahmen jeden Wandels. Er entwickelte sich zu einem stillschweigenden Vertrag zwischen dem durch den Zaren dominierten Staat und dem Adel: Im Tausch für die staatliche Garantie, den Bauern aller Rechte zu nehmen und die feudalen Lehen ohne militärischen Tribut zu gewährleisten, verzichtete der Adel auf jeden Anteil am Staatswesen.

Im westlichen wie im östlichen Absolutismus bildete der Adel die Grundlage für Bürokratie und Militär. Im Westen „kaufte" der Staat

23

einen Teil des Adels, indem er ihm administrative und militärische Posten verkaufte, und neutralisierte den anderen durch die Garantie seiner Privilegien. Im östlichen Absolutismus entstand dagegen schon im 15. Jahrhundert ein Amtsadel, dessen Stellung im Staat ausschließlich vom Herrscher abhing. Der Landbesitzer besaß sein Land nur solange er dem Zaren diente. Peter der Große entwickelte dieses System weiter, indem er alle Ränge in Militär und Verwaltung in 14 Dienstgrade einteilte und dadurch eine Art einheitlichen „verstaatlichten" Dienstadel schuf.

Diese Reformen waren mit einer weiteren Verschärfung der Bauernknechtschaft verbunden. Eine Kopfsteuer wurde erhoben, in den neuen staatseigenen Minen, Eisenhütten, Fabriken und der Bauwirtschaft Zwangsarbeit eingeführt. Ein internes Ausweissystem verpflichtete jeden Leibeigenen, eine schriftliche Erlaubnis seines Herrn einzuholen, wenn er sein Dorf verlassen wollte. Dieses System bestand bis zur bolschewistischen Revolution.

Im östlichen Feudalismus gerieten alle Gesellschaftsschichten in Abhängigkeit vom zaristischen Absolutismus. Auch die orthodoxe Kirche genoß Autorität nur als Vertreterin des Staates. Im westlichen Modell entwickelte sich der Merkantilismus des absoluten Monarchen zum Nährboden des Kapitalismus, der russische Merkantilismus baute das zaristische Monopol über Handel und Manufakturen aus. Er sicherte die herrschende Rolle des Staates im Außenhandel und in den Schlüsselindustrien, speziell jenen mit militärischer Bedeutung. Im Kontrast zum westlichen Modell, wo wirtschaftliches Wachstum dem Bürgertums zum Aufstieg verhalf, wurde in Rußland der Staat weiter gestärkt. Im Gegensatz zur Rolle westlicher Städte gelang es Städten in Rußland nicht, sich von der Landwirtschaft zu lösen. So dienten sie kommerziellen, administrativen und militärischen Zwecken des absolutistischen Staates und stellten Zentren des Konsums, nicht der Produktion dar.

Die Divergenz zwischen westlichen und östlichen feudalabsolutistischen Strukturen wurde in den folgenden Jahrhunderten immer deutlicher. Um wettbewerbsfähig zu sein, waren Peter der Große und seine Nachfolger gezwungen, das Tor zum Westen zu öffnen und ihre separate „Weltwirtschaft" aufzugeben. Das russische Reich mußte gleichzeitig Teil der europäischen Wirtschaft und Kultur werden, dabei aber seine allmächtige Autokratie bewahren. Aufklärung wurde zur Staatsangelegenheit, die darauf abzielte, seine Untertanen so zu „zivilisieren", daß ihr Charakter als Untertanen vollständig gewahrt blieb.

Die Reformen Peters des Großen waren weniger Anstrengungen, Rußland zu europäisieren, als vielmehr die logische Vollendung eines spezifisch osteuropäischen Sondermodells. Sie perfektionierten die beschränkten Möglichkeiten zur Veränderung in einer eindeutig „verstaatlichten" Region, in der Bewegungen ausschließlich von oben innerhalb einer im Grunde unbeweglichen gesellschaftspolitischen Struktur geleitet wurden. Im Westen wie im Osten brachte der Absolutismus den Nationalstaat hervor. Im Westen aber errang die freie, souveräne Nation die Kontrolle über den Staat, während im Osten die gesellschaftliche Verfassung der russischen Nation der Freiheit zaristischer Autokratie unterworfen blieb.

Als in England und Frankreich Revolutionen einen explosionsartigen und dramatischen Wechsel vom Feudalismus zu Kapitalismus und Demokratie auslösten, blieb der Wandel im zaristischen Rußland auf halber Strecke stehen. Auch die Industrialisierung lag hier in den Händen des Staates und war von ihm abhängig. Der Staat bildete den Markt für die produzierten Güter, er sorgte für das Kapital und sogar für die Arbeitskräfte, indem er die Leibeigenen in die Fabriken zwang. Die spät aufkommende Industrie wiederholte nicht die westliche Entwicklung, sondern paßte deren neueste Errungenschaften der eigenen Rückständigkeit an. Dies führte zu rasch steigenden Spannungen zwischen dem sich beschleunigenden Wachstum des staatsabhängigen, pseudokapitalistisch industriell-kommerziellen Überbaus und der unbeweglichen Basis des autokratischen Staatsfeudalismus. In der Landwirtschaft entstanden ähnliche Spannungen zwischen der stagnierenden Ertragslage und dem staatsmonopolistischen Bedarf nach steigendem Getreideexport, zwischen den Forderungen der feudalen Landbesitzer nach Kapital und freien, qualifizierten und produktiven Arbeitskräften und den starren Feudalstrukturen.

Der Zar suchte diese Spannungen zu lösen, indem er mit dem Ukas von 1861 die Leibeigenschaft von oben abschaffte. Der Leibeigene wurde ein freier Bürger, durfte heiraten, Land besitzen und konnte nicht mehr ge- und verkauft werden. Die Abschaffung der Leibeigenschaft vollzog sich jedoch ganz anders als im Westen. Der Feudalismus wurde nicht von unten durch die wachsende Stärke des Bürgertums ausgehöhlt, sondern wesentlich durch eine Vereinbarung zwischen Zar und feudalen Landbesitzern, die ihren Grundbesitz frei entwickeln wollten. In Rußland wurde die Leibeigenschaft zwar abgeschafft, die meisten Vorrechte des Adels und vor allem der autokratische Absolutismus blieben jedoch unangetastet.

Die Notwendigkeit eines radikalen Strukturwandels war jedoch unabwendbar. Ein verspäteter, entstellter Halbkapitalismus in einem überwiegend agrarischen, halbfeudalen Land mit einer rasch wachsenden, vom Staat und von ausländischem Kapital gesteuerten Schwerindustrie sah sich mit den Ansprüchen einer aufstrebenden, aber noch unbedeutenden Mittelklasse, den Massen verarmter und landhungriger Bauern und einer rapide anwachsenden und hochorganisierten Arbeiterschaft konfrontiert. Der Interessenkonflikt erreichte seinen Höhepunkt 1905 in der fehlgeschlagenen Arbeiterrevolution und in Bauernaufständen. Zwölf Jahre später waren die Bolschewisten an der Reihe. Ihre Revolution zerstörte die zaristischen, feudalen und aufkommenden bürgerlichen Strukturen und führte eine autokratische Diktatur ein, um die Region ins 20. Jahrhundert zu führen.

Die ostmitteleuropäische Region

Zwischen Westen und Osten

Mitteleuropa wurde als Kind des Westens geboren, das später den Osten heiratete. Es erschien auf der politischen Landkarte um das Jahr 1000. Innerhalb weniger Jahrzehnte bildeten sich aus den schemenhaften Umrissen der Stammessiedlungen Staaten: Die slawischen Stämme aus dem Norden wurden 963 zum Fürstentum Polen vereinigt, ungarische Sippen aus Asien stießen Ende des 9. Jahrhunderts ins karpatische Becken vor und gründeten das Ungarische Fürstentum. Vom Westen her wurde das tschechisch-böhmische Königreich Mähren erst durch die ungarische Invasion zerstört, dann vom deutschen Reich besetzt. Nach Süden annektierten die Ungarn das slawische Kroatien.

Mit der Bildung und Stabilisierung der politischen Landkarte Mitteleuropas ging die Christianisierung der Region einher: Polen wurde 966 christianisiert, Ungarn folgte im Jahre 1000, das von den Deutschen annektierte Mähren bereits 929 und das ungarisch annektierte Kroatien 1091.

Der Konsolidierung und Christianisierung folgte die ostwärts gerichtete Expansion der westlichen Region von ihrem Kern, vom französischen, deutschen und italienischen Königreich aus, den Nachfolgern des geteilten karolingischen Reiches. Mitteleuropa wurde zum Randgebiet der westlichen Region. Die ursprüngliche karolingische Grenzlinie verschob sich fast 800 Kilometer nach Osten, um von der Westgrenze der Kiewer Rus und den Karpaten in einer nahezu geraden Linie nach Süden zu verlaufen, wo sie auf die Grenzen des Byzantinischen Reiches stieß. Die neue Grenzlinie trennte nach dem Schisma von 1054 auch das östliche und westliche Christentum. In den folgenden fünf Jahrhunderten exportierte der Westen sein Feudalismus-Modell, seine Zivilisation und seine Kultur, romanische und gotische Kunst, Renaissance und Reformation in das neue Randgebiet.

Der europäische Osten um 1000

Europas Osten um 1450

Um das Jahr 1500 kam es zum Bruch. Plötzlich befand sich die Grenzlinie wieder dort, wo die des alten Karolingerreiches um 800 verlaufen war. Mitteleuropa suchte eine dem östlichen Modell verwandte Antwort auf die Krise des Feudalismus westlicher Prägung – ein Wendepunkt, der die Randgebiete mit zweihundertjähriger Verspätung erreichte. Der Westen antwortete mit einer Lockerung der bäuerlichen Feudalpflichten, der Entwicklung einer städtischen Wirtschaft, mit der Herausbildung frühkapitalistischer Elemente innerhalb des zerfallenden Feudalismus. Die östliche Peripherie jedoch wählte den umgekehrten Weg zur Überwindung der Krise, indem sie nach östlichem Vorbild das Feudalsystem verschärfte und brutalisierte – den Weg der Zweiten Leibeigenschaft. Damit trennte sich Ostmitteleuropa vom Westen und bildete eine eigene Region. Dieser Bruch blockierte seine Entwicklung für Jahrhunderte und prägte bis in die Gegenwart die gesellschaftlichen, wirtschaftlichen, politischen und kulturellen Fundamente als eine Mischung aus östlichen und westlichen Strukturen.

Der tiefere Grund für diese Kehrtwendung lag in der bezogen auf die westliche Struktur randständigen Lage dieser Region. Gesellschaftliche Strukturen, die sich im Westen während eines halben Jahrtausends, vom 6. bis zum 10. Jahrhundert, organisch entwickelt hatten, wurden in Ostmitteleuropa in knapp 150 Jahren eingeführt. Auf gleiche Weise adaptierte die Peripherie westliche Strukturformen, die sich dort sukzessive herausgebildet hatten: Sie blieben hier unvollständig und hybrid und behielten einige archaische, stammesartige Charakterzüge. Während sich im Westen die grundlegenden Strukturen spontan entwickelten und die inneren Organisationsprinzipien der Gesellschaft den Staat beherrschten, wurden Änderungen in Ostmitteleuropa, statt von unten zu wachsen, von oben verfügt.

Im Gegensatz zur zunehmenden Stärke selbständiger Städte im Westen blieb die Urbanisierung und damit die städtische Marktwirtschaft rudimentär. Im ungarischen Königreich beispielsweise entstanden lediglich einige Dutzend Städte, ihre gesellschaftliche Rolle blieb unbedeutend und keiner ihrer Repräsentanten wurde je aufgefordert, am Reichstag[2], einer feudalen Form der „parlamentarischen"

2   Im Original: *Diet* nach dem mlat. *dieta* bzw. *diaeta*. Gemeint ist eine allgemeine Ratsversammlung von Notablen und Fürsten (Anm. d. Ü.).

gesetzgebenden Versammlung, teilzunehmen. Die Stadtbürger zogen ein höheres Niveau bäuerlicher „Freiheiten" einem niedrigeren bürgerlicher vor. Am anderen Ende der sozialen Skala nahm die Adelsschicht aufgrund ihrer raschen unorganischen Umwandlung aus freien Mittelschichten in feudale Landbesitzer numerisch schneller an Stärke zu als ihr westliches Pendant. Die Mehrheit jedoch bewahrte ihren wesentlich bäuerlichen Charakter und war ungeeignet, die Aufgaben des Adels auszufüllen, dabei eifersüchtig darauf bedacht, ihre Privilegien zu bewahren und sich scharf vom Bauernstand abzugrenzen. Stellte der Adel im Westen ein Prozent der Bevölkerung, so war sein Anteil in der mittelöstlichen Region geradezu inflationär. In Ungarn betrug er etwa 5, in Polen sogar 7 bis 8 Prozent. Dieser primitive Kleinadel, voller Anmaßung und Überheblichkeit, wurde in neuerer Zeit zu einem der schädlichsten Hindernisse für die gesellschaftliche Entwicklung.

Neben der inneren Schwäche als Randgebiet des Westens trug ein äußerer Einfluß zur Einführung der Zweiten Leibeigenschaft bei und verwandelte so Ostmitteleuropa in eine neue, spezifische Region, die weder dem Westen noch dem Osten zugehörte, sondern eine Mischung aus beiden war und in deren Geschichte westliche und östliche Einflüsse abwechselnd dominierten. Ein entscheidender Faktor, um die mittelalterliche Krise des Feudalismus zu überwinden, war im Westen die schnell voranschreitende Urbanisierung. Für den damit verbundenen wachsenden Bedarf an landwirtschaftlichen Produkten wurden die östlichen Randgebiete als Märkte erschlossen. Um die Nachfrage befriedigen zu können, fand man hier eine Lösung, die dem neuen Strukturelement, der Zweiten Leibeigenschaft, entsprach: Die Produktion wurde durch die Entwicklung der Gutswirtschaft gefördert, großer Adelsgüter, die auf Zwangsarbeit und der Verschärfung der feudalen Unterdrückung der Bauern beruhten.

Erste Anzeichen der Zweiten Leibeigenschaft waren in Ostmitteleuropa beinahe zeitgleich zu beobachten. 1494 wurden die Bauern auf einen Erlaß des Markgrafen von Brandenburg hin auf den Grundbesitz ihres Herrn verpflichtet – die Geburtsstunde der Junkerklasse. In Polen verbot ein Gesetz aus dem Jahre 1496 den Bauern, in die Stadt zu ziehen, wenige Jahre später wurde Arbeitspflicht – bis zu sechs Tage pro Woche – eingeführt. Böhmen, das damals vom polnischen König

Wladisław regiert wurde, der auch König von Ungarn war, folgte diesem Vorbild ein Jahr später. Er beschränkte die Freizügigkeit der Bauern drastisch, band sie an ihre Grundherren, ließ entflohene Leibeigene wieder einfangen, nahm ihnen das Recht auf Landbesitz und führte die Zwangsarbeit ein. Das Gesetz von 1514 schrieb in Ungarn die „immerwährende und allgemeine Knechtschaft" der Bauern fest und deklarierte gleichzeitig den Adel zum einzig rechtmäßigen Vertreter des Landes und seiner „Freiheit".

Für die Ausbildung Ostmitteleuropas zur eigenständigen Region war die Einführung der Zweiten Leibeigenschaft das maßgebende Moment. Sie trug zur langsamen Entwicklung Preußens und des Habsburger Reiches bei und zerrüttete letztlich die wirtschaftlichen und gesellschaftlichen Grundlagen der Unabhängigkeit Ungarns, Böhmens und Polens.

Gelegen zwischen Osten und Westen überschritt die Region die Schwelle zur Neuzeit unter osteuropäischen Bedingungen, durchsetzt von unfertigen, schwachen westlichen Strukturen. Hauptsächlich wegen dieser Dichotomie entstand kein einheitliches, sondern verschiedene Varianten eines Modells, die sich gegenüber West wie Ost eigenständig verhielten.

Die beiden extremen Varianten, das Polnische Königreich und das Kurfürstentum Brandenburg, entwickelten sich im Norden der Region, einer Gegend, die durch ihre geographische Lage an der Ostsee geprägt war. Sie konnte sich am frühesten und umfassendsten auf die landwirtschaftliche und industriell-städtische Arbeitsteilung der sich ausbreitenden Weltwirtschaft einstellen. Die Seewege von den Häfen Stettin, Danzig und Königsberg ermöglichten den bevorzugten Transport von Getreide in den Westen und zwangen diese Unterregion, das System in seiner vollständigsten und konsequentesten Form zu entwickeln.

Das Polnisch-Litauische Königreich wurde im 16. Jahrhundert zu Europas größtem Staat, der sich von der Ostsee bis zum Schwarzen Meer, von Schlesien bis zu den östlichen Grenzen der jüngst annektierten weißrussischen und ukrainischen Ebenen erstreckte. Gestützt auf die baltische Prosperität und seinen ungeheuren Einfluß in der Region schlug der polnische Adel eine extreme Richtung ein: Auf der einen Seite bürdete er den Bauern mehr und mehr Zwangsarbeit auf, beraubte sie des letzten Restes westlicher, feudaler „Freiheiten" selbst in den privatesten Familiensphären, auf der anderen Seite weitete er seine zweideutigen westlichen Privilegien bis zum Äußersten aus und entwickelte eine im Westen und Osten ungekannte Adelsordnung. Die Polnisch-Litauische Union lehnte jedes dynastische Prinzip ab; der König wurde durch den Sejm, dem feudalen „Parlament", der ausschließlich vom Adel beherrscht wurde, gewählt und ihm unterstellt.

Das polnische Model bildete im Vergleich zu dem sich entfaltenden westlichen Absolutismus und der östlichen zaristischen Autokratie eine rückwärts gerichtete Struktur aus. Sie stellte den Versuch dar, einen Adelsabsolutismus zu etablieren. Diese Form der Übernahme der Staatsmacht endete in einer Sackgasse. Die allgemeine Wirtschaftskrise Europas am Ende des 17. Jahrhunderts stieß in Polen auf eine verkümmerte urbane Basis, ein jäher Nachklang einer einstmals blühenden Feudalkultur, die einen Nikolaus Kopernikus in den Wissenschaften, einen Wacław Potocki oder Szymon Szymonowicz in der Literatur und den Ruhm der Universität Krakau mitsamt ihrer Strahlkraft in die Renaissancekunst hervorgebracht hatte. Die Krise zerstörte auch die Gutswirtschaft des aristokratischen Grundbesitzes; die extreme Adels-„Freiheit" lähmte die Macht der Herrscher vollständig und paralysierte das Staatswesen. Auch verschloß sich der Adelsstaat der „militärischen Revolution" des Jahrhunderts, die die Kriegführung in Ost und West veränderte. Die anachronistische Kavallerie der Landbesitzer war aus Mangel an ausgebildeter Artillerie und ohne ein stehendes Heer kein adäquater Gegner für die schwedischen, preußischen, österreichischen und russischen Armeen. Das Resultat war die Dreiteilung Polens von 1772 bis 1795 und damit sein Verschwinden von der politischen Landkarte. Dieser mittelosteuropäische Versuch, Reste der westlichen Feudalstrukturen zu retten, schlug fehl und endete – bei der unsinnigen Überdehnung der Rolle des Adels in den östlichen Strukturen – in einer Katastrophe.

Das kleine Kurfürstentum Brandenburg, unter den Hohenzollern und ihrer herrschenden Junkerklasse die Wiege Preußens, zog genau entgegengesetzte Schlüsse aus der Hinwendung der Region zum Osten. Ende des 16. Jahrhunderts begannen die Junker, ihr Land in

große Rittergüter umzuformen, indem sie die Parzellen der Kleinbauern gewaltsam enteigneten. Dieser Start in die Zweite Leibeigenschaft wurde mit der sprichwörtlichen deutschen Gründlichkeit
durchgeführt. Brandenburg verzichtete vollständig auf das westliche
Erbe und entwickelte statt dessen ein Modell des Absolutismus, das
mit seiner militärisch-bürokratischen Struktur die größte Ähnlichkeit
mit dem russischen Modell in ganz Europa aufwies. Im 17. Jahrhundert wurden die westlichen feudalstaatlichen Mechanismen systematisch beschnitten, der Adel in Militär und Verwaltung integriert und
die Junker als das westliche Pendant zum zaristischen Dienstadel etabliert.

Diese Struktur half dem kleinen Brandenburg bei seiner rasanten
Expansion in westlicher und östlicher Richtung. Es stellte das stärkste stehende Heer des damaligen Europa auf die Beine, in dem die
Junker als Offiziere, die Leibeigenen als Fußsoldaten dienten. Friedrich Wilhelm, der Große Kurfürst, schuf in der zweiten Hälfte des
17. Jahrhunderts die Voraussetzungen für die Gründung des preus-
sischen Königreichs, organisierte eine schlagkräftige Marine und
gründete sogar eine Kolonie an der afrikanischen Goldküste. Die feudalen Grundbesitzer hatten dem Herrscher mit blinder Treue zu
dienen. Unter König Friedrich dem Großen okkupierte Preußen
Schlesien und dehnte seine Ostgrenzen durch Eroberung polnischen
Territoriums bis nach Warschau aus.

In seiner Wirtschaftspolitik verfolgte er einen streng merkantilisti-
schen Kurs, der dem Antimerkantilismus Polens entgegengesetzt
war. Er wurde zum führenden Vertreter des aufgeklärten Absolutismus
in Europa, schaffte die Folter ab, gewährte den protestantischen hu-
genottischen Flüchtlingen Asyl und gewann in ihnen wichtige Verbündete bei der Verbreitung kapitalistischer Werte. Er umgab sich mit
berühmten französischen Gelehrten, Schriftstellern und Philosophen und verkündete Gewissens- und Glaubensfreiheit. Unter seiner
Herrschaft wurde Preußen zu einer großen europäischen Macht und
sollte bald zum wichtigsten Verfechter eines vereinten Deutschland
werden.

Zu Beginn des 18. Jahrhunderts, unter der kurios doppelten, gegensätzlichen Beeinflussung durch Napoleon und das zaristische Rußland,
wählte Preußen den eigenen Weg einer „Revolution von oben". Unter

Beibehaltung seines strikten Absolutismus schaffte es 1807, mehr als ein halbes Jahrhundert früher als sein zaristisches Vorbild, per Edikt die Leibeigenschaft ab, eliminierte alle feudalen, korporativen Fesseln und begann mit der Förderung der Selbständigkeit der Städte.

Die radikale preußische „Revolution von oben" war als Modellvariante Ostmitteleuropas wie geschaffen, die Einheit Deutschlands einzuleiten, das bis 1871 in mehrere hundert Teilstaaten zersplittert war. Sie ebnete den Weg für eine spektakuläre wirtschaftliche Aufholjagd gegenüber dem Westen, während der die ostmitteleuropäische Region verlassen wurde. Der Erfolg brachte aber Probleme mit sich: Zwar beseitigte er die frühere Rückständigkeit und andere schädliche Effekte der gegenüber dem Westen verspäteten Entwicklung, aber gleichzeitig wuchs die Kluft zwischen dem schnell modernisierten Wirtschaftssystem und der eher statischen soziopolitischen Struktur, die in der ostmitteleuropäischen Region verwurzelt blieb. Die traditionell herrschende Klasse der Junker, die landbesitzende und militärisch-bürokratische Elite, hatte sich selbst überlebt, behielt jedoch politische Macht und entscheidenden gesellschaftlichen Einfluß. So blieb der Erfolg zweischneidig. Diese Zweideutigkeit barg Reste der Deformation aus der frühen deutschen Geschichte; sie war der Preis dafür, daß die deutsche Einheit von „oben" gekommen war, und hatte ihre Ursachen in den Strukturen des östlichen Modells. Die inneren Widerstände, die Schwäche der Weimarer Demokratie reichen bis in diese Zeit zurück. Ohne dieses regionale Erbe können weder der Aufstieg und Triumph des Faschismus, weder die Nachkriegsteilung noch die Probleme der Wiedervereinigung von historisch westlicher Bundesrepublik und historisch ostmitteleuropäischer DDR hinreichend verstanden werden.

Zwischen den beiden Extremen Polen und Preußen liegt die zentrale Region der Dynastie des Habsburger Reiches, die Schritt für Schritt das eigentliche Österreich, die tschechischen und ungarischen Königreiche und Polnisch-Galizien umfaßte. Ihre Strukturgeschichte ist ziemlich widersprüchlich. Bis zur Einführung der Zweiten Leibeigenschaft überwogen in der gesamten Unterregion westliche Feudalstrukturen, obwohl in östlicher Richtung immer schwächer und zunehmend verspätet.

Böhmen und Mähren, seit dem 10. Jahrhundert Teil des Deutschen Kaiserreiches, wurden um die Wende zum 15. Jahrhunderts von der Hussitenbewegung erfaßt, einer Mischung aus religiöser, tschechisch-nationalistischer und sozialer Revolte gegen die katholisch-deutsche Vorherrschaft. Sie gipfelte 1420 in den Hussitenkriegen, einem Bauernaufstand, der unter protestantischer Flagge für die Abschaffung der Leibeigenschaft focht – bis dahin die radikalste Revolte für die Abschaffung des Feudalsystems in der westlichen Region. Erst nach dreißig Jahren erbitterter Kämpfe konnte ein Heiliger Kreuzzug der Katholiken die Bauernheere zerschlagen.

Das Resultat war eine Zeit politischer Turbulenzen: Deutsche, habsburgische, tschechische und polnische Herrscher lösten einander ab, doch ein religiöser Kompromiß bescherte Böhmen eine protestantische Bevölkerungsmehrheit. Weitere dreißig Jahre nach der Niederschlagung der Bauern trat in einer radikalen sozialen Wendung eine brutale Stärkung des Feudalismus an die Stelle der antifeudalen Revolte. Unter dem polnischen König Wladisław wurde 1487 ein Dekret zur Einführung des polnischen Modells der Zweiten Leibeigenschaft erlassen. Die königlichen Vorrechte wurden eingeschränkt, die am westlichen Typus orientierten Rechte der Städter beschnitten und dem böhmischen Adel eine bis dahin beispiellose Machtfülle gegeben. Das 16. Jahrhundert fügte der Bewegung nach Osten ein neues Moment hinzu. Unter der neuerlichen Herrschaft der Habsburger nahmen die Konflikte zwischen der protestantischen Mehrheit und der gewaltsamen Gegenreformation des österreichischen Herrschers stetig zu. Innerhalb der erstarkten ostmitteleuropäischen Region konnten die Magnaten ihre großen Landgüter nur auf Kosten des niederen Adels erweitern und der Mangel an Arbeitskräften veranlaßte sie, die Bewegungsfreiheit der Bauern weiter einzuschränken. Alle diese religiösen und sozialen Spannungen entluden sich in einem neuen Aufstand, der von den protestantischen feudalen Grundbesitzern angeführt wurde. Ihre Armee aus unglücklichen, zur Leibeigenschaft gezwungenen Bauern wurde von den Habsburgern 1620 in der Schlacht am Weißen Berg geschlagen.

Die Vergeltung erfolgte mit typisch östlicher Brutalität. Die Anführer der Revolte wurden hingerichtet, das Eigentum der Aufständischen konfisziert, wobei drei Viertel des Grundbesitzes, das der Kirche eingeschlossen, den Besitzer wechselten. Alle Adligen, die den Katholizismus ablehnten, wurden des Landes verwiesen, 30.000 Familien – ein Viertel des Adels und der Stadtbevölkerung – emigrierten. Diese gigantische Enteignung und „religiöse Säuberung" schuf eine neue administrativ-militärische Adelsschicht, die hauptsächlich aus Deutschen, Spaniern und Wallonen bestand.

Im Jahre 1627 erließ Kaiser Ferdinand II. eine neue Verfassung. Sie führte das absolute Erbkönigtum ein und deklarierte den Katholizismus zur einzig erlaubten Religion. Rechtlich konnte Böhmen für kurze Zeit seine unabhängige Identität erhalten, in Wirklichkeit jedoch wurde es der Habsburger Monarchie einverleibt.

Die landwirtschaftlichen Strukturen veränderten sich radikal. Die großen Feudalgüter, vordem ein Drittel des Landes, machten jetzt zwei Drittel des Territoriums aus, während die Besitzungen des niederen Adels zur Bedeutungslosigkeit schrumpften und die Städte verfielen. Mit dem Gesetz von 1680 wurde die Zweite Leibeigenschaft fest installiert, die Zwangsarbeit an drei Tagen pro Woche eingeführt und hundert Jahre später auf sechs erhöht. In diesem Zeitraum stiegen die Zwangsabgaben der Bauern um das Fünffache. Alle Reste bäuerlicher „Freiheiten" wurden beseitigt und der Lebensstandard der Leibeigenen sank unter das Existenzniveau. Böhmen wurde fest in die ostmitteleuropäische Region integriert, seine westlichen Wurzeln gekappt.

Im Ungarischen Königreich erfolgte die Wendung zum Osten viel plötzlicher. Noch im 14. und 15. Jahrhundert ähnelten die strukturellen Tendenzen weitgehend denen des westlichen Modells. Die Entwicklung landwirtschaftlicher Produktions- und Anbaumethoden führten zu einem Produktivitätsanstieg. Die Leibeigenen begannen, über ihren eigenen Bedarf und die Grundrente der Landeigentümer hinaus, für die städtischen Märkte zu produzieren. Das Geld löste als Feudalabgabe mehr und mehr die üblichen Naturalien ab.

Obzwar einige der feudalen Leibeigenen Warenproduzenten wurden, sich damit von den drückendsten persönlichen Abhängigkeiten lösen und eine agrarisch-bürgerliche Entwicklung beginnen konnten, verschärften sich die Konflikte und Widersprüche zwischen Bauern und Grundeigentümern. Der Adel, der diese sich entfaltenden Tendenzen genau beobachtete, steigerte die feudale Ausbeutung immer mehr, und die Zwangsabgabe stieg um ein Vielfaches. Diese erdrückenden neuen Bürden führten zu einer dramatischen Verarmung der Mehrheit der Bauernschaft und waren der Auslöser des großen Aufstands von 1514. Die Bauernarmee wurde von der gut ausgerüsteten und kampferprobten Kavallerie der Grundbesitzer vernichtend geschlagen, gefolgt von erbarmungslosen Vergeltungsaktionen. Der Anführer der Aufständischen, György Dózsa, wurde bei lebendigem Leibe verbrannt und die Bauern zu Tausenden gehängt und ermordet.

Diese Vergeltung hob alle westlichen Tendenzen radikal auf und schuf die Zweite Leibeigenschaft, jene typisch ostmitteleuropäische Struktur der kommenden Jahrhunderte. Eine große Anzahl neuer Dekrete bürdete den Leibeigenen immer neue Lasten auf und zwang sie, unbezahlte Arbeit auf den Gütern der Grundbesitzer zu leisten. Der Adel war nicht mehr damit zufrieden, ihre Freizügigkeit zu beschränken, sondern schaffte sie vollständig ab und kettete die Leibeigenen so an seine feudalen Güter. Ein neues Gesetz nahm ihnen das Recht des Landbesitzes und widerrief sogar den erblichen Rechtsanspruch auf ihre Parzellen. Der Erlaß von 1608 entzog dem König und seiner Verwaltung jede juristische Macht über die Bauernschaft, verbot der Zentralmacht jede Intervention: Nunmehr waren die Leibeigenen ausschließlich der Willkür der Grundbesitzer ausgeliefert, wurden Fluchtversuche und Arbeitsverweigerungen nicht mehr nur mit zusätzlichen Abgaben geahndet, sondern als Aufruhr gewertet und teilweise sogar mit dem Tode bestraft. Der soziale Status der Bauernschaft wurde nun als „ewige Leibeigenschaft" gekennzeichnet.

Die Städte büßten einen Großteil ihrer gerade aufkeimenden, dem Typus nach westlichen Autonomie ein. Jeder Adlige, der in die Stadt zog, wurde von der Steuerzahlung befreit und unterstand weder den städtischen Vorschriften, noch ihrer Rechtssprechung. Die Stadtbewohner verloren die Monopolstellung auf ihren eigenen Märkten, weil die Grundbesitzer die Preise diktierten und begannen, sich der Stadträte zu bemächtigen. Die Haupteinnahmequelle der Städte waren die umliegenden Dörfer, die ihnen jetzt unbezahlte Arbeitsdienste zur Verfügung stellten. Nur Städte, die Dörfer mit Leibeigenen besaßen, konnten einen Teil ihrer früheren städtischen Freiheiten bewahren, indem sie als kollektive Grundbesitzer agierten.

Trotz des östlichen Strukturwandels unterschied sich die wiederhergestellte, brutalisierte mittelalterliche Leibeigenschaft in Ungarn ihrem Charakter nach geringfügig von der anderer Länder der Region. Im Vergleich zu Polen und Böhmen spielte Getreide im Außenhandel keine Rolle. Auf der anderen Seite wurden Vieh und Wein in beachtlichen Mengen exportiert und die Arbeitskräfte konnten in der Viehzucht und im Weinanbau nie auf so brutale Weise wie beim Weizenanbau ausgebeutet werden. Die Eigenproduktion der Bauern in Ungarn erlitt schwere Rückschläge, nahm jedoch nicht in dem Maße ab wie in den Ländern, die Getreide exportierten.

Hauptsächlich diesen Umständen war es geschuldet, daß die herrschende Klasse in Ungarn das Konzept der „ewigen Leibeigenschaft" nie komplett durchzusetzte. Der Widerstand der Bauern führte zu einer freieren Entwicklung als in anderen Ländern der Region, die Landflucht ließ sich nicht ganz unterbinden und viele Leibeigene erlangten als Gegenleistung für militärische Dienste den Status von Adligen. Zusammen mit Ackerbau treibenden Bürgern der Städte bildeten sie eine vergleichsweise freie Bauernschicht, die von den Lasten der Zweiten Leibeigenschaft verschont blieb.

Im Großen und Ganzen jedoch siegte die Zweite Leibeigenschaft am Ende des 17. Jahrhunderts in Ungarn in ihrer brutalsten Form. Die Leibeigenen wurden Eigentum der Grundbesitzer. Sie konnten getauscht, verpfändet, verschenkt, ge- und verkauft werden – und dies mit oder ohne ihre Parzellen und Familien.

Das Bild scheint widersprüchlich, doch die Widersprüche zeigen nur die verschiedenen Varianten derselben komplexen sozialökonomischen Kategorie der Zweiten Leibeigenschaft. Ungarn folgte weder der preußischen Variante einer absolutistischen Königsmacht mit einem sich unterordnenden Adel, noch der polnischen mit einem absolutistischen Adel und einer sich unterordnenden Königsmacht. Man steuerte jedoch auf dieselbe Katastrophe zu wie in Polen. Die Macht des Königs war untergraben, den überwiegenden Teil seiner Einkünfte übernahm der Adel, so daß die königliche Armee, als der Sold ausblieb, zu plündern begann und schließlich von den Truppen der Grundbesitzer zerschlagen wurde.

Ohne das einst furchterregende königliche Söldnerheer, ohne die Massen der infolge der Revolten aufgeriebenen Bauernschaft konnte die schlecht ausgebildete Adelsarmee dem türkischen Ansturm nicht standhalten. Sie wurde in der Schlacht von Mohács 1526 vernichtend geschlagen. Die Folge war, daß Ungarn seine Unabhängigkeit verlor und in drei Teile zerfiel: Zentralungarn kam unter türkische Besatzung, Transsylvanien im Osten wurde türkisches Protektorat, wärend der westliche Teil, nominell nach wie vor „Königreich Ungarn", in das Habsburger Reich integriert wurde.

*

Wenden wir uns nun dem großen Rahmen der ostmitteleuropäischen Region, dem Habsburger Reich, zu, das im 18. Jahrhundert nahezu die ganze Region – Österreich mit seinen Erbprovinzen, Ungarn, Böhmen, Mähren und den südöstlichen Teil Polens – politisch umfaßte. Nur Preußen blieb außen vor und verfolgte seinen eigenen Weg.

Auf der neuen politischen Landkarte Europas nimmt dieses Integrationsgefüge für das westliche und östliche Modell eine eigenartige, geradezu zweideutige Mittelstellung ein. Sogar die Grenzlinie der Zweiten Leibeigenschaft – die Elbe und die östlichen Ausläufer der Alpen – durchzog diesen neuen politischen Entwurf. Die landwirtschaftlichen Strukturen der westlichen Erbprovinzen blieben dem Westen eng verbunden. Die Staatsstruktur war einerseits ihrem östlichen Charakter nach imperial geprägt, andererseits wich sie deutlich vom russischen Modell ab, weil der imperiale Zentralismus bis zum Ende meist nur ein Vorsatz blieb. Die dynastische Einheit, die militärische und finanzielle Konzentration, wurde stets durch den traditionellen Separatismus der einzelnen Länder und Provinzen unterminiert – eine in Ost wie West beispiellose Situation.

Der Absolutismus entwickelte sich zur selben Zeit und mit demselben Tempo wie in der westlichen Region, doch schon die erste absolutistische Wende in Böhmen (1620) war begleitet von jener Gewalttätigkeit östlichen Typs, und schon bald sollte Ungarn (1670) mit der blutigen Niederwerfung einer gegen die Habsburger gerichteten Verschwörung der Feudalaristokratie folgen.

Ungarn ist auch ein gutes Beispiel für den spezifisch ostmitteleuropäischen Charakter des Habsburger Absolutismus. Kaum fünfzig Jahre nach dem Zusammenbruch der aristokratischen Verschwörung begann der Feudaladel einen Unabhängigkeitskrieg. Er endete jedoch weder mit einer Niederlage noch mit Repression, sondern mit einem Vertrag. Die Feudalaristokratie war mit den Habsburgern einen Kompromiß eingegangen. Im Tausch für die Anerkennung der Erbdynastie behielt der Adel seinen Grundbesitz, genoß Steuerfreiheit, konnte frei über die Leibeigenen verfügen und sich an der Regierung beteiligen, indem er den ungarischen Reichstag und die Landkreise, die größtenteils seine unabhängigen Lehnsgüter wurden, kontrollierte. Ein solcher Kompromiß wäre im Osten undenkbar gewesen und hat auch im Westen keine Parallele.

Polen bietet ein ähnliches Beispiel. Nur fünfzig Jahre nach der letzten Teilung des Landes wurde die polnische Aristokratie zu einem bedeutenden Faktor im Wiener Parlament. Österreichisch-Galizien erhielt ein Provinzparlament und einen aus den Reihen der polnischen Aristokratie ernannten Gouverneur. Mit seiner rein polnischer Verwaltung, seinen Schulen und Gerichtshöfen wurde Galizien ein nahezu unabhängiger polnischer Staat innerhalb des Reiches; seine feudalen Grundbesitzer regierten praktisch das Land mit unbegrenzter Macht über ihre Leibeigenen.

Auch die politische Situation in den Erbprovinzen war im Osten wie im Westen ohne Parallele. Einerseits erhielten sich in bedeutendem Maße westliche Feudalstrukturen wie der mittelalterliche Typus der Adelsfreiheiten, die Selbständigkeit der Städte und der Bauern, andererseits blieben sie gleichzeitig fest im dynastischen Absolutismus verankert. In Tirol und Vorarlberg beteiligten sich die Bauern sogar an der Provinzverwaltung.

Im Herzen der ostmitteleuropäischen Region gelegen hinderten die „halbwestlichen" Strukturen das Habsburger Reich im 18. Jahrhundert nicht daran, sich der Aufklärung in typisch „östlicher" Weise, also auf imperiale Order von oben statt in Gestalt eines sich von unten entwickelnden Kulturprozesses, anzuschließen. Sie wurde zum Geschenk des Kaisers an „seine" Völker, die mit imperialer Willkür vergeben oder wieder entzogen werden konnte.

Nach dieser halb erfolgreichen, halb gescheiterten Aufklärung schwenkte die Dynastie wieder unmißverständlich in Richtung östliches Modell und verwandelte, nach der Französischen Revolution, das absolutistische Reich – ähnlich wie in Rußland – zu einem „Völkergefängnis".

Auch anhand seiner Wirtschaftspolitik läßt sich die ambivalente Zwischenstruktur Österreichs klar demonstrieren. Nachdem es im Ergebnis des Dreißigjährigen Krieges (1648) von Westeuropa ausgeschlossen war, führten die Habsburger innerhalb des kleineren Rahmens ihres Imperiums das westliche Modell der Arbeitsteilung zwischen Zentrum und Peripherie ein. Die westlichen Erbprovinzen, speziell Böhmen, wurden zur industriellen Basis. Hier konnten die protoindustriellen Anfänge des 13. und 14. Jahrhundert die Zweite Leibeigenschaft überleben und von den Habsburgen gezielt zu Zentren westlichen Typs entwickelt werden. Ungarn und Galizien dagegen blieb nur die Rolle von Agrarkolonien.

*

An dieser Stelle beenden wir die Skizze sozialer Entwicklungstendenzen und konzentrieren uns auf das Jahr 1848, den Wendepunkt in der Geschichte der Region. Die Revolutionen Mitte des 19. Jahrhunderts waren für die weitere Entwicklung Ostmitteleuropas genauso bedeutsam wie die „Revolutionen von oben" im 15. Jahrhundert, durch die die Region entstanden war. Die neuen Revolutionen versuchten äußerst spät, das Rad der Geschichte zurückzudrehen, die Zweite Leibeigenschaft aufzuheben und sich dem Westen anzuschließen, dem man vor 250 Jahren den Rücken gekehrt hatte. Obwohl verspätet war der Zeitpunkt kein Zufall. Die Zeit war reif, die alten Fesseln zu sprengen, der berühmte „Völkerfrühling" mit Frankreich an der Spitze ermöglichte den Wechsel. Das Revolutionsgebiet umfaßte ganz Europa, von Preußen im Norden bis nach Sizilien im Süden. Die Februarrevolution in Frankreich, die die Dynastie der Orleans zerstörte und die Republik begründete, löste auch die revolutionären Erhebungen in Ostmitteleuropa und besonders in seinem Zentrum, im Habsburger Reich, aus.

Im Gegensatz zu Frankreich, von dem die Inspiration ausging, waren die Revolutionen der Region keine bürgerlichen Revolutionen im eigentlichen Sinne, weil hier kein ausgeprägtes, einflußreiches Bürgertum existierte. Auch handelte es sich nicht um kapitalistisch-industrielle Revolutionen nach englischem Modell, da die herrschende Feudalklasse nicht über akkumuliertes Kapital für eine Modernisierung ihrer veralteten und unterentwickelten Wirtschaft verfügte. Die Mischstrukturen der Region zwischen Ost und West – die multinationale Zusammensetzung der Habsburger Monarchie – gaben den Revolutionen einen spezifisch nationalen, sozialen und politischen Inhalt, der das Feudalsystem hinwegfegte und eine zukünftige kapitalistische Transformation ermöglichte; jedoch mit einem halb bürgerlich, halb feudal verzerrten Charakter. Dem französischen Modell kamen Wien und Prag am nächsten. Hier gab es eine aufstrebende Bourgeoisie und eine sich entwickelnde Arbeiterklasse, deren Beteiligung an der Revolution die Entwicklung Österreichs und besonders der Tschechoslowakei nach dem Ersten Weltkrieg zu einem kapitalistischen System, das frei von ernsten Entstellungen war, ankündigte. Dies ermöglichte eine demokratische Entwicklung, die allen anderen Ländern der Region fehlte.

Um der Rückständigkeit zu entkommen, mußte die Region mit dem Feudalsystem brechen; Modernisierung erforderte die Abschaffung der Leibeigenschaft innerhalb eines fortschrittlichen, liberalen politischen Systems. Diese Forderung wurde nur teilweise erfüllt, und in allen Revolutionen der Region unterdrückte die alte Ordnung am Ende den politischen Wandel.

Die Revolutionen der Region von 1848 waren sämtlich „Revolutionen von oben", hier nahmen sie ihren Anfang und hier endeten sie. Es war der weitsichtige Flügel der Aristokratie, der verlangte, die Stagnation des Feudalsystems durch Reformen und Modernisierung zu überwinden, ohne die eigene Herrschaft zu gefährden. Die Aristokratie war jedoch nicht in der Lage, den einmal begonnenen Prozeß unter Kontrolle zu halten. Der absterbende Kleinadel und die aufstrebenden städtischen Klassen übernahmen diese Rolle. Letztlich unterdrückten die Königsmacht und die Aristokratie die Revolutionen brutal und reduzierten sie auf ihre ursprüngliche Absicht einer modernisierten, postfeudalen Variante der alten Ordnung.

In Wien war das Vorspiel der Revolution ein Komplott reformfreudiger Aristokraten zum Sturz des Fürsten Metternich, dem Hauptrepräsentanten sozialer und politischer Rückständigkeit. Angefeuert durch die sensationellen Neuigkeiten der Februarrevolution in Frankreich waren ihre Reformversprechen der Funke, der das unruhige, hungrige städtische Proto-„Proletariat" entzündete – landlose, ungelernte Arbeiter, die in Wien Arbeit suchten, jedoch keine Kapitalisten fanden, die sie beschäftigten. Die spontanen Tumulte wurden von Studenten angeführt, die eine liberale Verfassung mit allgemeinem Wahlrecht und die Abschaffung der *Robot,* der feudalen Zwangsarbeit, forderten. Am 13. März 1848 errichtete man in den Straßen Barrikaden. Während der nächsten Monate wurde Wien vom Revolutionsfieber erfaßt; am 17. Mai floh der kaiserliche Hof aus der Hauptstadt. Zwei Tage später ging die Macht an ein Komitee für Öffentliche Sicherheit, geführt von Studenten und gemäßigten Liberalen, über. Im Juli rettete ein verängstigtes Parlament die kaiserliche Herrschaft durch die Wahl eines ein wenig liberaleren Kabinetts und die Aufnahme einiger Bauern und Bürger. Das Reformparlament bot einen letztlich zugestandenen Doppelkompromiß an, um die Volksrevolution zur „Revolution von oben" zu machen. Die Liberalen akzeptierten Reich und Dynastie, die Dynastie den Liberalismus. Im September wurde ein Emanzipationsgesetz erlassen, das die erblichen Rechte der Grundbesitzer in Rechtsprechung und Verwaltung abschaffte, die *Robot* verbot und den bäuerlichen Pächtern Sicherheit auch hinsichtlich des Bodens der Grundbesitzer bot. Damit war die Gefahr eines Bauernaufstandes abgewendet. Die Gefahr einer siegreichen bürgerlichen Revolution blieb noch bestehen, aber auch sie wurde nur einen Monat später beseitigt, als die kaiserliche Armee die durch innere Konflikte zwischen Radikalen und Gemäßigten zerstrittenen Revolutionstruppen in Wien zerschlug.

Sieger war das kaiserliche Regime, das seine liberalen politischen Versprechen nicht einlöste und an seinem absolutistischen Kurs festhielt. Die Klasse der Grundbesitzer verlor ineffiziente Feudaldienste, was jedoch durch die Gewinne aus den Modernisierungen ihrer Güter mehr als ausgeglichen wurde. Mit den Kompensationszahlungen, die sie für den Verlust ihrer Leibeigenen erhalten hatten, konnten sie sich nun in Handel und Industrie engagieren sowie den Bauern und dem Kleinadel zusätzlich Land abkaufen. Auch der Sieg der Bauern war zweischneidig. Zwar waren sie durch die Gnade des Kaisers und seiner aristokratischen Verbündeten von den Feudalverpflichtungen befreit worden, viele verloren jedoch ihr neu gewonnenes Eigentum an die großen Landbesitzer. Der kleine bäuerliche Besitz konnte mit dem agrotechnischen Fortschritt der großen Güter nicht mithalten und verarmte. Weder Kleinbauern noch Landarbeiter hatten durch das neue Emanzipationsgesetz Land erhalten. Der Sieger auf lange Sicht hieß Kapitalismus: In den folgenden Jahrzehnten nahm die industrielle Produktion rapide zu, die Entwicklung des Bankwesens machte Riesenschritte und wurde zur Hauptquelle der Industrialisierung, des Eisenbahnbaus und der landwirtschaftlichen Modernisierung.

Die Revolution in Ungarn war tiefgreifender, umfassender und nachhaltiger als in Österreich. Blieb sie hier fast nur auf Wien beschränkt, ergriff sie dort das ganze Land. In Wien trieb der Wille nach sozialem und politischem Wandel die Revolution voran, in Ungarn erweiterte sie sich über die zusätzliche Forderung der Befreiung von österreichischer Dominanz zum Unabhängigkeitskrieg.

Der Auftakt glich dem in Wien. Die Initiative für wirtschaftliche und institutionelle Reformen wurde von Graf István Széchenyi ergriffen, der einer der angesehensten aristokratischen Familien angehörte. Er wollte das rückständige Ungarn reformieren, indem er allen Gleichheit vor dem Gesetz zusicherte und die wohlhabenden Bauern und die aufstrebende Klasse der Unternehmer am politischen Leben teilhaben ließ. Alle Reformen sollten „unter Beibehaltung der Vorherrschaft der landbesitzenden Klasse, dem einzigen Garanten für das Überleben der Nation"[3], erfolgen. Széchenyi lehnte die Idee der konstitutionellen Monarchie ab und nannte sie „eine Fackel in den Händen von Brandstiftern"[4]. Eine vollständige Autonomie oder Unabhängigkeit Ungarns forderte er zu keinem Zeitpunkt.

Es war der niedere Adel, die *Gentry*, die die gesellschaftlichen Reformen mit dem Protest gegen die Unterdrückung durch die Habsburger verband und eine Verschiebung der Gewichte zwischen Österreich und Ungarn, zwischen Kirche und Staat, Aristokratie und gemeinem Adel verlangte. Die Nation sollte eine ethnische Gemeinschaft der Magyaren werden. Auch Klassen, die nicht zur privilegierten Feudalschicht zählten, sollten politische Rechte erhalten. Die Gentry war eine Klasse im Niedergang, am Rande des wirtschaftlichen Ruins; sie bestand aus unbedeutenden Landbesitzern, die ständig von Geldsorgen

3   Andrew C. Janos: The politics of backwardness in Hungary. Princeton 1982, 57.
4   Ibid., 53.

geplagt wurden. Sie verabscheute das „erniedrigende" Unternehmertum und verlangte nach einem starken Staat, der Beschäftigung in Verwaltung und Politik garantierte. Ihr ging es nicht nur um wirtschaftliche Reformen, sondern auch um staatliche Unabhängigkeit, Macht und Ansehen.

Das Rückgrat der Radikalen bildete die im Aufstieg begriffene adlige und städtische Intelligenz, Studenten und Kleinadlige wie der Journalist und Anwalt Lajos Kossuth, der verarmte Baron József Eötvös oder der Adlige Mór Jókai (die beiden letzteren schlugen sich als Schriftsteller durch). Der radikalste unter ihnen und als Nichtadliger eine Ausnahme war der Dichter Sándor Petöfi, Sohn eines Fleischers aus der Provinz. Das Bürgertum war in der Reformbewegung kaum vertreten. Die alte städtische Schicht der Händler und Protoindustriellen meist deutschen Ursprungs befand sich in rapidem Niedergang und verlor sogar noch den letzten Rest Einfluß, den sie in der Stadt Pest gehabt hatte. Das neu aufkommende Bürgertum war überwiegend jüdisch und vermied klugerweise jede politische Einmischung.

Am 15. März 1848, zwei Tage, nachdem die Nachricht von der Revolution in Wien Ungarn erreicht hatte, kam es in Buda und Pest zu Demonstrationen. Angeführt von dem Dichter Petöfi forderte eine Menge von Aufständischen Freiheit und politische Rechte für das Volk, proklamierte die Revolution und bildete ein Revolutionskomitee. Aus Furcht, der städtische Aufruhr könne sich auf das Land verbreiten und zu einem Aufstand der Leibeigenen führen, trat sofort der Reichstag, das ungarische Parlament, zusammen und bildete unter der Führung Kossuths eine neue Regierung. Sie erließ sechs Gesetze, die die politische und soziale Struktur des Landes völlig veränderten. Die Steuerfreiheit des Adels und die Leibeigenschaft wurden abgeschafft, der adelige Reichstag durch eine aus zwei Kammern bestehende Nationalversammlung mit einem Oberhaus und einem aus gewählten Abgeordneten bestehenden Unterhaus ersetzt. Das Gesetz garantierte das Wahlrecht für alle männlichen Bürger über zwanzig, doch gab es einige wichtige Ausnahmen. Es band dieses Recht an bestimmte wirtschaftliche Qualifikationen, hauptsächlich Landbesitz und anderes Eigentum, wodurch es faktisch nur 6,5 Prozent der Bevölkerung genossen. Das Gesetz definierte ferner die Beziehungen des Landes innerhalb des Habsburger Reiches neu, betonte die Autonomie Ungarns und schuf eigenständige Finanz- und Verteidigungsministerien.

Diese letzten Maßnahmen wurden durch den Kaiser umgehend abgelehnt. Er schürte eine bewaffnete Rebellion unter den kroatischen und rumänischen Einwohnern Ungarns, setzte die revolutionäre Regierung ab und verlangte die Auflösung der Nationalversammlung. Das Parlament antwortete mit der Entthronung des Kaisers und begann, eine Nationalarmee aufzustellen, die im folgenden Unabhängigkeitskrieg die militärischen Angriffe der Kroaten abwehrte. Die Massen revolutionsbegeisterter Bauern, die man dafür rekrutierte, schlugen auch die österreichische Invasionsarmee zurück. Die Niederschlagung der Revolution gelang erst, als Wien russische Truppen zu Hilfe rief. Am 31. August 1849 kapitulierte die Revolutionsarmee – jedoch nicht vor dem österreichischen, sondern dem russischen Kommandanten.

Unter den Revolutionen von 1848 war die ungarische die einzige, die nicht durch innere Schwäche und Konflike, sondern durch die militärische Übermacht der Sieger fehlschlug. Mit 17 Monaten Dauer war sie zudem die längste in ganzen Region. Ihre außergewöhnliche Stärke war das Resultat einer Kombination aus nationaler und sozialer Befreiung, da die Bauern ihre Freiheit nicht dem König, sondern der ungarischen Nation verdankten.

Nach der Niederschlagung der Revolution verlor Ungarn seine Unabhängigkeit und wurde in die nun noch repressivere Habsburger Monarchie eingegliedert. Obwohl das Emanzipationsgesetz weiter bestand, ging nur das Land in den Besitz der Bauern über, das vorher durch feudale Zwangsarbeit bewirtschaftet worden war. Die früheren Grundbesitzer behielten ihre Güter und damit weit mehr als die Hälfte des gesamten Landes. Demgegenüber besaß mehr als die Hälfte der Bauern überhaupt kein Land. Die kapitalistische Entwicklung – hauptsächlich mit Hilfe österreichischen Kapitals – setzte erst später ein und kam langsamer voran als in Österreich. Ungarn blieb rückständig, unterentwickelt, halbkolonial und halbfeudal, bis die Umwälzungen nach dem Ersten Weltkrieg die Strukturen des nun unabhängigen und stark geschrumpften Landes entscheidend änderten.

Die Revolutionen in Österreich und Ungarn waren die wichtigsten in Ostmitteleuropa. Doch kam es in der ganzen Region zu Aufständen und Revolutionen. Prag wurde einige Tage vor dem Ausbruch der Revolutionen in Wien und Budapest durch den „Völkerfrühling" wachgerüttelt. Nationalistische Demonstrationen, angeführt von Studenten, verlangten die Gleichberechtigung von tschechischer und deutscher Sprache in Schulen und Behörden. In den folgenden Monaten wurde die Stimmung immer aggressiver, es gab Forderungen nach dem allgemeinen Wahlrecht, nach größerer Autonomie für Böhmen und nach Abschaffung der feudalen Zwangsarbeit. Arbeiter und kleinbürgerliche Intellektuelle schlossen sich den Studenten an, die zunächst unbeteiligten Bauern wurden unruhig. Um die Radikalen von ihrer ländlichen Basis zu isolieren, „befreite" die kaiserliche Regierung in Wien die Bauern von der Leibeigenschaft in einer abermaligen „Revolution von oben". Gefährlicher schien ihr jedoch der städtische Nationalismus mit seinen bürgerlichen Untertönen, und so sandte man Truppen nach Prag. Dieser provokante Schritt verwandelte die bis dahin friedlichen Demonstrationen und Petitionen in einen offenen Aufruhr. Am 12. Juni 1848 errichteten tschechische Studenten und Arbeiter Barrikaden und der Kampf brach los. Österreichische Truppen besetzten die Universität und in regelrechten, vier Tage andauernden Schlachten unterdrückten sie blutig die kurze „Pfingstrevolution" – nicht ohne die Unterstützung der loyalen deutschen Mittelklasse.

In der Habsburger Provinz Polnisch-Galizien kam es in den 1840er Jahren zu einer eigenartigen Allianz zwischen Leibeigenen und österreichischen Besatzern gegen die nationalrevolutionäre Bewegung des polnischen Adels. Die Habsburger Kamarilla zettelte ohne große Anstrengung einen Bauernaufstand an – die einzige Bauernrevolte in der Region –, die 1846 von der polnischen Aristokratie blutig niedergeschlagen wurde. Die kaiserliche Regierung dankte den Bauern für ihre Loyalität und verfügte die Abschaffung der feudalen *Robot*. Damit gelang es den Habsburgern, die Bauern vom Adel zu lösen und so die revolutionäre Gefahr in Polen zu bannen – mit Ausnahme eines vereinzelten Aufstands in Krakau, der nach zwei Tagen durch das Militär niedergeworfen wurde.

Wie weit die revolutionäre Welle in der Region reichte, läßt sich an der kurzlebigen Erhebung in den Donaufürstentümern Moldawien und Walachei, der Wiege Rumäniens, ablesen. Der Aufstand des niederen Adels gegen die herrschenden Boyaren wurde schnell und brutal durch das gemeinsame Vorgehen russischer und türkischer Armeen erstickt.

Die Zwillingsfürstentümer waren das einzige Land der Region, in dem der Feudalismus nach der Niederlage der Revolution fortbestand und durch die späte Einführung der Zweiten Leibeigenschaft russischen Typs sogar noch gewalttätiger wurde. Bis August 1849 waren mit der Kapitulation der ungarischen Armee alle revolutionären Flammen durch militärische Gewalt erstickt. Die Macht des absolutistischen Habsburger Reiches war restauriert und durch die Wiedererlangung aristokratischer Dominanz sogar gestärkt. Praktisch alle institutionellen Veränderungen, alle politischen und sozialen Träume waren zunichte gemacht worden. Es gab jedoch eine Ausnahme – die einzige wichtige unwiderrufliche Veränderung: die Abschaffung der Leibeigenschaft in der gesamten Habsburger Monarchie. Jetzt stand das Tor offen für die gesellschaftlichen Umgestaltung der ostmitteleuropäischen Region. In den folgenden Jahrzehnten erfüllte diese entscheidende Veränderung, wenn auch nur teilweise und in verzerrter Form, einige Versprechen, die die Revolutionen von 1848 nicht hatte einlösen können.

*

Mit der Abschaffung der Leibeigenschaft setzte im österreichischen Kernland eine rasche kapitalistische Umgestaltung ein. Der Hauptimpuls ging von den Banken aus, die Wien in der ersten Hälfte des 19. Jahrhunderts zum finanziellen Zentrum des Reiches gemacht hatten und in ganz Europa eine wichtige Rolle spielten. Die Wiener Filiale des Hauses Rothschild erlangte besondere Berühmtheit, indem sie nach der Jahrhundertmitte das traditionell feudale auf ein kapitalistisches Kreditsystem deutschen und französischen Typs umstellte und als Hauptquelle der Wirtschaftsfinanzierung nutzte. Bald war Österreich nicht mehr nur Kapitalempfänger, sondern auch Kapitalgeber.

Die Industrieproduktion stieg zwischen 1840 und 1880 um das Zweieinhalbfache und vervierfachte sich dann bis 1913. Die Wirtschaftsstruktur und die Verteilung der arbeitenden Bevölkerung glichen der Frankreichs. Österreich schickte sich an, die ostmitteleuropäische Region zu verlassen und sich dem Westen anzuschließen. Der Bruch wäre auch erfolgt, wenn sich Österreich nicht mit seinen vorwiegend agrarischen Gebieten Ungarn, Galizien und der Bukowina hätte herumplagen müssen, wo die feudalen Strukturen dem sozialen Körper auch nach der Abschaffung der Leibeigenschaft hartnäckig anhafteten.

Die Niederlage im Ersten Weltkrieg und der Zerfall des Habsburger Reiches brachten Österreich in eine verhängnisvolle Lage. Die Bevölkerung Wiens litt Hunger, es gab kaum genug Brot, Mehl und Milch, um die Einwohner vor dem Hungertod zu bewahren. Das Land war praktisch abgeschnitten von den anderen Teilen der früheren Monarchie. Kohle war aus Schlesien und Korn aus Ungarn gekommen. Die Spinnereien lagen in Westösterreich, die Webereien befanden sich in Böhmen und die Bekleidungsindustrie in Wien. Mit massiver Finanzhilfe des Westens konnte die kapitalistische Entwicklung jedoch bald mit hoher Geschwindigkeit weitergehen. Kurz vor dem *Anschluß*[5] an Hitlerdeutschland glich die industrielle Pro-Kopf-Produktion dem Gesamtniveau von Ungarn, Polen, Rumänien und Bulgarien, obwohl sie nur die Hälfte der entwickelten westeuropäischen Staaten erreichte. Wirtschaftlich war Österreich ein wenn auch peripherer Teil des Westens geworden.

Politisch und gesellschaftlich jedoch waren seine ostmitteleuropäischen habsburgischen Wurzeln deutlich sichtbar, denkt man etwa an das weitverbreitete Fehlen eines Nationalbewußtseins, die Schwäche der Demokratie und den hartnäckigen Antisemitismus, um nur die wichtigsten Merkmale zu nennen. Eine starke rechtsradikale Bewegung, für die es in den westlichen Demokratien keine Parallele gab, führte zum offenen „Austro-Faschismus", der mit Waffengewalt den sozialistischen Widerstand brach. Zum Teil erklärt dieses ostmitteleuropäische Erbe die schnelle Unterwerfung des Landes unter die Expansionspolitik Nazideutschlands.

Erst nach der Niederlage Hitlers schwand dieses Erbe, wenn auch nicht vollständig. Der spezielle habsburgische Kompromißcharakter taucht in der *Sozialpartnerschaft*[6] zwischen Staat, Industrie und Ge-

5 Im Original Deutsch (Anm. d. Ü.).
6 Im Original Deutsch (Anm. d. Ü.).

werkschaft und den korporatistischen Wirtschaftstrukturen wieder auf. Seit dem Ersten Weltkrieg ist Österreich aber uneingeschränkt Teil der westlichen Region. Deshalb ist dieses Land nicht länger Gegenstand dieses Buches.

Kehren wir nun nach Ungarn zurück. Die Abschaffung der Leibeigenschaft in der Revolution 1848 trug den Stempel ihres östlichen Charakters: die Herrschaft des wohlhabenden Adels war ungebrochen. Fast zwei Drittel des Landes verblieben in den Händen der früheren feudalen Grundbesitzer, also meist jener 160 Familien, aus denen sich die großen aristokratischen Clans des Landes bildeten. Gleichzeitig ließ die formale Befreiung der Leibeigenen 60 Prozent von ihnen ohne Land. Auf der anderen Seite vergrößerten die Magnaten ihre Güter in den folgenden Jahrzehnten gewaltig. In der Zeit von 1867 bis 1914 wuchs die Fläche der Gütern mit einer Größe über 6000 Hektar von 8,5 auf 19,4 Prozent.

Ungarn blieb ein vorwiegend landwirtschaftliches Anhängsel des Habsburger Reiches. Seine ambivalente Strukturvariante des regionalen Modells überlebte die Revolution von 1848 und die Abschaffung der Leibeigenschaft; in bedeutendem Umfang rettete es seine vorrevolutionären Strukturen und wahrte die geschwächten, aber nicht gelösten kolonialen Bindungen an Wien. Zwar gewannen, wie wir zeigen werden, kapitalistische Tendenzen in der Landwirtschaft im letzten Viertel des Jahrhunderts an Stärke, dies jedoch nur in deformierter Form und durchsetzt mit feudalen Elementen. Eine moderne Industrie entwickelte sich praktisch vom Nullpunkt vor 1848 bis zur Jahrhunderwende auf einen Anteil von 20 Prozent am Bruttosozialprodukt, blieb aber nach wie vor weit, selbst hinter Österreich, zurück. Eine nationale Bourgeoisie entwickelte sich nicht. Industrie, Finanzwesen und Handel blieben Betätigungen, die für den niederen und hohen Adel „unter der Würde" waren, und den Bauern blieben sie verwehrt. An ihrer Stelle wurde dieser Platz von Deutschen und hauptsächlich Juden eingenommen. Ungarn trat ins 20. Jahrhundert mit der toten Last einer Vergangenheit, die jeden Fortschritt blockierte und entstellte.

Ein anderes Muster kennzeichnete die strukturelle Entwicklung Böhmens. Wie wir gesehen haben, bildete sich hier das Ausgangsmodell des Feudalismus westlichen Typs wesentlich früher und schneller als in den anderen Ländern der zukünftigen ostmitteleuropäischen Region heraus. Neben dem selbständigen bäuerlichen Besitz, für den die Pacht in bar und in Naturalien gezahlt wurde, waren die Grundbesitzer bereits im frühen Mittelalter an vorkapitalistischen Manufakturen und am Handel mit Lebensmitteln und Stoffen beteiligt. Das Aufkommen dieses vorkapitalistischen Adels bereitete den Weg für die Konversion einer großen Anzahl von Grundbesitzern und der Mehrheit der Bevölkerung zum Protestantismus.

Die Niederlage des tschechischen Adels gegen die Habsburger in der Schlacht am Weißen Berg (1620) beendete Böhmens Unabhängigkeit, und die Einführung der Zweiten Leibeigenschaft unterbrach die Entwicklung der Feudalstruktur westlichen Typs. Die Geschichte wies diesem territorialen Neuerwerb des Kaiserreiches jedoch einen speziellen Platz zu: Die Habsburger erkannten schnell das Potential der Region und machten die böhmische Provinz zu ihrem industriellen Zentrum.

Der tschechische Adel teilte im Gegensatz zum ungarischen die Geringschätzung der Arbeit nicht und rekrutierte so im 18. Jahrhundert den Großteil der Unternehmer in den prosperierenden Protoindustrien. Zur gleichen Zeit schränkte Maria Theresia die unbezahlten Arbeitsleistungen der Leibeigenen ein, und die partielle „Emanzipation" Josef II. führte dann zu einer größeren Mobilität der Arbeitskraft. Die Zwangsarbeit wurde zwar nicht abgeschafft, doch durften Leibeigene ohne Erlaubnis heiraten, ihren Wohnort wechseln, wenn sie bei ihrem Grundbesitzer nicht verschuldet waren, und ein Handwerk erlernen. Im Gegensatz zu Ungarn wurde die Lockerung der Zweiten Leibeigenschaft von oben nicht durch eine vorherrschende „nationale" Aristokratie sabotiert. Sowohl die Krone als auch der kosmopolitische kaiserliche Adel unterstützten die Protoindustrialisierung – die Habsburger, um ihr Reich zu stärken, der Adel, um seine Einkünfte zu vergrößern.

Anfang des 19. Jahrhunderts begannen Maschinen den Herstellungsprozeß zu verändern, und in den nächsten Jahrzehnten entwickelte sich eine schnell wachsende Baumwoll- und Leinenindustrie. Die Aristokratie wurde von nichtadligen Unternehmern überholt. Eine steigende Zahl von Großhändlern, reichen Bauern und wohlhabenden Handwerkern bildete eine rasch anwachsende, der Bourgeoisie schon ähnliche Mittelschicht. Durch die Revolution von 1848 und durch die Abschaffung der letzten Überreste der Leibeigenschaft war der Weg frei für eine kapitalistische Entwicklung. Eine einzigartige Strukturentwicklung, die durch die Unterdrückung der nationalfeudalen herrschenden Klasse und durch die reichsinterne Arbeitsteilung ermöglicht wurde, prädestinierte das tschechische Gebiet, seine Unabhängigkeit nach dem Zerfall des Habsburger Reiches im Jahr 1918 als Mitglied der westlichen Region zu erlangen.

Der Umfang und die Zielsetzung dieses Buches erlaubt es uns nicht, die kurze Geschichte der Tschechoslowakei in der Zwischenkriegszeit zu betrachten. Wir werden den Faden 1945 nochmals aufnehmen, als das wieder auflebende Land beschloß, eine Brücke zwischen Ost und West zu sein. Im Jahre 1948 machte der Kalte Krieg die Kluft unüberbrückbar und es gab keine Wahl mehr – die Tschechoslowakei wurde zusammen mit den anderen stalinisierten Ländern Ostmitteleuropas der östlichen Region einverleibt.

Die Region um 1660

Die Unterregion Balkan

Randgebiet Ostmitteleuropas

In den Jahrzehnten Mitte des 19. Jahrhunderts, als Preußen, Böhmen und Österreich begannen, sich von der Struktur Ostmitteleuropas zu entfernen, bot die Geschichte einen Ausgleich. Die Region dehnte sich nach Süden aus und zog die Balkanländer, also das südöstliche „Europa", in ihre Einflußsphäre.

Die Balkanhalbinsel wurde bis zum 19. Jahrhundert nur geographisch als das südöstliche Europa betrachtet. Seit der Bildung Europas nach dem Zerfall des Römischen Reiches endeten hier für tausend Jahre die südlichen Grenzen West-, Mittel- und Osteuropas. Zunächst war der Zugang durch das Byzantinische Reich mit seinem Zentrum in Konstantinopel blockiert, danach durch das Ottomanische Sultanat, als Ende des Mittelalters islamische Türken aus dem mittleren Osten einen Keil in die Balkanhalbinsel trieben, Byzanz stürzten und ihre Herrschaft errichteten.

Die Türen nach Europa öffneten sich erst nach einer langen Reihe von Kriegen zwischen dem 17. und 19. Jahrhundert, als österreichische und russische Armeen die Türken nach Kleinasien zurückdrängten. Die Unabhängigkeit der Königreiche auf dem Balkan gehört in die neuere Geschichte: Griechenland erlangte sie 1829, Rumänien und Serbien 1878 (im selben Jahre griff Rußland nach der Dobrudscha); 1908 wurde Bulgarien unabhängig, 1878 Bosnien vom Habsburger Reich annektiert und 1913 Mazedonien zwischen Griechenland, Serbien und Bulgarien aufgeteilt.

Diese neuen Staaten dienten später als Unterpfand in den antagonistischen politischen, wirtschaftlichen und strategischen Ambitionen der Großmächte Österreich, Rußland, Italien, England und Frankreich. Erst nach dem Ersten Weltkrieg ordnete die Geschichte jene Staaten fest dem Rand Ostmitteleuropas zu – als eine eigenständige Unterregion.

Im 6. Jahrhundert strömten nomadische Slawen- und Turkstämme aus dem Osten auf den Balkan. Im folgenden Jahrhundert entstand das Bulgarische Khanat, das sich zu einem mächtigen Reich ausdehnte und die gesamte Halbinsel von den Nordgrenzen des heutigen Griechenland bis tief ins Donaubecken umfaßte. Im 9. Jahrhundert nahm das Reich das ostkirchliche Christentum an, und die nomadische Naturalwirtschaft begann, feudale Züge herauszubilden. Diese Entwicklung wurde durch ständige Kriege gegen das expandierende Byzanz gebremst, das 1014 die Unabhängigkeit Bulgariens beendete. Die Eroberung des Serbischen Königreiches vervollständigte die byzantinische Herrschaft über den Balkan. Lediglich Kroatien blieb übrig und wurde von Ungarn annektiert.

Als das Reich unter türkischem Druck zu zerfallen begann, erlangten Bulgarien und Serbien für kurze Zeit wieder ihre Unabhängigkeit, aber die Zerstörung der Landwirtschaft durch die ständigen Kriege, die geographische Isolation und schließlich die Entvölkerung durch die Beulenpest machten sie zu einer leichten Beute für die islamische Eroberung. Ein Balkanland nach dem anderen geriet unter türkische Herrschaft – Serbien 1389, Bulgarien 1393, Griechenland im Jahre 1458.

Unter ottomanischer Herrschaft lasteten militärische Unterdrückung, die gnadenlose Erhebung von Steuern und das Erpressen von Lösegeldern schwer auf der Bevölkerung. Die Eroberer veränderten das bestehende sozioökonomische System. Traditionelle Klassenstrukturen und die Mischung aus Natural- und Feudalwirtschaft verschwanden zugunsten eines türkischen Feudalismus, der viele Elemente seiner asiatischen Herkunft bewahrte.

Sein Hauptmerkmal bestand in einer maximale Zentralisierung, die auf einer Konzentration des Landbesitzes in den Händen des Staates beruhte. Dadurch nahm die Beziehung zwischen Grundbesitzer und Leibeigenem eine spezielle Form an. Die vom Sultan ernannten türkischen Grundeigentümer übten lediglich Kontrollfunktion aus und sicherten sich damit ein vom Staat festgesetztes Einkommen. In diesem System wurde aus den Bauernmassen eine Art Staatsbauernschaft, Leibeigene des Herrschers. Der Grundbesitzer war ein Staatsbeamter ohne Besitz und ohne das Recht, den Grundbesitz auf Lebenszeit zu verwalten oder weiter zu vererben.

Auf den Großgütern konnte aufgrund dieses türkischen Feudalsystems keine kommerzielle Landwirtschaft entstehen und die städtische Entwicklung kam nur sehr langsam voran. Durch die erpresserische und ausbeuterische Besteuerung und Finanzpolitik stagnierte die Volkswirtschaft für Jahrhunderte. Der türkische Feudalismus zeichnete sich nicht nur durch Rückständigkeit selbst im Vergleich mit der östlichen und ostmitteleuropäischen Region aus, sondern auch durch eine extreme Unbeweglichkeit gegenüber Herausforderungen von außen.

Daher sorgte der allgemeine Aufschwung Europas seit dem 15. Jahrhundert für keine oder nur geringe Aufregung im Ottomanischen Sultanat. Der türkische Typ des Feudalismus, eine „staatliche Kommandowirtschaft", stand in unversöhnlichem Gegensatz zu den europäischen Feudalstrukturen, egal ob sie dem vorkapitalistisch-westlichen, autokratisch-östlichen oder dem gemischt zentraleuropäischen Typ angehörten. Er blieb bis zum Niedergang des Ottomanischen Reiches erhalten und schnitt den Balkan von anderen Regionen ab.

Die langsame Schwächung des Reiches begann im frühen 19. Jahrhundert und endete mit der Vertreibung der Türken vom Balkan. In seinem letzten Stadium, zwischen 1840 und 1879, erfolgte in Serbien die schrittweise Übergabe des Landes an die Bauern per Gesetz. In Bulgarien brach das ottomanische Feudalsystem in den Jahren nach 1879 plötzlich zusammen, als in der Folge des türkisch-russischen Krieges nicht nur die türkischen Landbesitzer, sondern auch die Mehrheit der türkischen Bauern aus dem Lande flohen. Die bulgarischen Bauern – von den Resten des Feudalsystems befreit – konnten nun problemlos neue Landparzellen erwerben. Sogar die im Land verbliebenen türkischen Landbesitzer wurden gezwungen, ihr Land den Bauern zu übergeben. Am Ende des Jahrhunderts bildeten 88 Prozent der Höfe weniger als 10 Hektar große Parzellen, nur 0,1 Prozent der Güter war größer als 100 Hektar.

Ähnliches gilt für die Landverteilung in Serbien. Die Agrarstruktur beider Länder war bei ihrem Eintritt in das 20. Jahrhundert vollständig geprägt durch die Dominanz kleinbäuerlicher Höfe. Der Impuls agrarkapitalistischer Entwicklung ging vom kleinen Grundbesitz aus.

Die Walachei und Moldawien, die Vorläufer Rumäniens, erschienen erst im 13. Jahrhundert und damit relativ spät auf der europäischen Landkarte. Östlich der Karpaten gelegen wurde die Entstehung organisierter Gesellschaften und Wirtschaften lange durch die anhaltende Migration von Nomaden – Ungarn, Kumanen, Jazygen, Petschenegen und Bulgaren – verzögert. Die Wirtschaft des rumänischen Flachlandes war noch vorwiegend ländlich, die Bevölkerung lebte in nur teilweise festen Siedlungen. Als im 14. Jahrhundert die beiden Fürstentümer entstanden waren, kam es mit der Aufnahme der Getreideproduktion und dem Handelsverkehr zwischen Nowgorod und der Levante zu ersten Fortschritten. Einerseits übernahm man unter bulgarischem Einfluß das byzantinische Christentum, andererseits nahm unter russischem Einfluß eine primitive Form des osteuropäischen Feudalismus Gestalt an, indem Dorfgemeinden dem Boyarenadel Zahlungen leisteten.

Ein Jahrhundert später wurden beide Fürstentümer im Zuge der türkischen Expansion Teil des Ottomanischen Reiches. Jedoch konnte sich der türkische Feudalismustyp hier zu keinem Zeitpunkt so fest etablieren wie in den Provinzen südlich der Donau. Die Boyaren verschärften die Ausbeutung der Bauern zwar systematisch, doch blieb die Leibeigenschaft lückenhaft, teils aufgrund der geringen Bevölkerungsdichte, teils weil die Bauern in die Berge flohen. Auch die Tatsache, daß der Großteil des Handels mit lebendem Vieh, hauptsächlich Schafen im Weidewechsel, getrieben wurde, hielt die Bauern in steter Bewegung und erschwerte es den Boyaren, sie für längere Zeit an einen Ort zu binden.

Die ottomanische Herrschaft führte zur Erstarrung des gesellschaftlichen Lebens, so daß man, als die Zweite Leibeigenschaft im 15. und 16. Jahrhundert Ost- und Ostmitteleuropa erreichte, hier in der Walachei und in Moldawien kein Bedürfnis hatte, sie einzuführen. Der Feudalismus blieb ungebrochen. Im 17. Jahrhundert kam der größte Teil des Flachlandes unter die Kontrolle der Boyaren, die damit jedoch keine Eigentumsrechte erwarben. Sie kontrollierten statt dessen als „Herren" die Dörfer, nahmen den Zehnten und preßten die Bauern zu Arbeitsleistungen.

Mit der Schwächung der ottomanischen Besatzung veränderte sich im folgenden Jahrhundert auch die Struktur der herrschenden

Klasse. Die Türken begannen, Griechen aus dem Fanar-Bezirk in Konstantinopel als ihre Vertreter zu beschäftigen. Die Fanarioten-Fürsten zwangen die Boyaren, ihnen Land zu verpachten und übernahmen von ihnen die Kontrolle über die Dörfer. Die offizielle Amtszeit der Fanarioten währte nicht lange, führte jedoch zu einer massiv verschärften Ausbeutung der Leibeigenen. Bis tief ins 19. Jahrhundert blieben sie mächtige Landbesitzer und politisch einflußreiche Personen. Die Boyaren dagegen waren auf den zweiten Rang der sozialen Stufenleiter degradiert worden. Um ihren wirtschaftlichen Abstieg zu kompensieren, verdoppelten sie die Zehntabgaben der Bauern.

Die teilweise Öffnung des abgeschotteten türkischen Feudalsystems mit seiner eigentümlichen Unklarheit in Eigentumsfragen erfolgte durch den wachsenden russischen Expansionsdruck auf das Ottomanische Reich. Die kurze zaristische Besetzung Moldawiens und der Walachei endete in der gemeinsamen türkisch-russischen Herrschaft und führte 1830 zur Verkündung der „Organischen Statuten", einer späten „rumänischen" Version der Zweiten Leibeigenschaft. Sie beseitigten das türkische Außenhandelsmonopol und schufen in den beiden Fürstentümern ein Minimum öffentlicher Verwaltung, in der die Boyaren, bis dahin nur fürstliche Gefolgsleute, die bestimmte Privilegien im Tausch für Dienstleistungen erhielten, zum Erbadel aufstiegen.

Die „Organischen Statuten" führten zu einer enormen Verschärfung der sozialen Widersprüche. Vorher hatten durchschnittliche Boyarenfamilien in einfachen Holzhäusern ohne Glasfenster gewohnt und Kaftane nach türkischem Vorbild getragen. Westliche Moden, „Luxusgüter" wie Uhren, Tafelsilber, Lampen, Spiegel und industriell erzeugte Haushaltsgegenstände waren ihnen – mit Ausnahme der reichsten Aristokraten – unbekannt. Nach 1830 begannen die Boyaren, Steinhäuser zu bauen und sich all jene Luxusartikel anzuschaffen, die damals schon gängige Konsumartikel der westlichen, ostmitteleuropäischen und östlichen Ober- und sogar Mittelschichten waren. Für die Boyaren jedoch stellten diese kostspieligen Artikel eine schwere finanzielle Bürde dar. Um ihr Vermögen zu vergrößern, beuteten sie die Leibeigenen verstärkt aus, aber viele von ihnen stürzten sich in die Verschuldung und in den finanziellen Ruin.

An dieser Entwicklung nahmen die Bauernmassen keinen Anteil. Hier und da wurden die traditionellen Hütten durch Häuser mit Fenstern und Schornsteinen ersetzt, doch kannten sie Weizen, Brot, Zucker oder Petroleum nur aus den Häusern ihrer Herren. Die Bojaren luden einige ihrer Lasten auf die Schultern ihrer leibeigenen Pächter, erhöhten die Abgaben und Steuern, vergrößerten entweder ihr Vermögen oder den Umfang der unbezahlten Sklavenarbeit. Viele Bauern jedoch stiegen einfach aus dem Arbeitsprozeß aus, flüchteten in die Wälder und führten ein Leben als Räuber.

Der wirtschaftliche Niedergang des am Rande des Bankrotts stehenden kleineren Adels rief eine Reformbewegung ins Leben, die von weniger reichen Bojaren angeführt wurde. Der Reformdruck war auch der Furcht vor Raub und Totschlag geschuldet, die von den Banden geflohener Bauern ausging. Diese *Heiducken* waren so zahlreich, daß viele Landbesitzer Grund und Boden aufgaben und ins relativ sichere Bukarest zogen.

Im Jahre 1848 wurden die Forderungen nach gesellschaftlicher Reform und nationaler Befreiung jäh abgewiesen, als eine gemeinsame russisch-türkische Militärintervention den durch die Revolution im benachbarten Ungarn ausgelösten und vom niederen Adel geführten Aufstand unterdrückte. Die „Organischen Statuten" wurden wiederhergestellt und die Fürstentümer blieben Protektorat des Sultans.

Die soziale Rückständigkeit der Walachei und Moldawiens blieb übermächtig. Die Landwirtschaft war nicht nur vorherrschend, sie war auch noch biblisch in ihrer Primitivität. Überwiegend wurde mit hölzernen Pflügen gearbeitet, eine systematische Fruchtfolge fehlte und die Knappheit an Düngemitteln und Zugvieh ähnelte dem Produktionsniveau des Westens im 12. und 13. Jahrhundert.

In einer sich rasch verändernden Welt ließen sich Reformen vertagen, aber nicht verhindern. Die beiden Fürstentümer wurden 1859 unter dem Namen Rumänien vereinigt, die völlige Unabhängigkeit von ottomanischer Herrschaft und zaristischem Protektorat kam allerdings erst später – im Jahre 1878, nach dem Ende des russisch-türkischen Krieges. Unverzüglich folgten gesellschaftliche Reformen. Das Gesetz von 1864 verfügte eine teilweise Befreiung der Leibeigenen von unbezahlter Zwangsarbeit, ließ aber viele feudale Eigentümlichkeiten unangetastet. Die Reform klärte zum ersten Mal detailliert den Eigentumsbegriff, was am Ende des Jahrhunderts dazu führte, daß sich weniger als ein Prozent der neuen Eigentümer nahezu die Hälfte des gesamten Landes aneignete, während dem Gros der Bauern kleine Parzellen übrigblieben, die kaum groß genug waren, um sie zu ernähren. Ihrer spezifischen Mischung aus europäischem, türkischem und russischem Halbfeudalismus wegen hinkte diese Landwirtschaft weit hinterher. Nicht nur gegenüber Westeuropa, sondern auch im Vergleich zu Ungarn oder sogar Bulgarien war die landwirtschaftliche Kapitaldecke hauchdünn.

Wie im ungarischen Königreich hielt der rumänische Adel die Betätigung in Handel und Industrie für „unschicklich". Die kleineren Boyaren zog es in die Staatsbürokratie oder zum Militär, die kleine Schicht der großen Grundbesitzer residierte in Bukarest und ließ ihre Besitzungen verwalten. Die durch die Bojaren entstandene Lücke nutzten hauptsächlich Juden, Griechen, Armenier und Deutsche, die in der Rolle agrarkapitalistischer Unternehmer als Pächter der Ländereien fungierten und ein Netz aus Kaufleuten und Händlern knüpften, um Getreide auf dem internationalen Markt anzubieten.

Die rumänische Verfassung von 1866, die bis 1923 in Kraft blieb, verweigerte Juden das Recht, Land zu besitzen. Sie konnten weder Staatsbüger werden, noch durften sie auf dem Land siedeln. Gezwungen in den Städten zu leben, arbeiteten sie als Kunsthandwerker, Händler und Bankiers und spielten eine entscheidende Rolle beim Aufkommen des Kapitalismus. Am Ende des Jahrhunderts machten sie drei Viertel der in Industrie, Handel und Kreditwesen tätigen Personen aus.

Noch 1913 waren weniger als ein Prozent der Erwerbstätigen in Handwerk und Industrie beschäftigt und nur ein Bruchteil von ihnen konnte sich zur modernen Industriearbeiterschaft zählen. Hinzu kommt die Tatsache, daß die ohnehin nur in Ansätzen vorhandene Industrie nahezu vollständig auf ausländischem, hauptsächlich österreichischem, Kapital beruhte und in dem ungewöhnlich hohem Maße von 92 Prozent in ausländischen Händen lag.

Rumänien, Serbien und Bulgarien traten unter sehr ungünstigen historischen, sozialen und wirtschaftlichen Umständen ins 20. Jahrhundert ein. Erst wenige Jahrzehnte zuvor hatte ihnen die Weltpolitik die Tore nach Europa geöffnet, die Unabhängigkeit gebracht und die Einverleibung in die russische Region verhindert. Sie gliederten sich Ostmitteleuropa als dessen rückständigstes östlichstes Randgebiet an. Weder die beginnende kapitalistische, noch die folgende „sozialistische" Periode sowjetischen Typs konnte diese geschichtlich bedingte Randständigkeit überwinden – die Erbschaft einer tausendjährigen Abschottung gegen Europa.

*

Dieses Kapitel über die Einbeziehung der Balkanländer in die ostmitteleuropäische Region schließt ohne jede Erwähnung Griechenlands. Das bedarf der Erläuterung. Weder in seiner vorkapitalistischen Geschichte während der türkisch-feudalen noch in seinen sozioökonomischen Strukturen während der kapitalistischen Periode unterschied sich Griechenland grundlegend von anderen Balkanländern. Worin sich Griechenland, zumindest was das Thema dieses Buches anbelangt, erheblich von den anderen Ländern unterscheidet, das ist seine politischen Geschichte.

Zur Zeit der Wiedererlangung der Unabhängigkeit im Jahre 1829 nahm Griechenland eine Sonderstellung ein. Unter den Balkanvölkern waren es allein die Griechen, die ihren Kampf gegen die türkische Besatzung mit den Idealen der Französischen Revolution verbanden. Westeuropäischen Liberalen wurde er Mythos und Inspiration. Ihre Unterstützung, eine Art frühe Internationale Brigade, war im Unabhängigkeitskampf eine beachtliche Hilfe. Für Großbritannien gab es aber nicht nur ideologische oder gefühlsmäßige Gründe für die Unterstützung Griechenlands, sondern auch das vitale Interesse, den russischen Ambitionen in der Levante durch Errichtung einer unabhängigen griechischen Nation einen Riegel vorzuschieben. Die Griechen wurden und blieben für die britische Herrschaft über das Mittelmeer von besonderer strategischer Bedeutung. Im Verhältnis zu den anderen Balkanstaaten begünstigte die geographische Lage eine frühere und schnellere Entwicklung der Bourgeoisie. Griechenland wurde zu einer führenden Nationen in Handel und Schiffsverkehr. Andererseits führten zunehmende soziale Spannungen zur Bildung der einflußreichsten kommunistischen Partei auf dem Balkan der

Zwischenkriegszeit. In den letzten Jahren des Zweiten Weltkrieges zwang die kommunistisch geführte Partisanenbewegung die Deutschen zum Rückzug aus Griechenland, und nur eine englisch-amerikanische Militärintervention konnte im nachfolgenden Bürgerkrieg ihre Machtergreifung verhindern.

Stalins Entscheidung auf der Moskauer Konferenz im Oktober 1944, dem Westen in Griechenland freie Hand zu geben und die Kommunisten ihrem Schicksal zu überlassen, verschaffte dem Land eine auf dem Balkan einzigartige Position. Zwar behielt es seine spezielle rückständige ostmitteleuropäische Sozialstruktur bei, wurde jedoch gleichzeitig, zusammen mit Italien, Spanien und Portugal, politisch der Mittelmeerregion eingegliedert. Aufgrund dieser ambivalenten Situation ist Griechenland in diesem Buch nicht berücksichtigt.[7]

---

[7] Hier folgt der Autor dem Vorbild anderer Historiker Ostmitteleuropas wie Joseph Rothschild und Iván T. Berend.

Die Region 1815, nach dem Wiener Kongreß

Von der Abhängigkeit zum Stillstand

Der Weg in die Katastrophe

Mitte des 19. Jahrhunderts waren die Unterschiede zwischen West- und Ostmitteleuropa überwältigend. Das verfügbare Nationaleinkommen der ostmitteleuropäischen Region erreichte lediglich 40 Prozent des Westens, jedoch selbst dieser niedrige Wert verschleiert das wahre Ausmaß der Rückständigkeit. Die kapitalistische Entwicklung war in den westlichen Ländern weit fortgeschritten, der Anteil der Industrie lag in Frankreich bei 23, in Belgien bei 30 und in Großbritannien bei 40 Prozent. Deutschland und Österreich, die sich von der ostmitteleuropäischen Region abgespalten hatten, stürzten sich in eine Aufholjagd, um Anschluß an den Westen zu erlangen. Nur drei Jahrzehnte später übertraf das Bruttosozialprodukt des vereinigten Deutschland pro Kopf bereits das Frankreichs; Österreich erreichte zusammen mit Böhmen das Niveau Hollands und Schwedens.

Gleichzeitig verharrte Ostmitteleuropa in einem starren feudalen und überwiegend agrarischen System. Moderne Industrie gab es praktisch nicht. Im geteilten Polen tolerierten weder die preußischen noch die österreichischen oder russischen Besatzer das Aufkommen jedweden industriellen Wettbewerbs. In Ungarn erlaubten es die Gesetze Nichtadligen erst ab den vierziger Jahren, einige Fabriken zu gründen – insgesamt wurden neun Dampfmaschinen mit einer Gesamtleistung von 100 PS installiert. In den rumänischen Fürstentümern und den übrigen Balkanländern war Industrie vollkommen unbekannt.

Das späte Erwachen des Kapitalismus vollzog sich in einer Region, in der 80 bis 90 Prozent der Bevölkerung von der Landwirtschaft lebte. Im Westen hingegen lag der Agraranteil bei 30 bis 40 Prozent, in Großbritannien sogar bei nur 9 Prozent – mit stark abnehmender Tendenz. In Ungarn und Rumänien änderte die gesetzliche Abschaffung der Leibeigenschaft kaum etwas an der Landverteilung: 53 bis 60 Prozent des Landes blieben Eigentum der früheren feudalen Grundbesitzer, und ihre riesigen Ländereien wuchsen stetig weiter. In Ungarn und im geteilten Polen befanden sich nur 16 Prozent der bestellbaren Flächen in der Hand von Einzelbauern, deren kleine Parzellen kaum groß genug waren, um sie zu ernähren. In Rumänien waren es sogar nur 5 Prozent. In allen drei weiträumigen Ländern wurden 40 bis 60 Prozent der früheren Leibeigenen ohne eigenes Land in die Freiheit entlassen – eine sozial explosive Masse von gelegentlich beschäftigtem oder dauerhaft arbeitslosem Landproletariat.

In den Balkanstaaten Bulgarien und Serbien vernichtete die ottomanische Eroberung den einheimischen mittelalterlichen Adel, ohne daß der türkische Feudalismustyp eine neue Klasse von Großgrundbesitzern etabliert hatte. In beiden Ländern bestanden zum Zeitpunkt ihrer Unabhängigkeit aufgrund einer Landreform nahezu 90 Prozent der Bauernhöfe aus kleinen Parzellen, die nur das Existenzminimum zu garantieren vermochten.

Die Rückständigkeit des landwirtschaftlich geprägten Ostmitteleuropa läßt sich anhand des niedrigen Alphabetisierungsgrades gut illustrieren. In Großbritannien, Holland, Deutschland, in der Schweiz oder in Skandinavien gab es Ende des Jahrhunderts 1 bis 2 Prozent Analphabeten unter den Erwachsenen, während in Ungarn, dem vergleichsweise „entwickeltsten" östlichen Teil des Habsburger Reiches, nur ein Drittel lesen und schreiben konnte. In den polnischen Gebieten, in Rumänien, Bulgarien und Serbien betrug der Anteil 20 bis 25 Prozent, was heute etwa dem Durchschnittswert Afrikas entspricht.

Im Westen reichten die Anfänge der kapitalistischen Entwicklung bis ins Spätmittelalter zurück. Die Reaktionen auf die Krisen des 14. und 15. Jahrhundert führten, wie wir gesehen haben, zu einer langsamen, schrittweisen Auflösung des Feudalismus. Marktbeziehungen in der Landwirtschaft und schnelle Urbanisierung untergruben das System und lösten es, Jahrhunderte später, auf.

Der Durchbruch erfolgte in Großbritannien durch die Jahrhunderte währende ursprüngliche Akkumulation des Kapitals, die im späten 18. Jahrhundert genügend Mittel für eine Welle allumfassender Industrialisierung bereitgestellt hatte, dem Rückgrat des Kapitalismus.

Im Westen Kontinentaleuropas brach sich die Industrielle Revolution Jahrzehnte später Bahn. Auch die vorkapitalistische Akkumulation blieb auf einem wesentlich niedrigeren Niveau. Ergänzt wurde sie durch die Entwicklung eines spezifisch inländischen Banksystems (*Crédit Mobilier* in Frankreich, *Preußische Staatsbank* in Deutschland, die Wiener Filiale des Hauses *Rothschild* in Österreich etc.). Dieses System war nicht nur darauf zugeschnitten, einzelne Unternehmer, sondern die langfristigen Investitionsbedürfnisse der gesamten Wirtschaft zusammenzuführen, zu bündeln und zu finanzieren .

Die ostmitteleuropäische Region ging einen anderen Weg. In der Zeit des Aufkommens und der Entwicklung des Kapitalismus blieb sie isoliert und hielt an ihren deutlichen Unterschieden gegenüber Ost und West fest. Der Impuls für eine Öffnung kam aus dem entwickelten Westen. Die Region mußte den Feudalismus abschaffen, um ihre völlige soziale, wirtschaftliche, politische und militärische Bedeutungslosigkeit zu verhindern. Die wichtigsten Voraussetzungen, um aus der Erstarrung und Rückständigkeit auszubrechen, wurden in der zweiten Hälfte des 19. Jahrhunderts von außen, von oben und von unten erzwungen. Auf sozioökonomischem Gebiet wurde die Leibeigenschaft abgeschafft, auf politischem erreichte Ungarn durch einen Kompromiß mit Österreich ein bedeutendes Maß an Autonomie und die Länder des Balkan erlangten ihre Unabhängigkeit von der ottomanischen Herrschaft. Nur das geteilte Polen mußte weitere 50 Jahre auf seine Wiedergeburt warten. Endlich stand Ostmitteleuropa an der Schwelle zum kapitalistischen Zeitalter.

Ohne Hilfe war diese Schwelle jedoch nicht zu überschreiten. Wie wir gesehen haben, führte die spezifische Struktur der Zweiten Leibeigenschaft weder zum Entstehen einer einheimischen Bourgeoisie, noch zu einem Anwachsen der freie Bauernschaft oder kommerziell denkender feudaler Grundbesitzer. Die Anfänge der Urbanisierung waren vor 500 Jahren gestoppt worden, und es gab keine für die Transformation notwendige, selbst verursachte vorkapitalistische Kapitalakkumulation. Der Zustrom ausländischen Kapitals glich diesen Mangel aus und lieferte – unterstützt von der Staatsmacht der entstehenden Länder der Region – den Anstoß für den Modernisierungsprozeß.

Nach dem Ersten Weltkrieg hatten sich die Rollen verkehrt. Nach und nach übernahmen staatliche Interventionen die Rolle des ausländischen Kapitals, das in den Hintergrund trat. In der Vorkriegsperiode unterstützte das westliche Kapital den ökonomischen Wandel. In den Jahrzehnten der Zwischenkriegszeit jedoch erfolgte eine Richtungsänderung und ausländische Kredite wurden hauptsächlich dafür benutzt, die Zerstörungen zu überwinden und den Wiederaufbau der vom Krieg verwüsteten Länder Ostmitteleuropas zu finanzieren. Zugleich dienten die Kredite zur Erlangung politischen Einflusses in der völlig veränderten Region.

Um die Kluft zwischen der rückständigen Region und dem Westen zu schließen, wäre eine starke einheimische Kapitalistenklasse, eine gut funktionierende Bourgeoisie und eine freie Marktwirtschaft notwendig gewesen. Das Ostmitteleuropa der Nachkriegszeit hatte nichts dergleichen. Der verspätete Beginn und feudale Überbleibsel verhinderten eine ausreichende Kapitalakkumulation. Die Rolle des versiegenden produktiven Auslandskapitals übernahm stellvertretend der Staat. Er tat dies, um sein zunehmend autokratisches Wirtschaftsystem und seinen militaristischen, antisemitischen und revanchistischen Kurs zu stützen. Letztendlich erhielt Ostmitteleuropa durch die Eingriffe des Staates sein charakteristisches Strukturmerkmal: ein verzerrter Kapitalismus verwoben mit feudalen Überbleibseln, instabil, undemokratisch, das „Krisengebiet Europas" (I. T. Berend).

Dabei waren die Anfänge vielversprechend. In der Mitte des 19. Jahrhunderts begann, ausgelöst durch den Getreidehunger während der schnellen Industrialisierung Österreichs und Ungarns, ausländisches Kapital in die Region zu fließen. Hauptempfänger war wegen seiner Zollunion mit dem westlichen Teil des Habsburger Reiches Ungarn. Ausländische Hypothekendarlehen erhöhten sich explosionsartig innerhalb weniger Jahrzehnten von 30 Millionen auf 3,5 Milliarden Kronen, die Produktion und der Export von Weizen verdoppelte und verdreifachte sich. Die Mechanisierung der Landwirtschaft und der Einsatz chemischer Düngemittel nahmen in spektakulärer Weise zu – obgleich dieser Anstieg über den extrem niedrigen Ausgangspunkt hinwegtäuscht. In Rumänien und Ungarn flossen die ausländischen Hypothekendarlehen überwiegend an ehemalige feudale Grundbesitzer mit großen Gütern, während ein nur geringer Teil für produktive Investitionen verwendet wurde. Ertragserhöhungen erzielte man hauptsächlich durch Vergrößerung des anbaufähigen Landes und den Aufkauf von Landbesitz der Klein- und Mittelbauern sowie des niederen Adels. Der Großteil der Kredite und der Profite aus dem Exportboom wurden für einen immer luxuriöseren Lebensstil verwendet.

Weit bedeutsamer für die allgemeine Wirtschaftsentwicklung war die Rolle ausländischen Kapitals bei der Errichtung eines modernen Transport- und Kreditsystems, was mit dem Entstehen von Industrie und Bergbau zusammenhing. Hier wurde das westliche Kapital ausschlaggebend. Sein Zustrom stand in enger Verbindung mit der agrarischen Struktur, mit den Naturressourcen der Region: Getreide, Öl, Mineralien und Holz mußten vom Land in die Städte und Häfen transportiert werden, um sie in den Westen zu exportieren. Überall wurde mit dem Eisenbahnbau begonnen, das Gleisnetz erweiterte sich mit Hilfe österreichischen, britischen, deutschen und französischen Kapitals in ganz Ostmitteleuropa enorm. Bei Ausbruch des Ersten Weltkrieges hatte das ungarische Bahnsystem – gemessen an der Bevölkerungsdichte – bereits das Niveau Großbritanniens erreicht.

In Verbindung mit dem Eisenbahnbau trug das westliche Kapital wesentlich zur Entwicklung des Kohlebergbaus und der Eisenproduktion bei. Rasch entstand eine Maschinenbauindustrie, die Betriebsmittel und Landmaschinen herstellte. In Ungarn wurde mit österreichischem Kapital eine Zuckerindustrie aufgebaut, und in Rumänien befanden sich 96 Prozent der Ölindustrie in deutschen, britischen und niederländischen Händen. Um 1900 waren 60 Prozent der ungarischen und 92 Prozent der rumänischen Fertigungsindustrie in ausländischer Hand.

Die große Zahl ausländischer Kredite und Investitionen konnte nicht ohne die Schaffung eines Banksystems bewältigt werden. In den Jahrzehnten um die Jahrhundertwende schoß in der Region ein Netzwerk von Finanzinstituten aus dem Boden. Die Mehrzahl der großen ungarischen Banken – oder besser: der großen Banken in Ungarn – gehörten ausländischen, in diesem Fall österreichischen und zunehmend deutschen Konsortien. In Rumänien wurden alle acht führenden Banken ganz oder teilweise mit ausländischem, meist deutschem, Kapital gegründet.

Der Einfluß ausländischen Kapitals in Serbien und Bulgarien stand in scharfem Kontrast zur Zentralregion Ostmitteleuropas und auch zum dritten Balkanstaat Rumänien. Es sorgte hier kaum für eine

Entwicklung in Richtung Kapitalismus. Das geringfügige Subsistenzniveau der bäuerlichen Wirtschaften war für westliche Investoren nicht attraktiv. Anstatt ausländischer Investitionen in den Privatsektor erhielten die Regierungen Staatskredite, die vorrangig dafür genutzt wurden, die Bürokratie und den Militärapparat auszudehnen.

Der westliche Kapitalexport auf den Balkan begann in den 60er und 70er Jahren des 19. Jahrhunderts mit dem Bau eines Schienennetzes. Freilich diente er nicht dem Zweck, der Industrialisierung und Modernisierung einen Anstoß zu geben, sondern diente hauptsächlich strategisch-politischen Zielen der Außenpolitik – der Verbindung des Westens mit dem Nahen und Mittleren Osten. Zwar beteiligte sich anfangs auch britisches und österreichisches Kapital, es wurde jedoch schon bald von Frankreich und Deutschland in den Schatten gestellt, deren imperialistische Bestrebungen in der Region und darüber hinaus hier aufeinandertrafen.

An die ausländischen Kredite waren derart harte Konditionen geknüpft, daß Serbien bald vor dem Bankrott stand und sich nur durch neue westliche Kredite erholen konnte. Sie ermöglichten es den westlichen Mächten, allen voran Frankreich, die Wirtschaft stärker zu kontrollieren und eine wichtige Rolle in der serbischen Politik zu spielen. Die Franzosen gründeten Kupfer- und Kohlebergwerke, die Briten Eisenhütten, Chrom-, Blei- und Zinkbergwerke, die Österreicher und Deutschen Zuckerraffinerien. Die Bedeutung dieser direkten Investitionen war jedoch gering, sie machten nur 3 Prozent der Staatsanleihen aus.

Ähnlich gestaltete sich die Situation in Bulgarien. Auch hier führten die ausländischen Kredite hauptsächlich zur Staatsverschuldung. Zinszahlungen verschlangen ein Drittel der öffentlichen Einnahmen und brachten das Land an den Rand des Bankrotts. Der Anteil produktiver ausländischer Investitionen in bulgarische Unternehmen lag mit 5 Prozent etwas höher als in Serbien, jedoch war die Gesamtsumme der Investitionen erheblich kleiner und damit für die Unterstützung der Wirtschaft des Landes verschwindend gering.

Das Bankwesen Serbiens und Bulgariens wurde ebenfalls mit ausländischem Kapital geschaffen, jedoch entstand kein Netz von Finanzinstituten und die Banken wurden kein integraler Teil der Wirtschaft. Mit ihrer extrem geringen Kapitalakkumulation waren diese

Länder nicht in der Lage, die typisch mittelalterlichen Ausformungen von Kredit und Wucher zu überwinden.

Der ausländische Kapitaleinsatz auf dem Balkan trug vor dem Ersten Weltkrieg stark koloniale Züge. Die Investitionen befreiten die Wirtschaft nicht von ihrem unterentwickelt-vorindustriellen, idyllischen Niveau.

In der Zwischenkriegszeit wurde ganz Ostmitteleuropa, was ausländisches Kapital betrifft, „balkanisiert". Sein Anteil an den Gesamtinvestitionen sank nicht nur unter das Vorkriegsniveau, sondern seine Verteilung erhielt einen eindeutig politischen Charakter. In den Kernländern Ostmitteleuropas Ungarn, Polen und Rumänien machte ausländisches Kapital in den Jahrzehnten nach dem Ersten Weltkrieg einen Anteil von 50 bis 70 Prozent aus, aber nur ein Fünftel davon wurde tatsächlich für produktive Investitionen genutzt. Der Löwenanteil diente dem Wiederaufbau der Region, in der die Kriegszerstörungen und die vom Zerfall des Habsburger und Ottomanischen Reiches verursachten Zerrüttungen die Länder an den Rand des wirtschaftlichen Zusammenbruchs gebracht und für soziale Unruhen und Instabilität gesorgt hatten.

Ein Ziel der Kreditvergabe bestand darin, in Ostmitteleuropa durch die Unterstützung der finanziellen Gesundung und den Bau eines *cordon sanitaire* eine revolutionäre Situation abzuwenden, um jede von der Sowjetunion ausgehende ideologische Kontamination zu vereiteln. Ein neues politisches Bündnissystem mußte – hauptsächlich durch Frankreich und die kleine Entente – finanziert werden, um Ungarn einzukreisen und dem bedrohlichen Druck zuvorzukommen, der auf eine Revision des ungerechten, das Land zerstückelnden Friedensvertrages zielte.

Die Kredite kamen vor allem aus Frankreich, Großbritannien und den Vereinigten Staaten von Amerika, viele von ihnen als Völkerbundlieferungen. Angesichts des wesentlich politischen Charakters der ausländischen Kreditevergaben zeigten die westlichen Finanzaktivitäten kein allzu lebhaftes Interesse an möglichen Investitionen in die Wirtschaft der Region. Die einzige teilweise Ausnahme bildete der gerade wiederhergestellte polnische Staat. Im Jahre 1920 befand er sich in einer ähnlichen Lage wie die anderen Länder der Region 50 bis 70

Jahre früher. Westliches Kapital, meist aus Frankreich und zu einem geringeren Prozentsatz auch aus Deutschland und Belgien, fand hier ein bisher unerschlossenes Feld für Investitionen, das sowohl wirtschaftlich wie politisch profitabel zu sein versprach. Zwei Drittel der polnischen Metall- und Bergbauindustrie, 90 Prozent der Ölindustrie, die Hälfte der Gas- und Wasserwerke, die chemische Industrie sowie die Elektrifizierung und die Telekommunikation fielen in ausländische Hände. Das neue kapitalhungrige Land bedurfte nach sechs verheerenden Kriegsjahren dringend der Industrialisierung, besaß aber keine nennenswerten einheimischen Ersparnisse, um die Umgestaltung von einer verarmten landwirtschaftlichen zu einer gemischten agrarisch-industriellen Struktur einzuleiten.

In Ungarn wie in den anderen Ländern der Region wurde nur ein kleiner Teil des sehr extensiven ausländischen Kapitalzuflusses für die Modernisierung und Produktivitätssteigerung genutzt. Der größte Teil der wirtschaftlich produktiven Investitionen floß in die Elektrifizierung, das Transport- und Telekommunikationswesen. Die durch die Vorkriegskredite initiierte bescheidene einheimische Kapitalakkumulation mußte nunmehr drei Viertel des in die Wirtschaft investierten Kapitals absichern, so daß sich die Rückständigkeit des Landes fortsetzte.

Rumänien hatte anfänglich noch versucht, seine Abhängigkeit von fremdem Kapital zu verringern und in der Wirtschaftspolitik eigene Kräfte zu nutzen. Diese Politik stellte sich jedoch schnell als undurchführbar heraus und das Land war am Ende der Zwischenkriegsperiode das höchstverschuldete der Region. Obwohl der Nationalismus den Anteil ausländischen Kapitals etwas verringerte, blieben drei Viertel der Ölindustrie, ein beachtlicher Teil der Metallurgie, der Zellulose- und Papierindustrie sowie der Textil-, Zement- und Baustoffabriken in westlicher, hauptsächlich britischer und französischer Hand.

In Jugoslawien kontrollierte westliches Kapital jene Wirtschaftsbereiche, die für die investierenden Länder von besonderer Bedeutung waren, wie etwa den Bergbau, die Stromgewinnung, die chemische Industrie und das Kommunikationswesen. Insgesamt überstieg der Anteil ausländischen Kapitals aber nicht ein Viertel der Gesamtinvestitionen. Das geringe Interesse des Auslands trug dazu bei, daß die industrielle Entwicklung Jugoslawiens in der Zwischenkriegszeit nur sehr langsam erfolgte – sie stieg im Zeitraum von 1920 bis 1938 von 20 auf 21 Prozent.

Noch rückständiger war Bulgarien, das so gut wie kein ausländisches Kapital für produktive Investitionen auf sich lenken konnte. Die einzige Ausnahme bildete die für den Westen relativ wichtige Nahrungsmittelindustrie. Die anderen Wirtschaftszweige wurden praktisch nicht angerührt. Trotzdem wurde in der Zwischenkriegszeit nahezu ein Drittel des Bankkapitals von ausländischen Konsortien gehalten. Der ausbleibende westliche Kapitalzufluß sorgte in Verbindung mit der ungenügenden einheimischen Kapitalakkumulation dafür, daß Bulgarien ein vorwiegend agrarisches Land blieb. Etwa 80 Prozent der Bevölkerung lebte von der Landwirtschaft, kapitalistische Strukturen bildeten sich nur als verstreute Inseln in einem Meer primitiver Bauernwirtschaft und ländlicher Lebensweise.

Der Ausbruch der Weltwirtschaftskrise im Jahre 1929 änderte das Bild von Grund auf. Bis zum Ende der 20er Jahre war die moderne kapitalistische Entwicklung in Ostmitteleuropa stark durch ausländisches Kapital beeinflußt, auch wenn dessen Anteil eine rückläufige Tendenz aufwies und unter das Niveau vor dem Ersten Weltkriegs sank. Jetzt versiegten die westlichen Kredite fast vollständig. Der Kapitalexport der beiden größten Kreditgeber fiel 1930 in nur einem Jahr von 1,4 Milliarden US-Dollar auf 300 Millionen und zwei Jahre später auf 30 Millionen. Litten bereits die führenden westlichen Länder unter der Großen Depression, so traf es die ostmitteleuropäische Region besonders hart. Hauptsächlich agrarisch oder agrarisch-industriell wurden sie nicht nur erschüttert, sondern bis ins Mark getroffen. Ohnehin hoch verschuldet, standen sie wiederum vor dem Ruin.

Angesichts des plötzlichen Verlustes ausländischer Kredite und Investitionen, die bis dahin die fehlende einheimische Kapitalakkumulation ausgeglichen und Ostmitteleuropa in den Stand gesetzt hatte, das Vorkriegsniveau etwas zu überschreiten, stellten sich die Länder der Region einmal mehr vom „westlichen" auf das „östliche" Strukturmodell um. Da die Lösung weder von außen noch durch die inneren Mechanismen des kapitalitischen freien Marktes kommen konnte, versuchte man mittels einer 500 Jahre alten und der Region

bekannten Antwort „von oben" einen Weg aus der Krise zu finden –
der Intervention durch einen autoritären Staat. Ausländisches Kapital, das die fehlende einheimische Kapitalakkumulation ersetzt hatte,
wurde nun seinerseits durch den Staat ersetzt.

Zu Beginn dieses Kapitels ist bereits auf die auslösende Funktion
des Eisenbahnbaus für die strukturelle Umgestaltung der Region hin-
gewiesen worden. Seit der Mitte des 19. Jahrhunderts war die Entwicklung eines modernen Transportsystems ein gemeinsames Unternehmen von Staat und ausländischem Kapital. Mächtige internationale
Syndikate liehen dem Staat Kapital, und der Staat als außerordentlich
kleiner Juniorpartner bewilligte ihnen Konzessionen und garantierte
5 bis 10 Prozent Zinsen auf das investierte Kapital – eine im Westen
nicht gekannte Ertragshöhe.

Die andere, vielleicht typischste Form staatlicher Aktivität in der Region bestand in der direkten Intervention des Staates zur Förderung
der Industrialisierung durch die Gesetzgebung. Bereits während der
letzten Jahrzehnte des 19. Jahrhunderts wurden Steuer- und Zollfrei-
heit gewährt, zinsfreie Kredite und staatliche Beihilfen eingeführt.
Staatliches Kapital, meist ausländischer Herkunft, floß vorwiegend
in Branchen, die die kapitalistische Umgestaltung vorantrieben, also
in die Gründung, Entwicklung und Erweiterung der Textil-, Maschi-
nen-, Eisen- und Chemieindustrie. Während Ungarn durch die Zollunion mit dem Habsburger Reich daran gehindert wurde, Schutzzölle
zu erheben, begünstigten die bulgarische, serbische und rumänische
Regierung systematisch die einheimischen Industrien mittels einer
Kombination aus Zollpolitik und entsprechenden Gesetzen.

Obwohl die von den Regierungen der Region vor dem Ersten Weltkrieg verordneten Maßnahmen zur Unterstützung der Industrie
über bescheidene Ansätze nicht hinauskamen, so markierten sie doch
die Anfänge einer zunehmenden Rolle des Staates bei dem Versuch,
Rückständigkeit und Abhängigkeit zu überwinden. Die direkte Wir-
kung auf die Industrialisierung mag geringfügig gewesen sein, viel bedeutsamer war der davon ausgehende indirekte Einfluß, ausländisches
Kapital über die vorteilhaften Konditionen und beruhigenden Garantien anzulocken. Natürlich konnten die Rückständigkeit und Abhängigkeit nicht allein durch die Aktivitäten des Staates ausgeglichen

werden, aber seine Intervention beförderte die Mobilisierung und Beschaffung der notwendigen Quellen ausländischen Kapitals am Beginn der strukturellen Transformation Ostmitteleuropas. Das kündigte seine zunehmend beherrschende Rolle in der Zwischenkriegszeit an.

Der Erste Weltkrieg änderte nicht nur die Landkarte Ostmitteleuropas, er schuf auch eine politische Atmosphäre voller kollidierender Interessen. Sieger, wie das wieder erstandene Polen, die neu gegründeten Staaten Tschechoslowakei oder Jugoslawien und das gewaltig vergrößerte Rumänien wollten ihre Gewinne halten. Die Verlierer Bulgarien und Ungarn verlangten eine Revision der ungerechten Friedensverträge. Wachsende nationalistische Leidenschaften führten zu einer mächtigen Erweiterung der Rolle des Staates in allen Bereichen des sozialen, politischen, wirtschaftlichen und ideologischen Lebens. Der Nationalismus wurde zur vorherrschenden Tendenz, die Entwicklung in der sich umgestaltenden Region zu beeinflussen.

Jeder Staat mußte sich aus den vielen Segmenten seines neuen Territoriums neu organisieren. Frühere finanzielle und wirtschaftliche Bindungen waren unterbrochen, neue Kontakte mußten angebahnt und das Transportsystem neu ausgerichtet werden. In weit größerem Umfang als jemals zuvor wurde die einheimische Industrie mit Beihilfen, Steuerbefreiungen, Prämien, hohen Schutzzöllen, Einfuhrkontrollen und ähnlichen Anreizen systematisch unterstützt. Der aufflammende Nationalismus sorgte für internationale Spannungen und führte seitens des Staates zum offenen und verdeckten Aufbau der Armee und einer Rüstungsindustrie. Der Schwerpunkt des Protektionismus verlagerte sich von der Leicht- zur Schwerindustrie, von der wahllosen Verteilung entlang der Verkehrswege und Bergwerke in der Vorkriegszeit zu strategisch geplanten und kartellartig organisierten Standorten.

Der Staatsinterventionismus wurde notwendigerweise durch den zweifachen Wandel, dem die Verwendung ausländischen Kapitals unterlag, vorangetrieben. Einerseits hatte sich, wie bereits erwähnt, dessen Funktion dahin verändert, daß man statt produktiver Privatinvestitionen nunmehr politisch motivierte Staatskredite ausgab, um den finanziellen Zusammenbruch und soziale Unruhen in der ostmitteleuropäischen Region zu verhindern. Andererseits bekämpfte die nationalistisch autarkistische Tendenz der Selbstbezogenheit, flankiert von der Militarisierung der Gesellschaft, bewußt das weitere wirtschaftliche Eindringen des Auslands und favorisierte die Entwicklung einheimischer Kräfte.

Um die einheimischen Industrien vor ausländischen Importen zu schützen, wurden in den 20er Jahren die Zolltarife erheblich erhöht. In Ungarn und Rumänien erreichten sie 30 bis 50, in Polen sogar 67 Prozent. Der jugoslawische Staat führte Zölle von 70 bis 170 Prozent auf industrielle Konsumgüter ein. In Bulgarien verdoppelten und verdreifachten sich die Vorkriegszölle und bildeten so einen Schutzwall für jeden Bereich der einheimischen Industrie. Die staatlichen Maßnahmen trugen aber nicht nur einen sich stark ausbreitenden protektionistischen Charakter, sondern der staatliche Sektor selbst expandierte in den beiden Siegerländern der Region. Sowohl Jugoslawien als auch Rumänien nationalisierten die Kapitalanlagen und den Besitz ihrer früheren Feinde Deutschland, Österreich und Ungarn. Rumänien – schon immer antisemitisch – ging noch weiter und riß „fremde", gemeint waren jüdische, Kapitalanteile durch Druck und Erpressung an sich.

In Polen waren, nachdem es vier Jahren als Schlachtfeld herhalten mußte und zwei weitere Kriegsjahre mit Sowjetrußland gefolgt waren, die Zerstörungen besonders katastrophal. Staatliche Interventionen waren von Anfang an lebensnotwendig. Die polnische Nation verfügte zu Beginn ihrer Unabhängigkeit über keinerlei nennenswertes einheimisches Kapital, eine Industrie existierte kaum. Als mit dem Ausbruch des Zweiten Weltkrieges die Unabhängigkeit Polens beendet wurde, lebten noch immer zwei Drittel der Bevölkerung von der Landwirtschaft, die jedoch nur ein Drittel des Nationaleinkommens erzeugte. Der Dringlichkeit, die Industrialisierung zu beschleunigen, wurde dadurch entsprochen, daß neben dem beachtlichen Zustrom ausländischen Kapitals der Staat eine beherrschende Rolle erhielt. Polen wurde das schlagendste Beispiel des Staatskapitalismus in der Region. Dem Staat gehörten unter anderem etwa 100 Industrieunternehmen mit mehr als 1000 Betrieben. Die Rüstungsindustrie war vollständig im Besitz es Staates. Er verfügte über 80 Prozent der chemischen, 40 Prozent der Eisen- sowie die Hälfte der Hüttenindustrien.

Gleichzeitig hielt er die Aktienmehrheit an 50 Gesellschaften, besaß 20 Prozent der Ölraffinerien und kontrollierte, direkt oder indirekt, das polnische Bankensystem.

Um die Industrialisierung zu beschleunigen begann Polen im Jahre 1936 mit der Einführung eines Zehnjahrplanes. Hauptsächlich aus militärischen Gründen sollte ein Zentraler Industriebezirk geschaffen werden, um Rüstungs- und artverwandte Betriebe weitab der Staatsgrenzen zu konzentrieren. Neben militärischen Einrichtungen plante der Staat den Bau von Straßen und Schienenwegen, Wasserkraftwerken und Eisengießereien. Viele der neu zu errichtenden Anlagen sollten vollständig Staatseigentum sein, einige jedoch, so war vorgesehen, waren als gemischte Partnerschaften zwischen Staat und privaten Industriellen geplant, die mit Steuerbefreiungen, staatlichen Sonderkrediten, Zuschüssen und Privilegien gefördert werden sollten. Die Schaffung dieses Bezirkes ist ein hervorragendes Beispiel für die wirtschaftliche Tendenz der Region, die Industrialisierung durch staatliche Planung, Leitung und Intervention innerhalb der Grenzen eines kontrollierten freien Marktes zu forcieren, um das Land aus der Abhängigkeit und Rückständigkeit zu führen. Erste Ergebnisse des polnischen Experiments begannen sich zu zeigen – so nahm die Industrieproduktion um 33 Prozent innerhalb der ersten drei Jahre zu –, ehe das Projekt im September 1939 durch die gemeinsame deutsch-russische Invasion schlagartig gestoppt wurde.

Im Gegensatz zu Polen erhielt Rumänien am Beginn seiner Unabhängigkeit nur in bescheidenem Maße westliche Hilfe für die Umwandlung seiner halbasiatisch feudalen, eben ländlichen Struktur zum modernen Kapitalismus. Ein Großteil des westlichen Kapitalzuflusses diente den politischen Interessen der Großmächte oder besaß rein spekulativen Charakter. Ein erheblicher Teil der Kredite wurde in vollkommen unproduktive Projekte wie eine aufgeblähte Verwaltung oder das Militär gesteckt.

Bei der Entwicklung des Bankwesens spielte der neue Staat eine beherrschende Rolle. Schon vor dem Ersten Weltkrieg war Rumänien das erste Land Ostmitteleuropas, das ein ausgeklügeltes System von Schutzzöllen und Gesetzen etabliert hatte, um seine entstehende Industrie durch Steuererleichterungen, Zollbefreiungen, reduzierte

Frachtraten, bevorzugte Auftragsvergabe und die Zuteilung von Staatsland für den Bau von Industrieanlagen zu fördern.

Die ausländerfeindliche und antisemitische Ideologie der „Rumänisierung" war der Motor für die Entwicklung zum Staatskapitalismus. Das gerade erst unabhängige Land gründete neben den sich etablierenden ausländischen Banken staatseigene Geldinstitute und verpflichtete Industrie und Handel auf die Einführung fixer Quoten, um ausländisches und jüdisches Personal durch Angehörige der ethnischen Mehrheit zu ersetzen. Diese Politik schuf die Grundlage für einen hoch bürokratischen, militaristischen und fremdenfeindlichen Staat, änderte aber kaum etwas an seiner strukturellen Rückständigkeit. Bis 1914 verzehnfachte sich die Zahl der Industriearbeiter, was jedoch nur einem Anteil von 3 Prozent der gesamten Arbeitskräfte entsprach. 81 Prozent der Bevölkerung war in der Landwirtschaft beschäftigt. Das Pro-Kopf-Einkommen Rumäniens war – ausgenommen Serbien und Albanien – das niedrigste in Europa.

In der Zwischenkriegszeit wurde der Staatsinterventionismus immer beherrschender. Die Regierung übernahm beträchtliche industrielle und finanzielle Vermögenswerte, die von ehemaligen Feindländern investiert worden waren, vor allem von Ungarn, das das relativ industrialisierte und an Mineralien reiche Transsylvanien an Rumänien verloren hatte. Nicht einmal das Vermögen der westlichen Kriegsverbündeten war sicher. In der für die Wirtschaft lebenswichtigen Ölindustrie wuchs der rumänische Anteil von 6 auf 27 Prozent und Konzessionen zur Nutzung staatseigenen Landes erhielten nur Rumänen. Eine chauvinistische Kampagne der Einschüchterung und Erpressung wurde gestartet, um Unternehmen von jüdischen und ausländischen Einflüssen zu reinigen. Westlichem Kapital war der Zugang zum staatlich kontrollierten Bergbau und der Erforschung der Ölvorkommen verwehrt. Im Jahre 1925 beschlagnahmte der Staat sämtliche ausländischen Kreditkonten und entschied, die Stabilisierung der Finanzen unter dem Motto „Aus eigenen Kräften" ohne westliche Kredite zu erreichen. Die Auslandskredite reduzierten sich daraufhin von etwa 670 Millionen US-Dollar im Jahre 1914 auf 320 Millionen US-Dollar vor dem Ausbruch der Weltwirtschaftskrise 1929. Auf der Schuldnerliste stand Rumänien unter den Ländern der ostmitteleuropäischen Region an letzter Stelle.

Die Weltwirtschaftskrise führte zu einem Rückschlag in der Politik der Nationalisierung und Selbstgenügsamkeit. Sie zwang die Regierung, die ausländerfeindlichen Bergbaugesetze zurückzunehmen und westliche Kredite zu erbitten. So katapultierte sich Rumänien vom Ende an die Spitze der Schuldnerliste. Aber sogar auf dem Höhepunkt der Krise verfolgte der Staatsinterventionismus seinen Weg weiter. In den späten 30er Jahren umfaßte die staatlich kontrollierte und geförderte Kartellwirtschaft nahezu die Hälfte des gesamten Industriekapitals und sogar 90 Prozent der Metallurgie. Gegen Ende des Jahrzehnts wurde ein Oberster Wirtschaftsrat gebildet, der nationale Plandirektiven für die Industriekonzentration, für weitere Verstaatlichungen von Kapital, die Verteilung von Arbeitskräften sowie die Preis- und Verbrauchsregulierung aufstellte. Während die Einführung der allgemeine Staatsplanung in vollem Gange war, veränderte der erhöhte Druck Hitlerdeutschlands Rumäniens politische und wirtschaftliche Situation. Erst integrierte man das Land in die deutsche *Großraumwirtschaft*[8] und bald darauf in Hitlers Kriegsmaschinerie.

Die Gesamtergebnisse des Staatsinterventionismus waren allerdings weit weniger beeindruckend, als die Theorien und Gesetze vermuten ließen. In der Zwischenkriegszeit wuchs der industrielle Anteil am Nationaleinkommen nur von 24,2 auf 28,4 Prozent, der Anteil der Landbevölkerung blieb konstant bei 80 Prozent und das durchschnittliche Nationaleinkommen wuchs pro Kopf von 50 auf gerade einmal 81 US-Dollar – während es im selben Zeitraum in Westeuropa von 300 auf 440 US-Dollar anstieg.

Der Effekt des Staatsinterventionismus wurde durch das hartnäckige Erbe des Feudalismus türkischen Typs zunichte gemacht: ungenügende Kapitalakkumulation, zügellose Korruption, Verschwendung und Inkompetenz der neuen „völkischen" Bourgeoisie und ein Patronagesystem der korrupten, bürokratischen Staatsoligarchie. Hinzu kamen die Beschränkungen, denen westliche Kapitalisten und jüdische Unternehmer ausgesetzt waren, die von der schwachen, alteingesessenen Mittelklasse nicht ersetzt werden konnten. Alle diese Faktoren zusammen bremsten die Entwicklung gewaltig. Der chau-

---

8   Im Original Deutsch (Anm. d. Ü.).

vinistische Slogan „Aus eigener Kraft" blieb Illusion und Rumäniens sozioökonomische Struktur das Schlußlicht der ohnehin rückständigen ostmitteleuropäischen Region.

Die Rolle des Staates bei der kapitalistischen Umgestaltung der sozioökonomischen Struktur der beiden anderen Balkanländer, Jugoslawien und Bulgarien, unterschied sich davon deutlich.

Dabei waren die Anfänge recht ähnlich. Alle drei Nationen erlangten ihre Unabhängigkeit im letzten Viertel des 19. Jahrhunderts. Ihre Strukturen waren vorwiegend landwirtschaftlich, und keine dieser Nationen verfügte über früher akkumuliertes einheimisches Kapital. Bei dem Versuch, das feudalistische Erbe türkischen Typs abzuwerfen, benötigte jede von ihnen ausländisches Kapital und alle wählten den Weg des Staatsinterventionismus, um aus Rückständigkeit und Abhängigkeit auszubrechen. Keiner war dabei Erfolg beschieden. Zu Beginn des Zweiten Weltkrieges waren sie immer noch unterentwickelt und landwirtschaftlich geprägt, das Schlußlicht einer rückständigen Region.

Die staatlichen Maßnahmen, die Serbien und Bulgarien ergriffen, um die einheimische Wirtschaft zu fördern, ähnelten denen, die in Rumänien angewandt worden waren: protektionistische Gesetze, Schutzzölle, Steuerbefreiungen und -privilegien, Subventionen usw. Der Erfolg war bescheiden. Bis zum Jahre 1906 erlaubte das Handelsabkommen mit dem Habsburger Reich die freie Einfuhr aller nicht im Lande produzierten Güter, d.h. nahezu aller Industriegüter, nach Serbien. Unmittelbar vor Ausbruch des Ersten Weltkriegs betrug das in die serbische Industrie investierte Gesamtkapital etwa 12 Millionen US-Dollar, wovon mehr als die Hälfte aus ausländischen Quellen stammte. Das ist eine ziemlich unbedeutende Summe angesichts der 200 Millionen US-Dollar ausländischer Kredite. Die meisten von ihnen waren Staatskredite, von denen drei Viertel strategischen und politischen Zwecken dienten und der größte Teil des restlichen Viertels die reichen Ressourcen an Mineralien kontrollierten.

Der Ökonom H. Feis schrieb sarkastisch aber treffend: „Als der neue serbische Staat zum ersten Mal die Augen öffnete, fiel sein Blick auf die Gläubiger, die die Wiege umringten."[9] Dies galt später auch für das heranwachsende Jugoslawien. In der Zwischenkriegszeit konzentrierte man sich hier noch auf das ausländische Kapital als Grundlage der Industrieentwicklung. Etwa 60 Prozent der Industrieinvestitionen und mehr als 75 Prozent der Investitionen in den Bergbaus lagen in westlichen Händen. Der Staatsanteil wuchs, hauptsächlich durch die Übernahme früherer österreichischer, ungarischer und deutscher Investitionen, beträchtlich, blieb aber im Ganzen zu gering. In den entscheidenden 20er Jahren war der Staat teils unfähig, teils nicht willens, den dominierenden, meist politisch motivierten Einfluß des Westens zu unterbinden.

Mit dem Ausbruch der Weltwirtschaftskrise wurden entschiedenere Maßnahmen ergriffen, um die einheimische Wirtschaft zu fördern. Die Intervention des Staates erfolgte jedoch viel zu spät. Jugoslawiens halbkolonialer Status konnte nicht aufgehoben werden. Trotz ergiebiger Vorkommen an Bodenschätzen – 1939 deckte ihre Förderung nur 2 Prozent des Nationaleinkommens ab – blieb das Land vorwiegend agrarisch geprägt, und der Anteil der Landbevölkerung schrumpfte nur minimal von 77 auf 76 Prozent. Der Anteil der Industrie wuchs zwischen 1920 und 1940 lediglich um 10 Prozent, und das Pro-Kopf-Einkommen erreichte nicht einmal ein Viertel des Westniveaus.

Bulgariens Weg vom archaischen Feudalismus in das industriellkapitalistische Zeitalter war noch erfolgloser. Die Entwicklung seiner kleinbäuerlichen Wirtschaft war für westliches Kapital nach dem Krieg nicht attraktiver als davor. Die Staatsschulden Bulgariens betrugen am Ende der Zwischenkriegszeit lediglich 150 Millionen US-Dollar, der geringste Betrag der Region. Die Hälfte dieser Verbindlichkeiten stammte noch aus der Vorkriegszeit.

Angesichts der geringen einheimischen Kapitalakkumulation und des gleichfalls unbedeutenden Zuflusses ausländischen Kapitals mußte der Staat die Rolle des Beschützers und Förderers der industriellen Entwicklung spielen. Um das Wachstum zu stimulieren, verfügte er eine Reihe umfassender Gesetzesmaßnahmen. Neue Industrieunternehmen erhielten großzügig staatseigenes Land, genossen Zoll- und Steuerbefreiungen und andere Vergünstigungen wie die Senkung der Frachtgebühren. So wuchs die Industrieproduktion in der Zwischenkriegszeit um das Fünf- bis Sechsfache.

---

9   Zitiert in Iván Tibor Berend/György Ránki: Economic Development in East Central Europe in the 19th and 20th Centuries, New York 1974, 107.

Diese Wachstumsrate ist beeindruckend, gleichzeitig aber auch irreführend. Nach offiziellen Statistiken vom Beginn des Zweiten Weltkrieges beschäftigte die Industrie zwar 280.000 Personen, die meisten von ihnen arbeiteten jedoch in Handwerksbetrieben, so daß die Anzahl der Fabrikarbeiter im westlichen Wortsinne nicht mehr als 45.000 betrug – das sind nur 3 Prozent der erwerbstätigen Bevölkerung.

Diese Wachstumsrate erscheint noch irreführender, wenn man die allgemeine sozioökonomische Struktur des Landes betrachtet. Die Landbevölkerung verringerte sich nur von 80 auf 78 Prozent, ein Drittel der Bauern besaß weniger als fünf Hektar Land und lebte nahe am Existenzminimum. Lediglich 1,6 Prozent besaß mehr als 100 Hektar und konnte Kapital akkumulieren, das die Industrialisierung belebte. Mitte der 30er Jahre gab es immer noch mehr Holz- als Eisenpflüge.

Ironischerweise führte die staatliche Unterstützung nicht nur zu mehr Wachstum, sondern schrieb auch die Rückständigkeit fort. Für den Beginn der Industriellen Revolution im Westen typische Industriezweige – Eisenindustrie, Maschinenbau, Metall- und chemische Industrie – machten im Bulgarien der Zwischenkriegszeit keine Fortschritte. Ihr gemeinsamer Beitrag zur Gesamtproduktion verringerte sich sogar von 10 auf 8 Prozent. Eine Ausnahme machte die Energieerzeugung mit einer Steigerung von 3 auf 12 Prozent. Allerdings handelte es sich hier um den einzigen Wirtschaftszweig, in dem ausländisches, vornehmlich belgisches, Kapital eine entscheidende Rolle spielte. Auf der anderen Seite stieg der Anteil des alten traditionellen Töpfergewerbes um mehr als das Doppelte, und jener der Textilindustrie von einem Viertel auf ein Drittel des Gesamtproduktes. Letzteres ist besonders aufschlußreich, da im Verlauf der westlichen Industrialisierung dieser Wirtschaftszweig eine abnehmende Tendenz aufgewiesen hatte. Um das Bild abzurunden, läßt sich sagen, daß die Arbeitsproduktivität in den führenden Industriebereichen während der Zwischenkriegszeit praktisch konstant blieb.

Das Wachstum der staatlich geförderten Industrie *und* die Fortschreibung der strukturellen Rückständigkeit lassen sich durch die spezifisch bulgarische Politik erklären. Keine der Regierungen der Zwischenkriegszeit, ob linkspopulistisch oder rechtsautoritär, konnte es sich leisten, der großen Mehrheit der Kleinbauern die Lasten aufzubürden, die die Industrialisierung notwendig mit sich brachte. Die unmittelbaren Wirtschaftsinteressen der Bauern und ihr ganzes soziales Wertesystem, das an Gleichheit und Tradition festhielt, widersetzte sich Großunternehmen und Modernisierung ebenso wie dem Vordringen ausländischen Kapitals. Militanter Irredentismus und Nationalismus verstärkte die Aversion der Bauern gegenüber einem modernen Umbau der Gesellschaft und engten die staatliche Handlungsfreiheit in Richtung eines radikalen sozioökonomischen Strukturwandels weiter ein. Bulgarien begann seinen Weg in den Kapitalismus auf der untersten Stufe der Region und blieb dort bis zum Ende des Weges im Jahre 1944.

In Ungarn bildete der Etatismus den ideologischen Grundpfeiler sämtlicher Regierungen der Zwischenkriegszeit. Der Staat hatte mächtig zu sein, über allem zu stehen, der Träger, der Stützpfeiler des Nationalismus und der Unabhängigkeit. In der Wirtschaftspolitik aber blieben staatliche Eingriffe bis zur großen Krise der 30er Jahre eng begrenzt und erfolgten auf Umwegen. Obwohl der staatliche Wirtschaftssektor in diesem Zeitraum von einem Fünftel auf ein Viertel des Bruttosozialprodukts wuchs, war das Wachstum hauptsächlich der Entwicklung eines unproduktiven, aufgeblähten Staatsapparates und der Bürokratie zuzuschreiben. In Übereinstimmung mit dem vorherrschenden wirtschaftspolitischen Isolationismus und Protektionismus suchte der Staat die schnelle Entwicklung der einheimischen Wirtschaft als Eckpfeiler eines abgeschirmten, unabhängigen Binnenmarktes voranzutreiben, um die einseitig agrarische Struktur des Landes zu überwinden. Von den Zwängen der österreichisch-ungarischen Zollunion der Vorkriegszeit befreit, wurden Schutzzölle eingeführt und zum Teil drastisch erhöht – bis auf 50, sogar 75 Prozent auf Produkte der Leichtindustrie, vor allem der Textilbranche. Güter der Schwerindustrie und bestimmte Rohstoffe wurden hingegen mit moderaten Einfuhrzöllen belegt oder ganz von ihnen befreit. Für das Ausmaß dieser Isolationspolitik ist die Tatsache bezeichnend, daß Mitte der 20er Jahre die Liste der Schutzzölle Bestimmungen für 2244 verschiedene Artikel enthielt.

Die Staatsinterventionen waren für den Fortschritt der Industrialisierung von entscheidender Bedeutung. Zwischen 1920 und 1929

stieg der Produktionsindex von 100 auf 294, die Anzahl der Fabrikarbeiter verdoppelte sich nahezu und der Anteil der Industrie am
Bruttosozialprodukt stieg um 30 Prozent von einem Fünftel auf ein
Drittel. Aber dieser schnelle Zuwachs änderte nichts an der relativen
Rückständigkeit Ungarns, dessen Industrieproduktion pro Kopf
noch immer weniger als ein Viertel des westlichen Durchschnitts aus-
machte.

In der Landwirtschaft wurde eine Art „negativer Staatsinterventionismus" praktiziert. Der Staat trat dem Druck der Großgrundbesitzer entgegen, die einen Agrarkapitalismus anstrebten, der die Banken
und die Industrie nur als Ergänzung und Anhängsel ihrer landwirtschaftlichen Interessen gelten lassen wollte. Gleichzeitig schritt er, selbst
mit Polizeigewalt, gegen die Forderungen der landhungrigen Bauernschaft nach Aufteilung der riesigen halbfeudalen Güter ein. Der
Staat entschied sich für den industriellen Protektionismus und überließ die Landwirtschaft sich selbst. Er behandelte die Bauern nur dem
Namen nach als Staatsbürger, tatsächlich aber als Kanonenfutter im
Kampf um die Industrialisierung.

Der Staat schaffte den Großgrundbesitz jedoch nicht ab. Im Gegensatz zu anderen Ländern der Region bewahrte er im wesentlichen das
halbfeudale System der Großgüter. Über die Hälfte der Bevölkerung
blieb weiterhin in der Landwirtschaft beschäftigt, deren Anteil am
Nationaleinkommen sich um 13 Prozent verringerte, während der Anteil der Industrie um 20 Prozent stieg.

Die große Weltwirtschaftskrise änderte das Bild vollkommen und
damit auch die Rolle des Staates. Die Landwirtschaft brach zusammen:
der Getreidepreis fiel auf ein Drittel, gar auf ein Fünftel des früheren
Betrages, das Exportvolumen sank um 50, sein Wert um 70 Prozent,
die Produktion wurde nahezu halbiert. Kleineigentümer wie Großgrundbesitzer verloren mit ihrem Geld ihre Kreditwürdigkeit und
wurden zu Selbstversorgern.

Die Krise zwang den Staat, seine Politik der ruhenden Hand aufzugeben. Die staatliche Unterstützung zur Absatzförderung landwirtschaftlicher Erzeugnisse stieg um das Fünfzehnfache, Schulden
wurden gesenkt, Transportkosten reduziert, der Export in beträcht-
lichem Maße monopolisiert. Staatliche Hilfsmaßnahmen wurden eingeleitet, um die Qualität der Erzeugnisse zu verbessern, die Preise für

Ostmitteleuropa 1925

0   200 km

ESTLAND

Reval

LETTLAND

Riga

Memel   LITAUEN

Kaunas

Wilna

Königsberg

Danzig

Allenstein

Minsk

DEUTSCHES

Stettin

Thorn

Bialystok

Berlin

Posen

Warschau

Brest a Bug

REICH

Lodz

P O L E N

Dresden

Breslau

Lublin

Reichenbg

Oppeln

Kielce

Luzk

Prag

Kattowitz

Krakau

Lemberg

T S C H E C H O -

Teschen

Tarnopol

Brünn

S L O W A K E I

Stanislau

Passau

Linz

Preßbg

Tschernowitz

Salzburg

Wien

ÖSTERREICH

Ödenbg

Budapest

Graz

Klagenfurt

U N G A R N

ITALIEN

Agram

Hermannstadt

R U M Ä N I E N

Triest

Fiume

Venedig

J U G O S L A W I E N

Belgrad

U   D   S   S   R

Die Region zwischen den Weltkriegen

landwirtschaftlich zu nutzende Industriegüter herabgesetzt. Eine zentrale Preiskontrolle sowie ein Bonussystem zur Unterstützung des Exports wurden eingeführt.

Dieses Bonussystem wandte man auch auf Industriegüter an, um Importe zu reduzieren und Exporte zu erhöhen. Es war Teil einer neuen Finanzpolitik, die den Außenhandel vollkommen unter staatliche Kontrolle brachte und sein Wesen radikal veränderte. Der Anteil industrieller Fertigprodukte am Import wurde halbiert, während der von Rohstoffen und Halbfabrikaten auf ein Drittel aller eingeführten Waren anwuchs. In der Textilindustrie gestaltete sich dieser Wandel besonders dramatisch. Im Jahre 1928, also noch vor dem Ausbruch der Krise, waren 30 bis 45 Prozent textiler Konsumgüter importiert worden, bis 1935 fiel dieser Anteil auf 2 bis 3 Prozent. Auch die Veränderungen beim Export von Industriegütern waren staatlichen Kontrollmaßnahmen geschuldet. Der drastische Rückgang des Anteils der Nahrungsgüterindustrie wurde durch die Textil- und Schwerindustrie aufgewogen.

In den Krisenjahren wurde der Staatsinterventionismus also zu einem unverzichtbaren Mittel der wirtschaftlichen Erholung. Mitte der 30er Jahre stieg die landwirtschaftliche Produktion um 20 Prozent, das Exportvolumen um 50 Prozent, obwohl beide noch unter den Spitzenwerten des Jahres 1928 lagen. Auch die Industrieproduktion erholte sich innerhalb von nur vier Jahren vollständig von ihrem Einbruch um 24 Prozent – schneller als in den meisten entwickelten Ländern des Westens.

Nach 1938, als Ungarn Zug um Zug erst in Hitlers *Großraumwirtschaft*[10], später in die deutsche Wiederaufrüstung und schließlich in dessen Kriegsmaschinerie eingespannt wurde, wurde der Staatsinterventionismus vervollständigt. Ein immer größerer Teil der Wirtschaft arbeitete nach staatlichen Vorgaben und die Finanzierung fiel in die Hände des Staates. Neben der Rationierung von Nahrungsmitteln und Industrieprodukten wurden staatliche Zwangsabgaben mit festen Quoten auf pflanzliche Agrarprodukte und Vieh eingeführt, Festpreise angeordnet und eine zusätzlich geschaffene Staatsbürokratie mit der Leitung und Kontrolle der Wirtschaft beauftragt.

---

10 Im Original Deutsch (Anm. d. Ü.).

In den fünf Jahren zwischen 1938 und 1943 änderte sich die ungarischen Wirtschaftsstruktur dramatisch: Die Industrieproduktion stieg um 62 Prozent. Zum ersten Mal in der Geschichte des Landes sank der Anteil der Landbevölkerung unter 50 Prozent und die Industrie produzierte einen größeren Anteil am Nationaleinkommen als die Landwirtschaft. Gleichzeitig wurde die Wirtschaftsstruktur jedoch nicht nur verändert, sondern auch deformiert, weil die Entwicklungen nicht Folge des inneren Drangs nach Überwindung des einseitig agrarischen, rückständigen Charakters des Landes waren, sondern durch den äußeren Druck hervorgerufen wurden, bei der Vorbereitung und Durchführung eines Krieges im Dienste der militärischen Interessen Deutschlands mitzuwirken.

Gegen Ende des Jahres 1943 kam der durch den Krieg bedingte und vom Staat vorangetriebene Aufschwung plötzlich zum Erliegen. Der Stagnation folgte der Niedergang. Im Zuge der Okkupation des Landes im März 1944 mußten alle ansatzweise unabhängigen politischen und wirtschaftlichen Bemühungen eingestellt werden. Mit offener Plünderung und Ausbeutung begannen die Deutschen ihr Werk der Zerstörung, das nach dem Oktober 1944 mit der Machtübernahme und dem Terror der faschistischen Pfeilkreuzler allgegenwärtig wurde – inmitten der Kriegsverwüstungen infolge des Vorrückens der Roten Armee.

Im Gegensatz zu Ungarn betrachtete Nazideutschland Rumänien von Anfang an als Kolonie zur Ausbeutung von Agrargütern und Rohstoffen. Die deutsche Herrschaft über das Land war – auch dank der unterwürfigen rechten Militärdiktatur – erdrückend. Deutschland bildete praktisch den einzigen Absatzmarkt für rumänische Agrarprodukte und hintertrieb bewußt die Entwicklung der rumänischen Industrie. In dem Interessenkonflikt zwischen dem interventionistischen Staat und dem deutschen Veto gegen die Entwicklung oder auch nur den Erhalt der rumänischen Industrie, erwiesen sich die letzteren als stärker. Sogar die Bitte um den Aufbau einer modernen Rüstungsindustrie wurde brüsk zurückgewiesen, und so blieb Rumänien, Hitlers eifrigster Verbündeter im Kampf gegen die Sowjetunion, vollkommen abhängig von den Deutschen und der von ihnen kontrollierten tschechischen Rüstungsindustrie. Die kaum entwickelte Schwerindustrie des Landes wurde von deutschen Unternehmen unterwandert und weitgehend kontrolliert. Bei der Erdölförderung, die von höchster strategischer Bedeutung für die Kriegsführung war, erhöhte Deutschland seinen Anteil von weniger als einem Prozent 1939 auf 47 Prozent 1941.

Der Krieg veränderte die sozioökonomische Struktur Rumäniens kaum. Es gab keine Bestrebungen, die Produktivität der rückständigen Landwirtschaft zu erhöhen, die im Unterschied zu Ungarn ohne staatliche Unterstützung auskommen mußte. Die erzwungene Ausfuhr von Getreide nach Deutschland (1,4 Millionen Tonnen zwischen 1940 und 1944 im Gegensatz zu 100.000 Tonnen, die Ungarn zu liefern hatte) führte bald nicht nur zur Rationierung des Verbrauchs, sondern sogar zu direkten Vereinbarungen, die festlegten, daß erst nach der Befriedigung des deutscher Bedarfs die Reste für die Bedürfnisse der Bevölkerung genutzt werden konnten. Die einzige Ausnahme von der allgemein stagnierenden Industrieproduktion bildete die unter deutscher Kontrolle stehende Schwerindustrie. Aber selbst dieser Produktionsanstieg um 30 Prozent kam nur durch eine Überlastung der bestehenden Kapazitäten zustande. Die Erdölförderung war lange stabil, sank jedoch 1944 infolge der schweren alliierten Luftangriffe auf die Hälfte ihres Vorkriegsniveaus. Rumänien trat in die Nachkriegsära mit einer immer noch vorherrschenden landwirtschaftlichen Struktur. Seine überstrapazierten Industrieanlagen und Produktionsressourcen befanden sich in einem sehr schlechten Zustand, die Ölförderanlagen waren schwer beschädigt. Jedoch ersparte der Abzug von Hitlers Truppen, der angesichts der vor den Grenzen stehenden Sowjetarmee in letzter Minute erfolgte, Rumänien eine derart katastrophale Zerstörung, wie sie die Nachbarländer Ungarn und Jugoslawien erleiden mußten.

Der faschistische slowakische Marionettenstaat profitierte in erheblichem Maße von den Plänen Deutschlands, seine Kriegsproduktion auszuweiten. Die gesamte Industrieproduktion stieg von 1938 bis 1943 um 60 Prozent. Der Kriegsaufschwung erfaßte jeden Industriezweig, sogar die Konsumgüterproduktion. Der Nettoeffekt bestand in der raschen Industrialisierung eines Landes, das zum Zeitpunkt des Zerfalls der Tschechoslowakei neben seiner Forst- und Landwirtschaft kaum Industrie besaß. Trotz der relativen Bedeutungslosigkeit der kleinen, bergigen Slowakei erwiesen sich diese strukturellen Veränderungen als bedeutsam für die Nachkriegsintegration der wiederhergestellten Tschechoslowakei in den Sowjetblock.

Für die deutschen Kriegsvorhaben war sein südlichster Verbündeter auf dem Balkan, Bulgarien, viel unwichtiger. Dessen rückständige, bäuerliche Wirtschaft konnte zur Kriegswirtschaft kaum etwas beisteuern. Als Quelle für Rohstoffe und Industriegüter, sogar als Getreidelieferant blieb es bedeutungslos. Der Krieg änderte nichts an der unterentwickelten Struktur des Landes. Im Gegenteil: Die Getreideproduktion fiel gegen Kriegsende auf 77 Prozent des Vorkriegsniveaus, der Export nach Deutschland von 200.000 auf 50.000 Tonnen. Die Industrieproduktion von Konsumgütern stagnierte oder nahm ab. Auch in der Schwerindustrie, dem einzigen Bereich, an dem die Achsenmächte interessiert waren, sank die Produktion.

Seiner prorussischen Tradition folgend konnte Bulgarien die Beteiligung am Krieg gegen die Sowjetunion vermeiden, war aber eifrig genug, um an dem deutschen Angriff auf Jugoslawien und Griechenland teilzunehmen. Als Entlohnung erhielt es von Hitler Teile beider Länder zum Geschenk und darüber hinaus einen Teil Rumäniens. Diese Maßnahmen sollten den politischen Orientierungssinn der prodeutschen königlichen Militärdiktatur stärken.

Die ohnehin brüchige Allianz zerbrach, als sich die Rote Armee den bulgarischen Grenzen näherte. Bulgarien wechselte die Seiten und erklärte Deutschland den Krieg. Seine Armee vereinigte sich mit Titos Partisanen im jugoslawischen Befreiungskampf. Aus Bulgarien, Hitlers jüngstem Bundesgenossen, wurde so der erste Verbündete der Sowjetunion aus der Reihe ehemaliger Satellitenstaaten. Unter dem gemeinsamen Druck der Sowjetunion und des eigenen Volkes gelangte die kommunistisch beeinflußte Regierung der Vaterländischen Front – wiederum als erste der Satellitenstaaten – schnell und auf kürzestem Weg in eine sowjetische Umlaufbahn.

Polen und Jugoslawien hatten die schlimmsten Zerstörungen zu erleiden. Beide Länder wurden von Deutschland angegriffen und besetzt, ihre Volkswirtschaften ausgeplündert, bis aufs letzte ausgebeutet oder mutwillig zerstört. Ihre Bevölkerungen litten bis an den Rand des Hungertodes. Mit mehr als 6 Millionen Toten der 32 Millionen Einwohner hatte Polen entsetzliche Verluste an Menschenleben zu beklagen. Neben den 300.000 getöteten Soldaten wurde jeder fünfte polnische Zivilist ermordet; unter ihnen nahezu 3 Millionen Juden. Darüber hinaus wurden 1,3 Millionen Menschen aus ihrer Heimat verschleppt und als Sklavenarbeiter in deutschen Fabriken benutzt.

Das zerstückelte Jugoslawien verlor 1,8 Millionen Menschen, was 12 Prozent seiner Bevölkerung entsprach. Etwa die Hälfte wurde von Deutschen getötet, die andere Hälfte starb im Bürgerkrieg, den Titos Partisanen gegen die von Deutschland ausgerüstete kroatische Armee, die serbischen antikommunistischen Tschetniks und die royalistischen Untergrundtruppen führte. In Kroatien, jenem deutsch-italienischen Marionettenstaat, schlachtete die faschistische Ustascha 350.000 serbische Männer, Frauen und Kinder ab und vernichtete die Mehrzahl der Juden. Der deutsche Raub von Getreide, Nahrungsmitteln und Rohstoffen wurde ebenso rücksichtslos durchgeführt wie in Polen. Das galt nicht nur für die besetzten Gebieten, sondern auch für das „unabhängige" Kroatien, dessen Wirtschaft durch die unterbrochene Verbindung zu Serbien zerrüttet war. Seine gesamte Ölproduktion wurde in den Dienst der deutschen Kriegsmaschinerie gestellt und nahezu die Hälfte seiner Wälder wurden abgeholzt, um den deutschen Holzbedarf zu decken. Um das Jahr 1944 befand sich ein Drittel des kroatischen Territoriums in den Händen von Titos Partisanen und diente als Ausgangspunkt für die Befreiung ganz Kroatiens vom Ustascha-Regime und seinen deutschen Herren.

Antisemitismus und Holocaust

Die Juden im geteilten Europa

Dieses Kapitel unterscheidet sich in vielfacher Hinsicht vom sonstigen Aufbau des Buches. Es konzentriert sich auf ein einzelnes soziales Moment, den Antisemitismus, und gibt einen detaillierten politischen Überblick über seine Folgen. Die wesentlichen Unterschiede zwischen dem westlichen und ostmitteleuropäischen Antisemitismus und dem Holocaust illustrieren jedoch auf schlagende und tragische Weise das Hauptthema dieses Buches: die Konsequenzen der Teilung Europas in zwei Regionen.

Das folgende Kapitel schließt sich gut an das vorhergehende an, weil, wie István Deak in seinem exzellenten Essay schreibt, „die Geschichte der ungarischen Rechten zwischen den Weltkriegen die ganze Chronik Ungarns zu dieser Zeit enthält, denn Ungarn war zwischen 1919 und 1944 ein rechtsgerichtetes Land."[11] Hinzufügen ließe sich, daß dies auch für Polen und Rumänien gilt.

*

Die 500jährige Teilung Europas wird schlagartig klar, wenn man die Unterschiede betrachtet, die zwischen der Geschichte des Antisemitismus in den beiden Regionen bestehen. Sie bestimmte maßgeblich das Schicksal der Juden und gab dem Holocaust seine charakteristische Prägung.

Wir können die gut bekannten historischen Entwicklungen des Westens relativ kurz behandeln, aber es ist notwendig hinsichtlich Ostmitteleuropas ins Detail zu gehen, um die grundlegenden Unterschiede zu betonen.

---

11 István Deak: Hungary. In: The European Right, hg. von Hans Rogger / Eugen Weber. Berkeley 1966, 364.

Wie bereits gezeigt wurde, führte die allgemeine Krise des europäischen Feudalismus zu zwei entgegengesetzten Reaktionen: Der Westen begann mit der Zerstörung der Feudalstrukturen, um schließlich ein neues soziales, wirtschaftliches und politisches System zu schaffen. Ostmitteleuropa hingegen intensivierte den Feudalismus, um dann eine halbherzige Wende in Richtung Westen zu nehmen, allerdings in entstellter Weise, weil es, im erfolglosen Versuch, die eigene Rückständigkeit zu überwinden, das Neue anstrebte, ohne vom Alten zu lassen.

Die Konsequenzen des Bruches zwischen dem Westen und Ostmitteleuropa lassen sich gut anhand des theoretischen Modells bestimmen, das Barrington Moore[12] aufgestellt hat. Nach seiner theoretischen Analyse hängt das politische Resultat von der Beziehung der wichtigsten Klassen zu dem Zeitpunkt ab, da eine Gesellschaft sich mit dem Zerfall des Feudalismus und dem Aufkommen einer protoindustriellen Gesellschaft konfrontiert sieht. Existiert eine mächtige, unabhängige städtisch-kaufmännische Klasse, die die Macht im Staat von unten übernimmt, so wird – wie im Falle der ökonomischen Revolution in England und der politischen in Frankreich – ein demokratischer Kapitalismus entstehen. Wenn hingegen eine starke Bourgeoisie fehlt und die landbesitzende Klasse die Kommerzialisierung der Landwirtschaft und der Industrie durch eine entstellte „bürgerliche Revolution von oben" fördert und derart die Kontrolle über den Staat erlangt, so entsteht ein faschistischer Typ des Systems.

Antisemitismus und Holocaust
in der westlichen Region

Der Durchbruch bei der Umgestaltung der zerfallenden Feudalstrukturen erfolgte in England im 17. Jahrhunderts. Parallel zu ihr und als deren Ergebnis ging die Emanzipation der Juden voran. Nachdem ihr Zuzug im selben Jahrhundert wieder erlaubt worden war, erfolg-

---

12 Barrington Moore: Social Origins of Dictatorship and Democracy, Boston 1967.

te die Anerkennung gleicher Rechte Hand in Hand mit der Überwindung des Feudalismus. Schon bald gab es keine nennenswerten Restriktionen mehr: ihnen wurde kein Ghettosystem aufgezwungen, Gewalt gegen Juden war praktisch unbekannt und nach der Industriellen Revolution verschwanden auch die geringfügigen Benachteiligungen. Die antisemitischen Tiraden einiger katholischer Intellektueller, etwa Hilaire Bellocs, um 1900 fanden keine Resonanz, und die faschistischen Bewegungen der 20er Jahre wirkten theatralisch und blieben politisch unbedeutend. Obwohl die Organisation Oswald Mosleys während der Krise der 30er Jahre zeitweilig einigen Einfluß erlangen konnte, so hatte doch seine Judenhetze einen besonders fatalen Zug, als sie ihn in die Nähe Hitlers brachte, dessen Sorte Antisemitismus nur einige Exzentriker vertragen konnten.

Holland und Belgien folgten dem englischen Modell. Die frühzeitige Urbanisierung führte zur faktischen Emanzipation der Juden und die Okkupation durch die französische Revolutionsarmee mußte ihre Rechte nur noch legalisieren. Bis zur Krise der 30er Jahre des 20. Jahrhunderts war die Gleichstellung der Juden in beiden Ländern nicht bedroht.

In Frankreich begann die den Kapitalismus vorbereitende Umgestaltung des Handels- und Bankwesens im 17. Jahrhundert. Juden spielten dabei kaum eine Rolle. Im Jahre 1306 waren sie des Landes verwiesen worden. Seit dem 16. Jahrhundert erlaubte man ihnen die Rückkehr, allerdings in vereinzelten kleinen Gruppen, die unter halbmittelalterlichen Bedingungen leben mußten. Der Konflikt zwischen der politischen Ordnung einer zählebigen absolutistischen Feudalmonarchie und den aufstrebenden neuen gesellschaftlichen Kräften gipfelte in der Revolution. Sie etablierte die soziopolitischen Grundlagen der bürgerlichen Demokratie und brachte den Juden gleiche Rechte.

Auf dem Höhepunkt seiner Revolutionsmacht regierte Frankreich große Teile des westlichen Kontinents. Seine Institutionen und Gesetze wurden automatisch übernommen oder waren einleuchtende Modelle für die Lokalverwaltungen.

Paradoxerweise wurde Frankreich, der revolutionäre Vorreiter der Emanzipation, auch der Vorreiter der Wiederbelebung des westlichen Antisemitismus. Die Juden hatten hier schlagartig sämtliche Bürgerrechte erhalten, und doch war hundert Jahre später ihre soziale Emanzipation noch immer nicht völlig erreicht. Das zeigte sich in der Dreyfus-Affäre, als ein Jude es wagte, in die nach wie vor fest gefügten konservativen monarchistisch-katholischen höheren Ränge der Armee vorzudringen.

Der Chauvinismus, ein rechtsgerichteter Katholizismus und die Furcht vor der organisierten Arbeiterschaft riefen in den 90er Jahren des 19. Jahrhunderts eine Vielzahl unbedeutender und kurzlebiger antijüdischer Bewegungen hervor, die hauptsächlich von Intellektuellen gegründet worden waren. Am bekanntesten war die von dem Schriftsteller Charles Maurras initiierte *Action Française,* deren Bedeutung sich jedoch auf bestimmte literarische Zirkel beschränkte, in denen sie jedoch einflußreich war. Sie agierte bis in die 30er und 40er Jahre als eine Episode am Rande des monarchistisch-intellektuellen Milieus und hatte einen rein akademischen Charakter. Bezeichnenderweise widmet Eugen Webers hervorragender Essay über die Geschichte der französischen Rechten seit der Revolution dem Antisemitismus nur wenige kurze Absätze auf den 41 Seiten, die sich mit diesem Zeitabschnitt beschäftigen. [13]

Der Antisemitismus blieb jedoch keine akademische Angelegenheit. In den 30er Jahren breitete er sich erheblich aus. Das lag an der Weltwirtschaftskrise, der kommunistischen Bedrohung, der sich die geschwächten kapitalistischen Strukturen ausgesetzt sahen und dem Siegeszug des deutschen Faschismus, der den gesamten Kontinent mit seinem Judenhaß infizierte.

Trotz der katastrophalen Folgen der Krise erwiesen sich die stabilen westlichen Strukturen als resistent genug, um der antisemitischen Vergiftung zu widerstehen. In Frankreich erstarkte die monarchistische *Action Française* bis zu einem gewissen Grade. Deren radikaler Ableger, das militaristische *Croix de feu,* war viel zu schwach, um die demokratische Ordnung zu gefährden. Beide Bewegungen waren zudem nicht ausgesprochen faschistisch. Ihnen fehlte die Unterstützung wesentlicher Kräfte der konservativen Rechten. Nur den offen nationalsozialistischen Splittergruppen um Marcel Déat und Jacques

---

13 Eugen Weber: France. In: The European Right, hg. von Hans Rogger / Eugen Weber. Berkeley 1966.

Doriot war während der Münchener Krise 1938 Erfolg beschieden, indem sie den defätistischen Slogans *Mourir pour Dantzig?* (Sterben für Danzig?) mit der Parole *Mourir pour les Juifs?* (Sterben für die Juden?) verbanden.

In Holland und Belgien kam es ebenfalls zu einem von Berlin aus geschürten Aufflammen des Antisemitismus. Die holländische Nazi-Bewegung gewann an Einfluß und erhielt bei den Wahlen 1935 8 Prozent der Stimmen. Nur zwei Jahre später allerdings sank ihr Stimmenanteil auf nur noch 3,8 Prozent und im folgenden Jahr war sie nahezu verschwunden. Wie ihr holländisches Gegenstück wurden auch die beiden belgischen faschistischen Parteien, die Rexisten und die flämischen Autonomisten, durch die deutsche Nazipartei unterstützt. Nach anfänglichen Erfolgen schrumpfte der Stimmenanteil der Rexisten 1939 auf 4 Prozent, die flämischen Faschisten nahmen an der Wahl nicht einmal teil. Am Vorabend des Krieges waren beide Parteien politisch tot.

In Frankreich, Holland und Belgien wurden die Pro-Naziparteien erst durch ihre deutschen Meister wiederbelebt, die sie als Hitlers Helfershelfer in seinem Kreuzzug gegen die Demokratie, den Kommunismus und die Juden an die Macht hievten.

Der westliche Holocaust ist in lebendiger Erinnerung, seine tragische Geschichte bedarf nicht der detaillierten Schilderung. Der Besatzung folgte die Kollaboration in breitem Umfang. Die Marionettenregimes wurden Werkzeuge der Besatzer, ihre Polizei trieb die Juden in Übergangslagern zusammen und übergab sie den Deutschen zur Deportation und Vernichtung, während die „arische" Bevölkerung mehr oder weniger teilnahmslos, manchmal sogar billigend, schwieg und zusah.

Bis zur offensichtlichen Niederlage der deutschen Armee gab es nirgendwo organisierten Widerstand zur Rettung der Juden. Die einzige Ausnahme bildete der Generalstreik der holländischen Arbeiter im Februar 1941, der zum Teil aus Protest gegen den Auftakt der Massendeportation – die Ergreifung von 400 Juden und ihr Transport in Konzentrationslager – erfolgte. Später wurde die Deportation von 105.000 holländischen Juden, 75 Prozent der jüdischen Bevölkerung, von der lokalen Polizei ergeben unterstützt. (Die außergewöhnliche

Rettung der dänischen Juden vor der Deportation mit der Hilfe der gesamten Bevölkerung geschah neun Monate nach der Kapitulation der deutschen Wehrmacht in Stalingrad.)

Erst 1943, nach Stalingrad, wagte es das Vichy-Regime, den Deutschen mitzuteilen, daß es der französischen Polizei nicht erlaubt sei, an den Deportationen französischer Juden teilzunehmen. Bis zur Niederlage von Stalingrad wurden die für „unzuverlässig" erachteten lokalen Polizeikräfte vom deutschen militärischen Oberbefehlshaber in Belgien von der Teilnahme an der Judenverfolgung ausgenommen. Nach dem deutschen Debakel änderte er, wegen der geringen Mannschaftsstärke der Nazis, seine Meinung und befal der belgischen Polizei, bei der Ergreifung der verbliebenen Juden von Antwerpen und Brüssel mitzuwirken. Die belgische Polizei weigerte sich und drohte mit der generellen Aufkündigung der Zusammenarbeit. Die Deutschen mußten nachgeben.

Die Tötung von Widerstandskämpfern war kein Problem, die Ermordung der Juden überließ man jedoch den deutschen Besatzern. Eine der wenigen berüchtigten Ausnahmen war Paul Touvier, der faschistische Kommandant der Vichy-Miliz in Lyon, der als Vergeltung für das Attentat auf den Innenminister ein Massaker an jüdischen Gefangenen anordnete.

Ansonsten töteten weder die Marionettenbehörden noch die faschistischen Satellitenparteien und ihre paramilitärischen Organisationen oder die „normalen" Westeuropäer Juden, doch gingen sie den Deutschen oft eifrig dabei zur Hand, mehr als eine halbe Million, 40 Prozent der jüdischen Bevölkerung Westeuropas, in den Tod zu schicken. Sie wurden zu Hitlers mehr oder weniger willigen Komplizen, um „ihre" Juden loszuwerden, aber die Kollaboration endete an der jeweiligen Landesgrenze. Der „gewöhnliche" Westeuropäer war möglicherweise froh, „im Stich gelassenes" jüdisches Eigentum an sich zu reißen oder im Verborgenen lebende Juden bei den örtlichen Behörden zu denunzieren. Aber es gab praktisch keine spontanen Morde oder Pogrome. Waren die Juden erst einmal außer Landes, überließ man die Drecksarbeit den Deutschen.

Antisemitismus in der ostmitteleuropäischen Region

Wie erwähnt, wählten die Länder dieser Region um das Jahr 1500 die Zweite Leibeigenschaft als Antwort auf die allgemeine europäische Krise und das verlängerte den Feudalismus für Jahrhunderte. Zuerst trennte sich das Kurfürstentum Brandenburg vom Westen. Polen, Böhmen und Ungarn folgten ihm innerhalb zweier Jahrzehnte und bildeten bald die wichtigsten sozialen Strukturen des Habsburger Reiches aus. Die Landwirtschaft beruhte auf brutaler Zwangsarbeit, während die in einem Anfangsstadium befindliche städtische Wirtschaft verfiel.

Während der langen Periode der Zweiten Leibeigenschaft prägte die Region ein Antisemitismus mittelalterlichen Typs. In Ungarn und Preußen währte er bis ins 19. Jahrhundert, in Polen und Rumänien sogar bis weit ins 20. Jahrhundert. Juden war der Landbesitz untersagt, sie hatten sich auf einfache Handels- und Geldgeschäfte zu beschränken – das Wohlwollen der Feudalherren vorausgesetzt, die sie nach Belieben aus den Städten und Dörfern vertreiben oder ihnen den Zuzug gestatten konnten. Sie lebten unter der ständigen Bedrohung blutiger Pogrome, denen sie schutzlos als Sündenböcke für die feudale Ausbeutung oder unter dem Vorwand des Ritualmordverdachtes ausgesetzt waren.

Etwa zu jener Zeit, als die Juden in England, Holland oder Belgien frei und unbehelligt lebten, wurden in Polen Zehntausende während eines Bauernaufstands niedergemetzelt und in Ungarn nochmals Tausende als „türkische Agenten" durch österreichische Soldaten bei der Rückeroberung Budas ermordet. Wenige Jahre nach der Französischen Revolution vertrieb man die Juden einmal mehr aus Pest. In der Walachei, dem Kernland Rumäniens, metzelte man mehr als einhundert Juden nieder, die man des Ritualmords beschuldigt hatte. In Galizien, dem Habsburger Beuteanteil am geteilten Polen, fielen Juden einem mittelalterlichen Blutschande-Pogrom zum Opfer – das geschah gerade ein Jahr nach der Verkündung der Emanzipationsakte in Frankreich.

Galizien

Nach der Teilung hatte sich die Situation der polnischen Juden eher verschlechtert als verbessert. Österreich übernahm den polnischen Typ des Antisemitismus: Die Steuern wurden erhöht, jüdische Eheschließungen Restriktionen unterworfen, die Armut wuchs und Pogrome vertrieben die Juden aus Städten und Dörfern – ein Teufelskreis.

Die Habsburger nutzten die Provinz landwirtschaftlich als Kornkammer des Reichs und erstickten so jeden Ansatz zur Industrialisierung. Die Wiener Revolution von 1848 ging an Galizien vorbei. Die im gleichen Jahre von der Habsburger Monarchie garantierte Emanzipation der Juden hintertrieb der polnische Adel und erst etwa zwanzig Jahre später erklärte sich der feudale Reichstag widerwillig bereit, ihnen gleiche Rechte zu gewähren.

Trotz der formalen Emanzipation blieben die Pogrome der Bauern weit verbreitet. Noch um die Jahrhundertwende wurden Juden in den Dörfern ermordet. Der Erste Weltkrieg brachte eine neue Welle von Pogromen: Während der Invasion der zaristischen Armee ermordeten russische Soldaten und polnische Bauern Hunderte von Juden. Später wurden sie von den Polen als österreichische Kollaborateure und von den Ukrainern als polnische Kollaborateure umgebracht. Bei Kriegsende nahm sich der siegreiche Gegenangriff der neuen polnischen Nationalarmee dieser Aufgabe an. Jetzt wurden Juden nicht nur als russische, sondern auch als bolschewistische Agenten ermordet. William McCagg schrieb: „Zur Wiedergeburt Polens in Galizien 1918–1919 spielte Pogrommusik.“[14]

*

Obwohl die Geschichte der östlichen Region nicht Thema dieses Buches ist, sind einige Bemerkungen angebracht. Die Verbindung von Antisemitismus und neuer Leibeigenschaft ist in dieser Region genauso offensichtlich wie in Ostmitteleuropa. Die Unterschiede unterstreichen nur diesen Zusammenhang: Der Antisemitismus war inner-

---

14   William O. McCagg: A history of Habsburg Jews: 1670–1918. Bloomington 1989, 203.

halb des feudalen Rußland mit seinen zaristischen, autokratisch-dirigistischen Strukturen in viel größerem Maße eine Angelegenheit des Staates als in den fragmentierten Feudalstrukturen Polens, wo der Adel den Staat beherrschte und von „seinen" jüdischen Untertanen, beschützt oder unterdrückt, profitierte. Den russisch östlichen Regionaltyp kennzeichnet die Unterordnung des Adels und der orthodoxen Kirche unter den Staat.

Die Einrichtung des Ansiedlungsrayons[15] per Ukas der Zarin und die willkürliche Veränderung seiner Grenzen geben ein treffendes Beispiel dieser umgekehrten Suprematie.

Im wieder gegründeten Polen der Zwischenkriegszeit war der bösartige Antisemitismus nicht einfach Ausdruck allein der extremen Rechten, sondern wurde auch im Alltag der Nation akzeptiert und prägte als vorrangiges Thema die politischen Angelegenheiten. Juden galten als Fremdkörper der Gesellschaft, die man auszusondern hatte und loswerden mußte.

Auch hier ist die Verbindung des Antisemitismus mit der früheren Feudalperiode besonders offensichtlich: Das Erbe der galizisch-russischen Vergangenheit prägte entscheidend die Jahre der Zwischenkriegszeit.

Polen

Polen war eines der rückständigsten Länder Europas, seine sozioökonomische Struktur, noch immer vorwiegend landwirtschaftlich ausgerichtet, wurde durch die weniger als ein halbes Prozent ausmachenden halbfeudalen Großgüter beherrscht. Dem gegenüber standen fünf Millionen landlose Bauern. Dazwischen befanden sich mit einem Anteil von 65 Prozent aller Güter jene kleinen Parzellen, die nicht groß genug waren, um auch nur eine einzige Familie zu ernähren. Erst 1937 erreichte die Industrie wieder das Vorkriegsniveau, aber

15   Der Ansiedlungsrayon wurde 1791 den im Zarenreich lebenden Juden von Katharina II. dekretiert. Er zog sich von der Ostseeküste bis zum Schwarzen Meer und umfaßte Teile Polens, Litauen, Weißrußland, die Ukraine und Bessarabien. Die Siedlung jenseits seiner Grenzen war den Juden verwehrt (Anm. d. Ü.).

auch zu diesem späten Zeitpunkt produzierte sie weniger als ein Drittel des Nationaleinkommens. Polens Sozialprodukt pro Kopf betrug ein Viertel desjenigen der westlichen Länder.

Ein anderer Aspekt der ostmitteleuropäischen Rückständigkeit beruhte auf der Tatsache, daß die Juden einen beträchtlichen Teil der Bourgeoisie bildeten. Der verzerrte Kapitalismus dieses Zeitalters katapultierte sie aus ihrer feudalen Funktion als „Paria"-Finanziers und Kleinhändler in die neuen Wirtschaftsstrukturen. Ihr rascher Aufstieg wurde durch die feudale Verachtung gegenüber jeder unternehmerischen Tätigkeit unterstützt, die einem polnischen Edelmann als unwürdig galt. Der jüdische Anteil in Handwerk, Handel und Industrie wuchs in den zehn Jahren nach 1921 von 19 auf 60 Prozent, wiewohl sie vorwiegend kleine Geschäfte betrieben, im Kleinhandel tätig waren, als Handwerker arbeiteten oder Kleinunternehmen leiteten, die auch im Polen der Zwischenkriegszeit noch vorherrschend waren. Ihr Einfluß auf die sich entwickelnde große Industrie blieb im allgemeinen minimal. Etwa 80 Prozent der polnischen Juden lebten unterhalb der offiziellen Armutsgrenze.

In bestimmten Branchen war ihr Anteil jedoch ausschlaggebend. Noch Mitte der 30er Jahre, als der faschistische Staat schon dabei war, sie aus dem Wirtschaftsleben zu entfernen, besaßen sie 69 Prozent der Textilindustrie, 88 Prozent der Mühlen-, Pelz- und Bekleidungsbetriebe sowie 76 Prozent der Konservenfabriken. Sie kontrollierten zwischen 90 und 100 Prozent des Exports von Textilien, Konserven und Getreide und die Hälfte aller Handelsunternehmen. Ein Viertel der Rechtsanwälte und mehr als die Hälfte der Ärzte kamen aus ihren Reihen.

Das Übergewicht der Juden in diesen Bereichen und ihr relativ hoher Anteil an der Gesamtbevölkerung – 3,3 der 31,9 Millionen Einwohner – ließen sie zu bequemen Sündenböcken für alle Krankheiten werden, an denen Polen litt. Ein ausschlaggebender Faktor für den alles durchdringenden polnischen Antisemitismus war der fortdauernde mittelalterliche Kastencharakter der nicht assimilierten Mehrheit der Juden, ihre jiddische Sprache, ihre charakteristische Kleidung und ihre religiösen Praktiken. Die Soziologin Celia Heller schreibt in ihrem Standardwerk: „Die polnische Bevölkerungsmehrheit hatte es nicht nötig, ihnen einen Davidstern zu verpassen […] 80 Prozent der

Juden waren für die Polen auch so kenntlich."[16] Sie galten als Außenseiter und besonders minderwertige Fremdlinge, die man fürchtete und verachtete. Nur ein Zehntel oder noch weniger der über drei Millionen Juden waren assimiliert, wobei es sich meist um Intellektuelle, Künstler, Akademiker und Angehörige der größeren Bourgeoisie handelte. Noch kurz vor Kriegsbeginn 1939 betrachteten nur 12 Prozent aller Juden polnisch als ihre Muttersprache. Die Assimilation jedoch führte zu einem neuen negativen Etikett: das des gottlosen Juden, des Feindes christlicher Werte und Verderbers der polnischen Kultur.

Die Auflagen des Versailler Vertrages von 1919, die auch die Forderung nach Gleichberechtigung der Juden beinhalteten, wurden von Anfang an ignoriert. Der Antisemitismus wurde zur ideologische Richtschnur aller polnischen Regierungen. Auch die relativ tolerante Diktatur Piłsudskis beugte sich dem Druck der Öffentlichkeit und driftete immer weiter nach rechts. Allen Regierungen schien die Lösung aller Probleme darin zu bestehen, das Land von den Juden zu befreien.

Als erstes verbot ihnen die Regierung die Herstellung so traditioneller Erzeugnisse wie Tabak, Salz, Zündhölzer und Alkohol, dann schloß sie sie von verstaatlichten Industrie- und Handelsunternehmen aus. Jüdischen Handwerkern wurden Gewerbelizenzen verweigert und die staatlichen Banken sperrten den jüdischen Firmen die Kredite. Der Boykott jüdischer Geschäfte wurde anfänglich schweigend toleriert und später aktiv unterstützt. Man zerstörte jüdische Marktstände und bedrohte christliche Kunden.

Die Universitäten wurden zu Brutstätten des Antisemitismus. Juden wurden in speziellen Studentenwohnheimen abgesondert. Die unablässige Agitation führte zur Ausrufung eines „judenfreien Tages", der schon bald zur „judenfreien Woche" wurde. In den Hörsälen richtete man „Ghettobänke" ein, jüdische Studenten wurden verprügelt, vertrieben, sogar getötet. Um Juden den Zugang zu Universitäten und Hochschulen zu verwehren, führte man anfänglich ein „informelles" Quotensystem ein, dann erließ man offiziell einen rigiden Numerus Clausus.

---

16 Celia Stopnicka Heller: On the Edge of Destruction: Jews of Poland between the Two World Wars. New York 1977, 69.

Eine wichtige Stütze des Antisemitismus in diesem überwiegend katholischen Land, in dem ein Großteil der Bevölkerung immer noch an mittelalterliche Ritualmörder glaubte, war die Kirche. Predigten und Publikationen befürworteten die Beseitigung der Juden aus dem Leben der christlichen Gesellschaft. Den Höhepunkt dieser Agitationen bildete der Hirtenbrief des Primas von Polen, Kardinal Hlond. Obwohl er die Gewalt verurteilte, gab er den antijüdischen Kampagnen auf wirtschaftlichem und kulturellem Gebiet seinen Segen: „Die Juden kämpfen gegen die katholische Kirche, sie bilden die Vorhut des Atheismus und Bolschewismus [...] Der jüdische Einfluß auf die Moral ist fatal, sie betrügen, wuchern und handeln mit weißen Sklaven [...] Man tut gut daran, jüdische Geschäfte und Marktstände zu meiden."[17]

Mit der „Ideologischen Deklaration" der militärfaschistischen Regierung erreichte der offizielle Antisemitismus im Jahre 1937 seinen Höhepunkt. Sie legte die Beseitigung der Juden als ihre Hauptaufgabe fest. Die Bevölkerung bedurfte dieser Ermunterung nicht. Schon zwei Jahre früher war es im ganzen Land zu spontanen, organisierten, tolerierten und schließlich inszenierten Pogromen gekommen. Juden wurden geschlagen und getötet, aus Städten und Dörfern verjagt, ihre Wohnungen geplündert und niedergebrannt, ihre Geschäfte zerstört. Diese Pogromwelle hielt bis zum Vorabend des deutschen Angriffs an.

Der „Ideologischen Deklaration" folgte ein Plan zur Vorbereitung der massenhaften Zwangsemigration der Juden, wobei man das Wort „Deportation" vermied. Die lange Suche nach einem Ort, wohin man sie transportieren könnten, blieb erfolglos. Die Türen nach Palästina waren geschlossen, die Vereinigten Staaten versteckten sich hinter einer strengen Einwanderungsquote, und das Ersuchen der Regierung an den Völkerbund, Kolonien unter polnisches Mandat zu stellen, wurde abgelehnt. Sogar nach Madagaskar hatte man eine Kommission geschickt, die aber enttäuscht zurückkehrte. Die Deutschen lösten das Problem: Sie wurden die polnischen Juden im Land ihrer Geburt los – in den Todeslagern von Oświęcim–Auschwitz / Birkenau, Chełmno, Belzec, Sobibor, Majdanek und Treblinka.

---

17   Ibid., 113.

Ungarn

Im Unterschied zu Galizien war das habsburgische Ungarn zu Beginn des 19. Jahrhunderts – befördert durch Kredite zur Unterstützung der kapitalistischen Umgestaltung – auf dem Weg in das neue Zeitalter. Der mittlere und sogar Teile des Hochadels erkannten schnell die geschichtlich erprobten unternehmerischen Fähigkeiten der Juden für Geschäfte, die jedem Aristokraten unwürdig waren, und forderten das Ende ihrer gesellschaftlichen Ausgrenzung. Die jüdische Emanzipation und Assimilation, so wurde argumentiert, könne das Land modernisieren und gleichzeitig die ungarische Majorität im multinationalen Königreich erreichen.

Der vom mittleren Adel, der *Gentry*, geführte Volksaufstand von 1848/49 war eine halbwegs „bürgerliche Revolution von oben" gewesen, der Versuch, die Habsburger Herrschaft durch einen liberalen Etatismus unter ihrer Führung zu ersetzen. Er befreite die Bauern von der Leibeigenschaft, beendete aber weder die Adelsherrschaft, noch kam es zur Aufteilung des Feudalbesitzes oder zur Entstehung einer nationalen Bourgeoisie.

Die während der letzten Tage der Revolution verfügte Emanzipation der Juden überlebte den Unabhängigkeitskrieg nicht, den man gegen die vereinten russisch-österreichischen Armeen verlor. Die Dynastie der Habsburger wurde restauriert und die Juden für ihre Unterstützung der „Rebellen" kollektiv mit einem hohen Lösegeld bestraft. Die Emanzipation wurde für illegal erklärt und erst 1867 wiederhergestellt.

Die Unterstützung der Juden durch den Adel entwickelte sich zu einem stillschweigenden, eigenartigen Vertrag zwischen der herrschenden Aristokratie und den höheren Rängen der jüdischen Bourgeoisie. Die Anpassung der Juden an das nationale und wirtschaftliche Leben nahm einen entscheidenden Aufschwung. Gegen Ende des Jahrhunderts betrachteten sich 80 Prozent der Juden als Magyaren. Ihnen gehörten mehr als die Hälfte der Handelsunternehmen und sie stellten 85 Prozent der Direktoren und Eigentümer aller Finanzinstitute. Etwa 20 „große" jüdische Familien kontrollierten 90 Prozent des modernen Bankwesens und der Industrieanlagen. Ein Drittel der landwirtschaftlichen Unternehmen wurden direkt oder indirekt von

Juden kontrolliert. Sie wurden im wesentlichen zu einer „maskierten Feudalschicht, einer Körperschaft innerhalb des Gesamtkörpers der Nation, ausgestattet mit Privilegien, die ihrer sozialen Stellung angemessen waren, doch ausgeschlossen von den Schalthebeln der politischen Macht".[18] Auch dieses letzte Hindernis konnte zu Beginn des 20. Jahrhunderts überwunden werden. Begleitet von einem Anstieg der Mischehen zwischen Juden und Aristokratie konnten jene nun Minister und hohe Beamte werden, unterstützt von einer massiven Kampagne für die Möglichkeit, in den Adelsstand aufzusteigen.

Dieser rasche und allseitige Aufstieg wurde von den aristokratischen Regierungen unterstützt, die jede Notlage, aus der antisemitische Agitation entspringen konnte, mit fester Hand aus dem politischen System heraushielten. Unterhalb dieser schützenden Oberfläche schwelte das Feuer des feudalen Antisemitismus in den Dörfern und unter den hauptsächlich aus Deutschen bestehenden städtischen Mittelschichten weiter. Im Jahre 1882 brach es anläßlich einer typisch mittelalterlichen Ritualmordanklage in Tiszaeszlár plötzlich aus, in deren Folge landesweit gewalttätige Pogrome einsetzten. In Budapest konnte der Mob nur durch Einsatz des Militärs davon abgehalten werden, jüdische Wohnungen und Geschäfte zu plündern. Von katholischen Priestern aufgewiegelte Universitätsstudenten schlugen Juden zusammen. Die Kirche, einer der größten feudalen Landbesitzer, wurde zur treibenden Kraft der Judenhetze, zum Sprachrohr kurzlebiger antisemitischer Parteien und Anstifter im Kampf gegen linke Gruppen, in denen jüdische Studenten und Intellektuelle eine wichtige Rolle zu spielen begannen.

Nach der Niederlage im Krieg fiel der ungarische Antisemitismus auf das spezifisch ostmitteleuropäische Muster zurück. Dieser heftige Kurswechsel wurde durch die unverhältnismäßig starke Beteiligung von Juden an der Revolution 1918/19 geschürt: mindestens zwei Drittel der Führer der ungarischen Räterepublik waren Juden. Im weißen Terror, der der Niederschlagung der Revolution folgte, führte die neue Nationalarmee gemeinsam mit Sonderkommandos unter der Führung von Freikorpsoffizieren blutige Pogrome durch, in denen viele Tausende Juden geschlagen, vergewaltigt, gefoltert und ermordet wurden.

---

18   Andrew C. Janos: The Politics of Backwardness in Hungary. New York 1977, 118.

Die konterrevolutionäre Regierung erließ ein Numerus-Clausus-Gesetz, das Quoten festlegte, um die Zulassung jüdischer Studenten zum Universitätsstudium einzuschränken. Es handelte sich um die erste derartige antijüdische Gesetzgebung im modernen Europa, ein bahnbrechender Vorläufer der rassistischen Nürnberger Gesetze.

Zugleich bezeichnen diese Vorgänge auch den Beginn eines politisch bedeutsamen Antisemitismus. Dieser radikale Wandel hatte viele Ursachen. Zehntausende ungarische Staatsbeamte, Lehrer und ehemalige Offiziere strömten aus den Nachfolgestaaten in das verkleinerte Land zurück. Mit der aus den Reihen der Bauernschaft und der christlichen Bourgeoisie hervorgegangenen neuen Intelligenz teilten sie das Gefühl, daß es die Juden waren, die ihnen auf der Suche nach einem Platz unter den begrenzteren Möglichkeiten im Wege standen. In den Augen der *Gentry* hatten die magyarisierten Juden angesichts des geschrumpften, homogenisierten Ungarn ihre Nützlichkeit verloren. Statt gesellschaftlicher Reformen, forderten sie nun in zunehmendem Maße rassistische „Ersatz"-Reformen[19], um die Juden zu vertreiben.

Nachdem die Welle des gewalttätigen Antisemitismus verebbt war, kam für kurze Zeit wieder das aus der Vorkriegszeit stammende Kooperationsmodell zwischen Adel und jüdischer Bourgeoisie zum Zuge. Die Vorschriften des Numerus Clausus wurden stillschweigend ignoriert und die Juden erlangten in bestimmtem Umfang Garantien zurück, die ihre wirtschaftliche Sicherheit und Prosperität betrafen. Gegen Ende der 20er Jahre lag der jüdische Anteil am gesamten Nationalvermögen nach verschiedenen Schätzungen zwischen 20 und 33 Prozent.

Aber auch während der Konsolidierungsphase dominierten ultranationalistische, rassistische und antisemitische Kräfte die innenpolitische Arena. Zu Beginn der Weltwirtschaftskrise übernahmen sie die Macht. Die sozialen Spannungen zwischen der halbfeudalen Herrschaft der aristokratischen Landbesitzer und einer entstellten kapitalistischen Gesellschaft ohne Demokratie, ohne eine starke „christlichnationale" Bourgeoisie, aber vor dem Hintergrund von drei Millionen landlosen Bauern, führten zu einem plötzlichen Aufschwung des Antisemitismus, der sich ständig radikalisierte. Der Schutzschirm der

---

19   „Ersatz" im Original Deutsch (Anm. d. Ü.).

Aristokratie wurde hinweggefegt und Ungarn kehrte einmal mehr zum „normalen" Antisemitismus der ostmitteleuropäischen Region zurück.

Die antijüdische Demagogie kannte keine Grenzen mehr. Bestärkt durch die inzwischen engeren Bindungen an Nazideutschland wurde der früher noch gezügelte Antisemitismus in weiten Teilen der Bevölkerung immer lauter vernehmbar. Die aufgestauten Spannungen entluden sich Mitte der 30er Jahre, als die radikale Rechte den nationalsozialistischen Gruppierungen, hauptsächlich der Partei der Pfeilkreuzler, beitrat. Sie mobilisierte die Straße mit antifeudalen und antisemitischen Parolen und organisierte in den Dörfern und an den Universitäten Pogrome. Nach dem *Anschluß* Österreichs an das Reich[20] wurde sie noch gewalttätiger. Um Hitler zu beschwichtigen und den Faschisten den Wind aus den Segeln zu nehmen, erließ die Regierung 1938 ein „Judengesetz". Ohne schon rassische Kriterien anzuwenden, führte es in ausgewählten Gewerben 20 Prozent-Quoten ein, um Juden aus ihren Hochburgen in der Wirtschaft und den freien Berufen herauszudrängen.

Solche halbherzigen Maßnahmen reichten den Pfeilkreuzlern jedoch nicht. Jetzt verkündeten sie offen ihren Machtanspruch. Bei der Wahl des Jahres 1939 erhielten sie ein Viertel der Stimmen – nicht nur aus den traditionell antisemitischen Wählerschichten, sondern auch von Teilen der Arbeiterklasse und der Bauernschaft, die bis dahin durch die offene Stimmenabgabe zum Schweigen gebracht worden waren.

Unmittelbar nach der Wahl erließ die Regierung das zweite „Judengesetz", das nunmehr auf rassischen Kriterien beruhte und die Quoten von 20 auf 6 Prozent reduzierte. Ihm folgte ein drittes, das Ehen zwischen Juden und Nichtjuden untersagte und den Naziterminus der „Rassenschande" übernahm, indem es den Geschlechtsverkehr mit Juden unter Strafe stellte.

Nach Kriegsausbruch versuchte die Regierung eine Zeitlang, zwischen der Sicherung der Unabhängigkeit des Landes und der Beschwichtigung der Deutschen und der einheimischen Faschisten zu manövrieren. Der einfachste Weg aus diesem Dilemma bestand darin, einen unabhängigen, ungarischen Typ des Holocaust einzulei-

20 „Anschluß" und „Reich" im Original Deutsch (Anm. d. Ü.).

ten, indem man eine kleine, ausgewählte Gruppe ungarischer Juden ohne ungarische Staatsangehörigkeit opferte. Dieser Versuch endete mit der Vernichtung von 450.000 Juden.

Rumänien

Die Walachei und Moldawien waren seit dem 15. Jahrhundert Teile des Ottomanischen Reiches. Unter dem relativ toleranter Feudalismus türkischen Typs konnte die Bevölkerung an ihrer östlich-orthodoxe Religion festhalten. Die Kirche war jedoch den wenigen Juden gegenüber, die in den beiden Provinzen lebten, weniger tolerant und verbot im Jahre 1640 den Christen jeden Kontakt mit ihnen. Begleitet von Ritualmordvorwürfen folgte eine lange Reihe von Pogromen. Das 19. Jahrhundert begann 1801 mit einem Pogrom in Bukarest. Der Mob, durch Ritualmordgerüchte angestachelt, plünderte jüdische Wohnungen und steckte sie in Brand. 128 Juden wurden getötet.

Der parallel zur Schwächung des Ottomanischen Reiches wachsende russische Einfluß führte zu einer Massenimmigration russischer Juden und verschärfte die Situation. Während einer kurzen zaristischen Besatzung wurde 1830 mit den „Organischen Statuten" die Zweite Leibeigenschaft russischen Typs eingeführt. Sie verweigerten den Juden die Staatsbürgerschaft und deklarierten sie als separates, fremdes Volk. Der durch die Revolution im benachbarten Ungarn inspirierte Unabhängigkeitsaufstand von 1848 wurde durch die vereinte türkisch-russische Intervention schnell unterdrückt und die „Organischen Statuten" wieder in Kraft gesetzt. Juden war es verboten, Land zu besitzen oder auf dem Land zu siedeln. Gezwungen in den Städten zu leben entwickelten sich ihre oberen Schichten zur Paria-Protobourgeoisie, während die vom Elend geplagten Massen weiterhin vom Hausieren, der Schneiderei, der Schankwirtschaft und anderen traditionellen Handwerken leben mußten.

Antisemitische Maßnahmen, die Ausgrenzung der Juden aus dem Gesamtkörper der Nation, überdauerten die Gründung des vereinten rumänischen Staates im Jahre 1859. Entgegen der Festlegung des Pariser Vertrages, den Juden gleiche Rechte zu garantieren, wurde deren Emanzipation verweigert. Auf Betreiben des mittleren Adels, der Bojaren, trat 1862 eine „Reform von oben" an die Stelle der „Revolution von oben". Die neue Verfassung proklamierte zwar die Abschaffung der Leibeigenschaft, verstärkte jedoch in Wirklichkeit den Einfluß der Großgrundbesitzer und erhielt die Vorherrschaft des „reformierten" Neofeudalismus bis zum Ende des Ersten Weltkriegs. Sie verkündete auch die Gleichberechtigung der Juden, praktisch wurde die Emanzipation jedoch durch eine parlamentarische Einschränkung verhindert, die die Vergabe der Staatsbürgerschaft „abhängig von jedem Einzelfall" machte. Das führte dazu, daß bis zum Jahre 1900 lediglich 919 der insgesamt 267.000 Juden Staatsbürger wurden. Die antisemitischen Gesetze bestanden fort. Juden wurde der Verkauf alkoholischer Getränke sowie das Hausieren verboten und der Zugang zu den Handwerksinnungen verwehrt. Ihre Kinder durften staatliche Schulen nicht besuchen. Das 19. Jahrhundert endete mit der Gründung der Internationalen Antisemitischen Allianz im Jahre 1895, deren Symbol das Hakenkreuz war, lange bevor Hitler es wiedererfinden sollte. Die Allianz spielte während des Bauernaufstands von 1907 eine Rolle, bei dem 2300 Juden und ihre Familien Opfer der antijüdischen Hetze wurden.

Die Geschichte Großrumäniens in der Zwischenkriegszeit folgte dem polnischen Muster. Die nationalistische Parole „Rumänien den Rumänen", in welche alle Regierungen einstimmten, führte direkt zu einer Staatspolitik der Zurückdrängung der Juden aus dem wirtschaftlichen und kulturellen Bereich. Erst nach einem Ultimatum der Großmächte wurde 1923 die Verfassung geändert und allen Juden die Staatsbürgerschaft gewährt. Im gleichen Jahr wurde die Liga zur Christlich-Nationalen Verteidigung gegründet und brachte mit Corneliu Zelea Codreanu eine neue Führerfigur hervor. Seine gewalttätige antisemitische Bewegung, die Legion des Erzengels Michael, war von einem mythischen, geradezu messianischen Christentum durchdrungen und seine Hetze gegen den „Judeo-Bolschewismus" fand in weiten Teilen der Bevölkerung ein zunehmendes Echo.

In ihrem erbitterten Kampf um antisemitische Wählerstimmen drifteten die Regierungen immer weiter nach rechts. Um den Faschisten den Rang abzulaufen versuchten sie, Codreanu und seine Legionärsbewegung mit allen legalen und illegalen Mitteln zu unterdrükken – bis hin zum Mord. Codreanu wurde verhaftet, am 30. Novem-

ber 1938 aus dem Gefängnis verschleppt, an einen entlegenen Ort ver-
bracht und dort erhängt. Mit stillschweigender Billigung Hitlers
wurden in dieser Zeit Hunderte, nach einigen Quellen sogar mehr als
Tausend Legionäre durch die pronazistische Regierung ermordet.

Andererseits machte sich die Regierung jetzt den Antisemitismus
der Ultrarechten vollends zu eigen. Sie schaute untätig zu, als an den
Universitäten jüdische Studenten zusammengeschlagen wurden, man
ihnen den Zugang zu den Unterrichtsräumen verwehrte, sie aus Fenstern oder die Treppen hinunterwarf. Ohne das Gesetz fürchten zu
müssen konnte der Mob Synagogen in Brand stecken und Thorarol-
len auf öffentlichen Plätzen verbrennen. Paramilitärische Sonderkommandos der Regierungspartei wüteten in jüdischen Wohnvierteln
und zerstörten oder plünderten jüdisches Eigentum. An den Universitäten wurde ein Quotensystem eingeführt und man ordnete eine Revision des Staatsbürgerschaftsgesetzes an, in deren Folge mehr als
200.000 der insgesamt 760.000 Juden staatenlos wurden. Viele Anwälte, Ärzte, Apotheker und Architekten wurden an ihrer Berufsaus-
übung gehindert, jüdische Professoren aus ihren Positionen entfernt,
die jüdisch beeinflußte Presse zerschlagen.

Gleichzeitig leitete man Maßnahmen zur „Rumänisierung" aller
wirtschaftlichen Aktivitäten ein und bemächtigte sich ohne Entschä-
digung jüdischer Unternehmen. Private Firmen wurden gezwungen,
rumänische Beschäftigte anzustellen und jüdische zu feuern. Im
staatlichen Sektor, der Eisenbahn und anderen Unternehmen, warf
man die Juden einfach auf die Straße. All diese Maßnahmen waren
jedoch nicht wirklich effektiv: bremsend wirkte die in der rumänischen Verwaltung allgegenwärtigen Korruption, die Schwäche der „nationalen" Bourgeoisie und die autokratische Herrschaft König Carols,
der befürchtete, daß eine völlige Enteignung der Juden zu wirtschaftlichem Chaos führen würde. Ende der 30er Jahre betrug der jüdische Anteil, bei vier Prozent der Bevölkerung, im Binnenhandel
immer noch 25 Prozent und im Außenhandel sogar 40 Prozent. Nur
13 Prozent der „eingeborenen" Rumänen, jedoch 68 Prozent der Juden
waren in Industrie und Handel beschäftigt.

Mit dem Mord an Codreanu war der offen faschistische Vormarsch
gestoppt, die neue Führung jedoch ließ den Großteil der Bewegung
unangetastet. Im September 1940 erzwang ein Militärputsch die Ab-

dankung des Königs, und General Ion Antonescu ernannte sich selbst zum Führer[21] eines Nationalen Legionärsstaates und Chef der Legionärspartei. Um ihre Unabhängigkeit gegenüber dem Militär zu wahren, schlug die Legionärsbewegung zurück. Die folgenden vier Monate bildeten eine Übungsphase. In Ploești wurden Juden tagelang gequält und dann erschossen, während des Pogroms von Braila warf man sie in die Donau, wo sie ertranken. Ähnliche „kleinere" Greueltaten ereigneten sich auch in anderen Städten und Dörfern.

Diese Ereignisse sollten aber nur der Prolog für die drei Tage und Nächte des großen Pogroms sein, das im Januar 1941 in Bukarest stattfand. Der von Legionären angeführte Mob brannte jüdische Wohnungen und Synagogen nieder und plünderte jüdische Läden. Man verschleppte mehrere tausend Juden in die zu Folterstätten umfunktionierten Hauptquartiere der Legionäre. Viele von ihnen wurden getötet, andere begingen Selbstmord. Juden wurden zu Gruppen zusammengetrieben und in den Wäldern ermordet. Ein besonders barbarischer Massenmord geschah im städtischen Schlachthof, wo man mehr als einhundert Männer, Frauen und Kinder niedermetzelte. Vielen wurden die Bäuche mit Schlachtermessern aufgeschlitzt, dann hängte man sie an Fleischerhaken. Später wurden die Leichen zerhackt und mit einem Schild „Koscheres Fleisch" ausgestellt.

Das Wüten der Legionäre in der rumänischen Hauptstadt paßte der Militärdiktatur nicht in den Plan. Es widersprach auch den deutschen Plänen, Rumänien ordnungsgemäß auf eine Beteiligung am bevorstehenden Angriff auf die Sowjetunion vorzubereiten. Rumänische Militäreinheiten wurden ausgesandt und nach kurzem Widerstand ergaben sich die Legionäre.

---

21 Im Original Deutsch (Anm. d. Ü.).

Der Holocaust in Ostmitteleuropa

Die historische Teilung Europas beeinflußte nicht nur den Charakter des Antisemitismus, sondern auch den des Holocaust entscheidend. In Ostmitteleuropa vollzog sich der Genozid organisiert *und* spontan, ein konzertiertes Gemetzel, verübt durch die faschistischen Regierungen *und* die Bevölkerungen. Durch seinen brutalen pogromartigen Charakter unterschied er sich grundsätzlich von der indirekten Komplizenschaft der westlichen Region. Zweifellos wurde die „Endlösung" von Hitlerdeutschland bewußt ausgelöst, inspiriert, unterstützt und bestärkt, aber es war der „normale" Rumäne, Ungar, Slowake, Kroate, Litauer und – soweit es ihm die Umstände ermöglichten – auch der Pole, der, ob nun in der Uniform der Armee, der Gendarmerie, der Polizei, der faschistischen Paramilitärs oder ohne, die Juden seines eigenen Landes freiwillig massakrierte. Dieser unabhängige Holocaust fand parallel zum und in Verbindung mit dem deutschen Holocaust statt.

Der ostmitteleuropäische Genozid bildete den Höhepunkt einer 450 Jahre währenden, an Wechselfällen reichen Geschichte der Judenunterdrückung. Geschuldet war er dem jahrhundertelangen Feudalismus, der durch die Zweite Leibeigenschaft fortgeschrieben und brutalisiert worden war, aber auch der ins Stocken geratenen, verzerrten „bürgerlichen Revolution von oben", die einen deformierten Kapitalismus ohne nennenswerte „einheimische" Bourgeoisie hervorgebracht hatte. Die feudale Erbschaft des religiösen Antisemitismus zeigt sich deutlich in vielen Symbolen des ostmitteleuropäischen Faschismus, so in Codreanus Bruderschaft des Kreuzes und der Legion des Erzengels Michael, in der frühen Ungarischen Sensenbruderschaft und der späteren Partei der Pfeilkreuzler, aber auch in der profaschistischen Führungsrolle der Kirche in der Slowakei und in Kroatien. In den vorwiegend agrarischen Ländern der Region war das Bild des Juden als des Christusmörders immer noch sehr lebendig. Der regionale Genozid war hausgemacht, doch ohne den Sieg Hitlers hätte es weder in Ostmitteleuropa noch anderswo einen Holocaust gegeben.

Unter den durch Deutschland geschaffenen historischen Umständen verübten die Völker der ostmitteleuropäischen Region ihren separaten Holocaust. Die Tatsache, daß sie im Vergleich zu den 4,5 Millionen von Deutschen verschleppten und ermordeten Juden „nur" etwas mehr als anderthalb Millionen töteten, lag an ihren unzureichenden Kräften. Sie metzelten alle Juden nieder, derer sie in ihren eigenen Ländern und in den kleinen zusätzlichen Gebieten, die zu besetzten ihre beschränkte Macht hinreichte, habhaft werden konnten, oder lieferten sie zur Vernichtung an Nazideutschland aus: die Ungarn in den „befreiten" Teilen der Tschechoslowakei, Jugoslawiens und Rumäniens und die Rumänen in jenen der Sowjetunion. Sie alle tragen im Maßstab ihrer Möglichkeiten die Schuld an einem Genozid.

Rumänien

Am 21. Juni 1941 beteiligte sich Rumänien am Angriff auf die Sowjetunion, um Bessarabien und die Bukowina, die ein Jahr zuvor von der UdSSR besetzt worden waren, zurückzugewinnen. Der Vormarsch der rumänischen Armee war von antijüdischen Pogromen und Massakern von beispielloser Grausamkeit begleitet. Die Gebiete wurden praktisch von allen Juden „befreit". Die erste Maßnahme, die die Rumänen in jedem Dorf und in jeder Stadt ergriffen, bestand darin, Kommunisten und Juden zusammenzutreiben und zu ermorden. Wegen ihres extremen Ausmaßes und ihrer extremer Barbarei beschränken wir uns hier auf einige wenige Beispiele. Unmittelbar nach dem Einmarsch der rumänische Armee in Cernáuţi, der Hauptstadt der Bukowina, wurden in weniger als 24 Stunden über 2000 Juden durch marodierende Soldaten, bewaffnete Legionärsbanden und den lokalen Mob ermordet. In Chişinău, der Hauptstadt Moldawiens, wurden während der ersten beiden Tage nach dem Einmarsch mehr als 10.000 Juden massakriert. Nach dem Einmarsch in die Ukraine fielen dem Pogrom von Mogiljow 4000 jüdische Menschenleben zum Opfer. Nach der Einnahme Odessas ließ der Kommandant eines der schnell errichteten Sammellager die Ställe in Brand setzen, in denen 5000 alte und kranke Juden untergebracht waren. Sie verbrannten bei lebendigem Leibe. Die restlichen 43.000 gesunden Juden wurden in einem nahegelegenen Wald erschossen. Zweihundert blieben am Leben, um die Leichen aufzustapeln. Nachdem die Wachen die Leichenberge angezündet hatten, wurden die „Helfer" ebenfalls erschossen.

Hinter der militärischen Frontlinie übernahm der lokale Mob das Morden. Die rumänische Militäradministration organisierte in Zusammenarbeit mit den lokalen Behörden die Deportation der überlebenden Juden in rumänische Konzentrationslager, die man in den besetzten Gebieten eingerichtet hatte.

Im September 1942, ungefähr ein halbes Jahr nach der Inbetriebnahme der deutschen Todeslager in Polen, instruierte Hitler Antonescu, Juden aus dem eigentlichen Rumänien in die Vernichtungslager zu deportieren. Antonescu reagierte hinhaltend, dann ablehnend. Ihm war klar geworden, daß der Krieg verloren war. Als sich im März 1944 die Rote Armee den „befreiten" Gebieten näherte, mußten die Lager ins Kernland verlegt werden. Mehr als 300.000 rumänische Juden, 40 Prozent ihrer Gesamtzahl, starben während der Deportation, in den Lagern und durch Pogrome. Zu ihnen müssen die 150.000 ukrainischen Juden hinzugezählt werden, die während der rumänischen Besatzung ermordet wurden. Die Rumänen brauchten die Hilfe der Deutschen nicht. Sie taten dies alles aus eigener Kraft.

Ungarn

Bis zur deutschen Besetzung am 19. März 1944 bildete Ungarn eine Ausnahme unter den ostmitteleuropäischen Satellitenstaaten. Zu dieser Zeit waren in Rumänien bereits 40 Prozent der Juden ermordet oder in die Todeslager geschickt worden. In den Marionettenstaaten Slowakei und Kroatien, in Serbien und Polen hatte man 80 bis 95 Prozent der Juden ermordet oder in die Todeslager geschickt. In dem durch Hitlers Gnade um Teile der Slowakei, Transsylvaniens und Jugoslawiens vergrößerten Ungarn waren zu jener Zeit „nur" 63.000 Juden getötet worden, 7,6 Prozent der 825.000.

Die Gründe für diesen langsamen Beginn sind bereits genannt worden: das vorsichtige Taktieren der rechtskonservativen Regierung mit dem Ziel, einerseits die Unabhängigkeit des Landes zu bewahren, andererseits Hitler und die einheimischen Faschisten zu beschwichtigen. Ferner funktionierten die historischen Bindungen zwischen der jüdischer Großbourgeoisie und der Aristokratie auch unter Premierminister Graf Pál Teleki noch stillschweigend weiter.

Die Vorbereitungsphase des ungarischen Holocaust begann im Juli 1941 mit dem Massaker an 18.000 ungarischen Juden, die in den „befreiten" slowakischen Gebieten lebten. Ungarische Gendarmen trieben sie zusammen und deportierten sie nach Kamenez-Podolsk, wo eine aus Ungarn, Deutschen und Ukrainern zusammengesetzte Einheit alle niedermetzelte. Dieser Massenmord paßte zur zweigleisigen Politik der Herrschenden und war sogar geeignet, ihr Gewissen zu beruhigen – denn es waren nur Juden ohne ungarische Staatsbürgerschaft geopfert worden.

Dem folgte im Januar 1942 das Blutbad in und um Ujvidék, einem „befreiten" Gebiet des geteilten Jugoslawien. Mit Duldung ihrer Kommandeure trieben ungarische Soldaten mehr als 1000 jüdische Männer, Frauen und Kinder zusammen, erschossen sie an der Donau und drückten die wieder auftauchenden Leiber mit langen Knütteln unter das Treibeis, um alle Spuren zu beseitigen.

Diese Mischung aus grausamem Morden, das von den oberen Rängen der Armee organisiert wurde, und der mörderischen Brutalität der „gewöhnlichen", unteren Wachmannschaften bestimmte auch das Schicksal der zwangsverpflichteten Juden, die in Arbeitsbataillonen 1942/43 an die russische Front gebracht wurden. Zunächst dezimierten Massenerschießungen und unmenschliche Arbeitsbedingungen ihre Reihen, während des langen Rückzuges der geschlagenen ungarischen Armee wurden dann täglich Dutzende erschöpfter Juden getötet oder am Wegesrand zurückgelassen, wo sie erfroren. In Kiew sperrte man kranke Zwangsarbeiter in Baracken, die die Wachmannschaften dann in Brand setzten. Hunderte, die vor den Flammen flohen, wurden im Maschinengewehrfeuer niedergemäht. Von den 38.000 jüdischen Zwangsverpflichteten kamen 20.000 um, die Kriegsopfer und die Gefangenen der Roten Armee nicht eingerechnet.

Die folgende Phase des ungarischen Holocaust, die nach der deutschen Besetzung am 19. März 1944 einsetzte, hatte einen „westlich regionalen" Charakter. Im Auftrag der Deutschen konzentrierten ungarische Gendarmen und Polizisten alle in den Provinzen lebenden Juden in Ghettos, pferchten sie in Viehwaggons und übergaben sie an der Grenze den Deutschen, die sie in die Todeslager deportierten.

Die Arbeitsteilung zwischen deutscher Planung, ungarischer Ausführung und deutscher Vernichtung entspricht dem „westlichen" Muster, jedoch mit zwei ostmitteleuropäischen Unterschieden. Das eine betrifft die ungeheure Zahl der Opfer – fast eine halbe Million. Die gesamte jüdische Bevölkerung der Provinz wurden innerhalb von sechs Wochen deportiert. Der andere Unterschied besteht in der extremen Grausamkeit, mit der die von tiefstem Antisemitismus erfüllte ungarische Gendarmerie ihren Teil der Deportationen durchführte. Sogar die Deutschen waren von der Rücksichtslosigkeit schockiert – schockiert, aber voll beifälliger Unterstützung. Nur die Juden, die sich in Budapest versteckt hatten, schützte vorerst das konservativ-aristokratische Marionettenregime, das die unvermeidliche Niederlage der Deutschen spürte.

Mit der Machtergreifung der faschistischen Partei der Pfeilkreuzler am 15. Oktober 1944 begann die letzte Phase des ungarischen Holocaust, die mit ihrer ganzen ostmitteleuropäischen Barbarei auf die Vernichtung der 230.000 Budapester Juden zielte. Der Pogrom begann in der ersten Nacht, als faschistische Gewalttäter Juden schlugen, wo immer sie ihrer habhaft werden konnten. In den sechs Wochen, die ihnen bis zur Einkreisung der Hauptstadt durch die Rote Armee blieben, trieben sie 76.000 Juden zusammen und deportierten sie in die deutschen Vernichtungslager. Paramilitärische Einheiten der Pfeilkreuzler führten daraufhin 50.000 jüdische Zwangsarbeiter auf einem Todesmarsch zu Fuß durch den eisigen Winter bis zur deutschen Grenze. Nur 35.000 von ihnen kamen dort an; 15.000 ließ man am Straßenrand sterben, prügelte sie zu Tode oder erschoß sie unterwegs.

Im eingeschlossenen Budapest verhaftete man die Juden auf der Straße und bewaffnete Milizen zwangen sie, in den Außenbezirken Schützengräben auszuheben. Auf dem Weg dorthin wurden Dutzende von ihnen in die Donau geschossen, weil sie nicht schnell genug marschieren konnten, andere tötete man bei der Arbeit, weil sie nicht schnell genug gruben.

Bis Dezember waren alle Juden in Ghettos konzentriert. Jeder, den man auf der Straße oder versteckt in Häusern ohne Davidstern fand, wurde augenblicklich erschossen oder in die Hauptquartiere der Pfeilkreuzler verschleppt, wo man sie ausraubte und folterte, dann erschoß und in die eisige Donau warf. Bewaffnete faschistische Banden durchsuchten die Krankenhäuser nach Juden, zerrten Patienten heraus und ließen sie im Schnee erfrieren.

Auf die Liquidierung der Ghettos bereiteten sich Sondereinheiten der Miliz vor. Als Datum der „Endlösung" war der 15. Januar festgesetzt worden. Der Befehl wurde nur auf die Intervention eines deutschen Generals hin widerrufen, der befürchtete, der geplante Massenmord könnte die Verteidigung Budapests behindern. Es war in jedem Fall zu spät. Am 18. Januar wurde Pest durch der Rote Armee befreit. In Buda hielten sich die Pfeilkreuzler einen weiteren Monat, ihre bewaffneten Milizen jedoch führten die Pogrome bis zum letzten Tag durch. Dank der Befreiung Budapests überlebte etwa die Hälfte der hauptstädtischen Juden.

Polen

Der deutsche Angriff hatte für Polen einen tragischen Ausgang. Nahezu drei Millionen Zivilisten – „Untermenschen" im deutschen Sprachgebrauch – wurden durch die Nazis ermordet, womit ihre Anzahl etwa so hoch war wie die der ermordeten Juden. Folglich war der polnische Beitrag zum Holocaust minimal – in unserem Zusammenhang ist er aber dennoch bedeutsam: Obwohl selbst Opfer, opferten sie weiterhin die Juden.

Wenige Tage nach der deutschen Aggression begannen Zivilisten damit, jüdische Geschäfte und Wohnungen zu plündern. Griffen deutsche Soldaten Juden an, erhielten sie Beifall und die Bevölkerung beteiligte sich an den Grausamkeiten. Polnische Polizei und Gendarmerie, Milizionäre und zivile Freiwillige denunzierten versteckt Juden bei den Deutschen.

Als im Jahre 1942 die Evakuierung aus den Ghettos in die Todeslager begann, warteten die Bauern bereits mit ihren Karren, um mit dem Plündern beginnen zu können. Örtliche Gendarmen assistierten den Deutschen bei ihrem blutigen Geschäft der Judenerschießung und halfen der Gestapo, sich versteckende Juden zu den Sammelplätzen zu zerren. Bauern packten sie in kleinen Dörfchen und trieben sie in die Städte, manchmal töteten sie sie auf der Stelle. Der Holocaust fand bei vollem Tageslicht und unter den Augen von Millionen Polen statt, die, vorsichtig ausgedrückt, im großen und ganzen sehr wenig dagegen taten. [22]

Während der Naziokkupation sahen die polnische Exilregierung in London und ihre Untergrundorganisation das zukünftige Polen nahezu einmütig als homogenen, judenfreien Staat. Roman Knoll, ein hoher Beamter der Exilregierung, warnte in einem im August 1943 aus dem besetzten Polen übermittelten Memorandum: „Die Rükkkehr von Massen von Juden würde von der Bevölcerung als [...] eine Invasion angesehen werden, gegen die sie sich zur Wehr setzen würden, auch mit physischen Mitteln."[23] Eine Woche nach dem deutschen Angriff auf die Sowjetunion berichtete General Rowecki von der durch die Exilregierung kontrollierten Heimatarmee in einem Telegramm über einen Pogrom in Brest: „Die Bevölkerung des östlichen Grenzgebietes begrüßt die Deutschen spontan als Befreier von der bolschewistischen Unterdrückung, bei der die Juden eine bedeutende Rolle spielten."[24]

In Polen überlebten kaum 100.000 Juden die deutsche Okkupation. (Ein Jahr später kehrten annähernd 250.000 aus der Sowjetunion zurück, wo sie während des Krieges Zuflucht gefunden hatten.) Unmittelbar nach dem Ende des Krieges loderten überall im Land Pogrome auf. Zwischen 1945 und 1947 wurden in mehr als einhundert Städten etwa 1500 Juden von bewaffneten polnischen und ukrainischen antikommunistischen Banden und durch den Mob umgebracht. Man tötete sie als „Handlanger der Sowjets" oder einfach deshalb, weil sie als Überlebende versucht hatten, ihre Wohnungen und Habseligkeiten wiederzubekommen. Oft begannen die Pogrome mit mittelalterlichen Ritualmordvorwürfen.

Genährt wurde der antisemitische Aufruhr durch die Präsenz von Juden in hohen Funktionen in der durch die Sowjets installierten politischen Führung, besonders im Sicherheitsapparat. Nachsichtig bewertete US-Botschafter Arthur Bliss Lane in seinem Bericht vom 15. Juli 1946 die Brutalität der Judenhetze damit, daß „80 bis 90 Prozent der Polen in Opposition gegen die Regierung und speziell gegen die

---

22 Jan T. Gross: Neighbors. The Destruction of the Jewish Community in Jedwabne, Poland. Princeton 2001.
23 Michael Checinski: Poland – Communism, Nationalism, Antisemitism. New York 1982, 9.
24 Krystyna Kersten: The Establishment of Communist Rule in Poland 1943–1948. Berkeley 1991, 218.

kleine, aber beherrschende Gruppe der in der Sowjetunion indoktri-
nierten Juden stehen."[25]

Die traditionell antisemitische Einstellung der katholischen Kirche
überdauerte die deutsche Besatzung. Als 250 Überlebende der in der
Vorkriegszeit 25.000 Juden der Stadt Kielce zurückkehrten, um hier
wieder zu leben, warf man eine Granate in das Gebetshaus. Zwar
drückte Kardinal Hlond angesichts des Angriffs sein „aufrichtiges Bedauern" aus, aber als das lokale jüdische Komitee den Bischof von Kielce bat, beruhigend auf die Bevölkerung einzuwirken, antwortete er,
die Juden seien zwar gute Ärzte und Anwälte, sie sollten sich aber nicht
in die Politik einmischen und das polnische Nationalgefühl beleidi-
gen. Einige Tage später brach ein Pogrom aus, dem 65 Juden zum
Opfer fielen. Wieder fand es Kardinal Hlond bedauerlich, daß Juden
ihr Leben verloren hatten, aber er gab den Opfern selbst die Schuld,
indem er hinzufügte: „Die Tatsache, daß sich die Lebensbedingungen
verschlechtern, ist zum großen Teil den Juden zuzuschreiben, die heute
führende Positionen in der polnischen Regierung bekleiden."[26]

Slowakei und Kroatien

Beschließen wir den Überblick über den autochthonen ostmitteleuropäischen Holocaust mit der Slowakei und Kroatien. Obwohl annä-
hern 25 Prozent der slowakischen Juden – dank der eifrigen Mitarbeit
von Premierminister Monsignore Tiso – durch die Deutschen in die
Gaskammern von Auschwitz geschickt wurden, gingen doch etwa
25.000 in den lokalen Konzentrationslagern, die von der faschistischen
Hlinka-Garde befehligt wurden, zugrunde. Die katholische Kirche gab
der Judenvernichtung ihren Segen. Ihre Proklamation erklärte es in alt-
ehrwürdig ostmitteleuropäischer Art und Weise: „Der Grund für die
Tragödie des jüdischen Volkes ist die Tatsache, daß sie den Messias
nicht anerkannten und Ihm einen schrecklichen Tod am Kreuz bereiteten. Niemals haben sie ihre Feindschaft gegenüber dem Christentum
aufgegeben."[27]

25 Ibid., 219.
26 Ibid., 218; Checinski, 21.
27 Bela Vago/George L. Mosse: Jews and Non-Jews in Eastern Europe, 1918–1945. New
York 1974, 226.

Nicht weniger brutal war der regionale Holocaust in Kroatien. Ein Viertel der Juden wurde nach Auschwitz deportiert, aber nahezu alle übrigen ermordete man in den 27 lokalen Konzentrationslagern. Auch hier erhielt der faschistische Staat die rückhaltlose Unterstützung der katholischen Kirche. Erzbischof Sarić von Sarajevo, ein Mitglied der herrschenden Ustascha-Partei, schrieb Lobeshymnen auf den kroatischen „Führer"[28] und verglich ihn mit Christus. Ein Franziskanerpriester, ebenfalls Parteimitglied, wurde Kommandant eines Konzentrationslagers.

An dieser Stelle soll ein für Ostmitteleuropa aufschlußreiches Detail erwähnt werden. Einem Bericht der *Los Angeles Times* vom 2. Mai 1998 zufolge befahl Dinko Sakić der Kommandant der beiden berüchtigtsten Todeslager Jasenovac und Stara Gradiška, 1500 gerade eingetroffene jüdische Frauen und Kinder in Lastwagen zu verladen, deren Auspuffrohr mit dem Laderaum durch einen Schlauch verbunden wurde, und fuhr so lange um das Lager, bis alle tot waren. Seine Frau, eine führende Ustascha-Funktionärin, ging für gewöhnlich nachts in die Frauenbaracke des Lagers, zeigte auf die eine oder andere Insassin und befahl der Wache, sie mit einem Draht zu erdrosseln. Nach dem Krieg flohen beide, Sakić und seine Frau, mit Hilfe des Vatikan nach Argentinien. Im Jahr 1999 von Argentinien ausgeliefert, wurden sie im „demokratischen" Kroatien vor Gericht gestellt. Frau Sakić wurde in allen Anklagepunkten freigesprochen, der Prozeß gegen ihren Mann aufgrund seines Gesundheitszustandes „vertagt".[29]

Über den deutschen Holocaust

Das faschistische Deutschland nimmt einen besonderen Platz in der regionalen Teilung Europas ein. Im 15. Jahrhundert bestand das Deutsche Reich aus zwei Teilen, die sich wiederum aus hunderten kleinen und mittleren Fürstentümern zusammensetzten. Die westliche und südliche Region folgte dem Westen – auch wenn die blutige Nieder-

---

28   Im Original Deutsch (Anm. d.Ü.).
29   Dinko Sakić wurde am 4. Oktober 1999 zu 20 Jahren Haft verurteilt (Anm. d. Ü.).

schlagung des Bauernkrieges durch die Aristokratie den Durchbruch zur liberalen Demokratie für Jahrhunderte verhinderte. Das hauptsächlich Getreide produzierende Kurfürstentum Brandenburg mit seiner herrschenden feudalen Junkerklasse ging den Weg der ostmitteleuropäischen Region und führte durch die gewaltsame Enteignung und Unterdrückung der früher freien Bauern die Zweite Leibeigenschaft ein.

Unter den Hohenzollern entwickelte sich das kleine Brandenburg zum Königreich Preußen. Der Junkeradel wurde in Militär und Verwaltung integriert und hatte dem Herrscher in unbedingter Treue, Disziplin und Gehorsamkeit zu dienen. Preußen schuf die stärkste Armee des damaligen Europa und eine kräftige Flotte. Es dehnte das Land in südliche (Schlesien) und östliche (Polen) Territorien aus. Das Ergebnis war das „Sparta des Nordens", eine militärisch geprägte Fusion aus königlicher Bürokratie und landbesitzender Junkeraristokratie.

Im 18. Jahrhundert bereitete der aufgeklärte Absolutismus Friedrichs des Großen den Boden, auf dem einer seiner Nachfolger 1807 eine „Revolution von oben", die erste der Region, durchführen konnte. Königliche Erlasse hoben die Leibeigenschaft auf, beseitigten die meisten feudalen Beschränkungen, emanzipierten die Juden und proklamierten die Autonomie der Städte. Die militärische und politische Macht der herrschenden Junkerklasse blieb freilich unangetastet. Diese radikale „Revolution von oben" als ein Geschenk an die ruhigen Bürger prädestinierte Preußen dafür, 1871 die Einheit Deutschlands herbeizuführen und den Weg für eine spektakuläre wirtschaftliche Aufholjagd gegenüber dem Westen zu ebnen. Das Land entfernte sich von der ostmitteleuropäischen Region, ohne schon der westlichen anzugehören.

Die verspätete nationale Einheit „von oben" und der verzögerte Beginn des Kapitalismus bestimmten in hohem Maße die Zukunft Deutschlands. Beides vergrößerte die Kluft zwischen der rapiden Industrialisierung und dem rigiden soziopolitischen System Preußens. Ohne demokratische Tradition und ohne eine fortschrittliche liberale Bourgeoisie hielt man an der autoritären, aggressiv obrigkeitsstaatlichen und militaristischen Ideologie Preußens fest. Diese Tatsachen intensivierten natürlich den überhitzten und labilen Nationalismus der Zuspätgekommenen, der sich in einen von anderen bereits aufgeteilten Weltmarkt hineindrängen wollte. Diese explosive Mischung aus dem reaktionären, ostmitteleuropäischen Erbe Preußens und der fortgeschrittenen Industrialisierung westlichen Typs trieb Deutschland dazu, den Ersten Weltkrieg zu entfesseln.

Der Niederlage von 1918 folgten tiefgreifende soziale, wirtschaftliche und politische Zerfallserscheinungen und ein psychologischer Schock. Mit der Errichtung der Weimarer Republik schloß sich Deutschland zwar politisch der westlichen Region an, aber die Demokratie war schwach, während die Junkerklasse ihre Macht in Militär und Verwaltung behielt. Dem Zerfall, verursacht durch den verlorenen Krieg mit seinen erniedrigenden Konsequenzen, folgten schon bald die in einer destabilen, unentwickelten bürgerlichen Gesellschaft ohne demokratische Tradition besonders verheerenden Konsequenzen der Weltwirtschaftskrise. All diese Momente trugen zu einer einzigartigen Konstellation bei, die zum Aufstieg und Triumph des deutschen totalitären Faschismus führte.

Der Versuch, die Natur des für den Hitlerfaschismus typischen Antisemitismus mit so fragwürdigen Dingen wie dem Nationalcharakter oder der politischen Kultur des deutschen Volkes zu erklären, verdunkelt und verwirrt das Begreifen seiner Schrecken und beschränkt seine Irrationalität auf sinnlose Formeln. Der Aufstieg der deutschen Naziideologie kann nur durch die schon genannten Faktoren, die ihm den Weg zur Macht ebneten, verstanden werden. Er bot eine einfache Endlösung für alle Probleme: Vernichtet die Juden, die Urheber allen Elends der Geschichte, und die Welt ist wieder in Ordnung.

„In der Tat verdankt der totalitäre Antisemitismus seine deutschen Triumphe einer sozialen und ökonomischen Konstellation, keineswegs den Eigenschaften oder der Haltung eines Volkes, das von sich aus, spontan, vielleicht weniger Rassenhaß aufbrachte als jene zivilisierten Länder, die ihre Juden schon vor Jahrhunderten vertrieben oder ausgerottet hatten", schrieben Theodor W. Adorno und Max Horkheimer 1959.[30] Obwohl diese Aussage für den Zeitabschnitt von den Kreuz-

---

30   Im Vorwort zur deutschen Ausgabe von Paul W. Massing: Vorgeschichte des politischen Antisemitismus. Frankfurt am Main 1959, VII.

zügen bis zum Beginn des 19. Jahrhunderts offensichtlich irreführend ist, ist sie für die folgenden 120 Jahre grundsätzlich richtig. Nach den Krawallen von 1819 gab es in Deutschland so gut wie keine Pogrome. Der Anteil der Juden in der Wirtschaft, im Finanzwesen, in den freien Berufen, in Kultur und Wissenschaft stieg stark an. Die einzige Beschränkung ihrer vollen Emanzipation bestand darin, daß ihnen die hohen Ränge in Militär und staatlicher Verwaltung verschlossen blieben. Selbst diese Restriktionen wurden 1919 aufgehoben.

Den rechtskonservativen Parteien im kaiserlichen Deutschland diente die antisemitische Propaganda hauptsächlich zur Gewinnung von Wählerstimmen. Als 1882 auf dem ersten Internationalen Antisemitischen Kongreß in Dresden von einem deutschen Delegierten die Ausweisung der Juden aus dem Land vorgeschlagen wurde, antwortete Adolf Stoecker, der Gründer einer kleinen antisemitischen Partei, mit Bedauern, die Deutschen würden, falls sie jemals vor der Wahl stünden, entweder die Juden oder die Antisemiten zu vertreiben, sich mit Sicherheit für letztere entscheiden.

Auch der jüdische Historiker Simon Dubnow schrieb: „Nach der Konsolidierung der Einigung [von 1871] hatte es den Anschein, als ob das Gespenst der Judenfrage aus dem geeinten Deutschland endgültig verscheucht sei."[31] Solange dem aggressiven deutschen Nationalismus Erfolg beschieden war, stand der Feind außerhalb (die Briten, Franzosen, Slawen), während im Land die wachsende marxistische Gefahr die jüdische ersetzte. „Die minderwertige Rasse schlechthin war noch nicht fixiert", resümierte der Soziologe Paul Massing: „Im Innern hatte 'die marxistische Gefahr' die 'jüdische' vollkommen verdrängt. Schon längst nicht mehr drohte dem Regime vom Liberalismus her Gefahr. In der neuen Machtkonstellation war politischer Antisemitismus überflüssig geworden."[32]

Für die Juden war die Weimarer Republik ein „goldenes Zeitalter", ihr Niedergang der Beginn ihrer Vernichtung. Der voll ausgebildete Vernichtungscharakter der Nazi-Praxis (anders als in ihrer Theorie) war ein eskalierender Prozeß. Bis zum Ausbruch des Krieges ließen die Behörden 436.000 österreichische und deutsche Juden emigrieren,

---

31 Zitiert bei Massing, 3.
32 Massing, 225.

nahezu zwei Drittel ihrer Gesamtzahl. Das einzige Pogrom, die *Kristallnacht*[33] im November 1938, war ein Pseudopogrom, von oben organisiert und von der SA durchgeführt. Es handelte sich nicht um den plötzlichen Ausbruch eines lange schwelenden Volkshasses, sondern um eine methodisch in Szene gesetzte „Spontaneität", wie Lucy Dawidowicz belegt hat.[34]

Emigration und Pseudopogrom sind Anzeichen dafür, daß Hitlers Vernichtungsprogramm gezügelt werden mußte, weil der allgemeine Antisemitismus noch der Propaganda hinterherlief. Auch in den Jahren der spektakulären Zunahme der Nazi-Wählerstimmen – von 2,5 Prozent 1924 auf über 37 Prozent 1932 – blieb der sozialistische Stimmenanteil mit 24 und 25 Prozent stabil, während Gewaltakte gegen Juden sporadischen Charakter trugen. Der von der Partei geführte Boykott jüdischer Geschäfte, Anwälte und Ärzte, hatte nur eine geringe Resonanz. Der Antisemitismus wandte sich nicht „gegen 'die Juden' [...], sondern [...] gegen 'den Juden', eine unheimlich-geheimnisvolle Figur, die ihnen die Propaganda als die Ursache aller ihrer Übel hinzustellen vermocht hatte"; unisono bestätigten Beobachter, daß jenseits fanatischer SA-Männer und ihresgleichen sogar „eine nennenswerte Anzahl der damaligen Antisemiten Maßnahmen wie Austreibung und körperliche Vernichtung der ihnen von Ansehen bekannten jüdischen Mitbürger" ablehnten, schreibt die bedeutende Soziologin Eva Reichmann.[35] Das ganze Wesen des deutschen Faschismus mit all seinen Konsequenzen wurde erst deutlich sichtbar, nachdem Hitler seinen Krieg begann. Den engen Zusammenhang des Holocaust mit dem Scheitern der Offensive gegen die Sowjetunion hat Arno Mayer überzeugend analysiert.[36] Am 5. Dezember 1941 war der „Blitzkrieg"[37] vorbei, endete vor den Toren Moskaus. Einen Tag später ging das erste Todeslager in Betrieb, und einen weiteren Tag später wurde die Wannseekonferenz vorbereitet, die den Auftrag erhielt, die „Endlösung" zu planen.

---

33 Im Original Deutsch (Anm. d. Ü.).

34 Lucy S. Dawidowicz: The War against the Jews 1933–45. New York 1979, 136–41.

35 Eva G. Reichmann: Die Flucht in den Haß. Die Ursachen der deutschen Judenkatastrophe. Frankfurt am Main 1949, 280 f.

36 Arno Joseph Mayer: Why did the Heavens not darken? The Final solution in History. New York 1990, 279–408.

37 Im Original Deutsch (Anm. d.Ü.).

Unter dem Einfluß der Nazis kulminierte der jahrhundertealte, eingewurzelte Antisemitismus zum ostmitteleuropäischen Holocaust. Der deutsche Faschismus jedoch stellte einen radikalen Bruch mit der Vergangenheit dar, nicht eine Eskalation des „gewöhnlichen" Antisemitismus der Mittel- und niederen Mittelschichten zum Genozid. Der deutsche Antisemitismus war nicht einfach ein politisches Phänomen wie in der westlichen Region oder ein sozioökonomisches und politisches wie in Ostmitteleuropa, sondern er war totalitär im buchstäblichen Sinne des Wortes – all-umfassend, sogar in einem verdrehten Sinn religiös, nicht mit dem Satan, aber mit den Juden als Zentrum. Von Anfang an bildete der totalitäre Antisemitismus das Wesen der Naziideologie. Er beinhaltete die „Endlösung der Judenfrage", weil sie die endgültige Lösung sämtlicher Probleme der vollständig zurückgewiesenen modernen Geschichte sein sollte. Hitler konnte diese nihilistischen Eschatologie nur umsetzen, indem er auf eine wehrlose Gruppe zielte. Schon 1919 hatte er erklärt, daß hinter allen geschichtlichen Bewegungen, die beteuerten, daß sie den eigensten Bestrebungen der Menschheit dienten, machthungrige Juden gestanden und die Fäden gezogen hätten. Die Menschen seien immer die Betrogenen, die Juden die Betrüger gewesen. Noch ganz am Ende, im letzten Satz seines „politischen Testaments", forderte er die Deutschen auf, „unbarmherzigen Widerstand gegen den Weltvergifter aller Völker, das internationale Judentum" zu leisten.[38]

Für den deutschen totalitären Faschismus hatte der Feind zahllose Gesichter: Kommunismus, Liberalismus, Demokratie, Aufklärung, Katholizismus, Industrialismus, Krieg und Pazifismus – und hinter allen lauerte der Jude. Die postulierte gute, nichtjüdische Welt existierte nicht mehr, weil die Juden sie zerstört hatte oder es gab sie noch nicht, weil die Juden ihre Existenz verhinderten. Wenn die Welt krank war, mußte es einen Krankheitserreger geben, und es war Hitlers propagandistisches Geschick, keinen abstrakten Bazillus wie den Kapitalismus auszuwählen, sondern einen konkreten, deutlich sichtbaren und leicht zu zerstörenden – den Juden.

---

38 Margherita von Brentano: Die Endlösung – Ihre Funktion in Theorie und Praxis des Faschismus. In: Antisemitismus. Zur Pathologie der bürgerlichen Gesellschaft. Hg. v. H. Huss und A. Schröder. Frankfurt am Main 1965, 63.

Der Antisemitismus wurde die offizielle Staatsreligion. Die Konsequenz bestand darin, daß der persönliche, private Judenhaß seine Bedeutung verlor. Kein „gewöhnlicher" Deutscher, nicht einmal der Funktionär des Systems, mußte persönlich Antisemit sein; diese Bürde war ihm genommen. Seine privaten Überzeugungen wurden an den Staat delegiert, ihm wurde nur abverlangt, nach außen seine Zustimmung zu demonstrieren, wenn man es von ihm verlangte. Margherita von Brentano schreibt dazu in ihrem faszinierenden Essay: „So wie es, in Zeiten oder Ländern, in denen eine Konfession Staatsreligion ist, genügt, daß man in der Kirche gesehen wird, aber nicht nötig ist, daß man nun auch betet. [...] Ob sie [Antisemiten] waren oder nicht, es war so unerheblich wie die Frage, ob der Beamte, der die Kirchensteuer einzieht, an Gott glaubt."[39]

Wir beenden dieses Kapitel mit einer anderen scharfsinnigen Bemerkung von Brentanos über die zentrale Bedeutung des Holocaust für den deutschen totalitären Faschismus: „Die Ermordung der ohnmächtigen Gruppe [der Juden] war Vorübung für die geplante Versklavung und biologische Auslöschung mächtigerer Völker. Und als diese nicht gelang, wurde jene stellvertretend zu Ende geführt. [...] Der Wahn von der Weltverschwörung der Untermenschen – an der ohnmächtigen Gruppe konnte er wahrgemacht werden, indem man sie zu Untermenschen machte und vernichtete."[40]

Hitlers Faschismus war nicht nur ein Bruch mit dem vergangenen Antisemitismus, sondern auch mit der traditionellen Teilung Europas in drei Regionen. Deutschlands Lage war von Anfang an ambivalent. Zu Beginn, im 10. Jahrhundert, orientierte es sich an der westlichen Struktur, mit der Sezession Preußens im 15. Jahrhundert wandte es sich der ostmitteleuropäischen zu und mit der Vereinigung von 1871 entstand eine hybride Mischung aus westlich fortgeschrittenem Kapitalismus und ostmitteleuropäisch reaktionärem Halbfeudalismus. 1919 schließlich wandte man sich wieder dem Westen zu.

Der deutsche totalitäre Faschismus kappte die Verbindung zum Westen. Politisch gesehen zerstörte er die Demokratie und etablierte eine skrupellose Diktatur. Seine Wirtschaft wurde vom Staat dominiert

39 Ibid., 67.
40 Ibid., 74f.

und vollständig durchmilitarisiert, die räuberische *Großraumwirtschaft*[41] plünderte und versklavte Satellitenstaaten und besetzte Länder. Ideologisch gesehen verwarf er Humanismus, Gerechtigkeit und die Emanzipation der Menschheit. Für zwölf Jahre formte das „Tausendjährige Reich" des deutschen Faschismus seine Sonderregion, unterjochte die westliche wie die ostmitteleuropäische Region und einen Teil der östlichen. Das Schreckbild eines totalitären Kreuzzuges endete mit dem Holocaust und seiner eigenen Zerstörung.

41 Im Original Deutsch (Anm. d. Ü.).

Die Volksdemokratie
– Theorie und Praxis

Der Versuch, Ost und West zu verbinden

Mit Kriegsende brach die ostmitteleuropäische Region zusammen. Der Zusammenbruch war allumfassend, er betraf Mensch und Material, das soziopolitische wie das wirtschaftliche Gefüge. Einschließlich der 4 Millionen Holocaustopfer der Region starben 9,5 Millionen Menschen, 10 Prozent der Gesamtbevölkerung. Schätzungsweise 10 bis 15 Millionen Menschen waren vertrieben worden und mußten ihr neues Leben an einem neuen Ort, in einem neuen Land, manche auch auf einem neuen Kontinent beginnen.

Die materiellen Schäden wurden – nach dem Kurs von 1938 – auf 40 Milliarden US-Dollar geschätzt. In den zwei am stärksten zerstörten Ländern, Polen und Jugoslawien, betrug der Schaden nahezu das Vierfache des gesamten Nationaleinkommens. Die soziopolitischen Strukturen zerfielen, da die herrschenden Klassen, die politischen und kulturellen Eliten der Zwischenkriegszeit zuerst von den Deutschen, dann von den russischen Besatzern dezimiert, getötet, verhaftet oder deportiert worden waren, ermordet von den faschistischen Marionettenregierungen oder in Bürgerkriegen und Widerstandsbewegungen umgekommen. Im Kielwasser der geschlagenen deutschen Armee flohen Tausende, durch ihre Verbindungen zu den Nazis kompromittierte Politiker, Beamte, Zivilangestellte und militärische sowie Polizeiverbände in den Westen oder wurden als Kriegsverbrecher hingerichtet.

In den Jahren 1944 und 1945 nahm die Entwicklung der Länder der Region neue Wendungen, wobei es sich, den äußeren und inneren Bedingungen entsprechend, um Varianten desselben Grundmusters handelte. Dieser Prozeß endete 1948 in der Vereinheitlichung durch den stalinistischen Kommunismus. Das Modell dieses Zwischenstadiums, nebulös „Volksdemokratie" genannt, ist Gegenstand des folgenden Kapitels.

Von Ende 1944 bis Ende 1948 entwickelten sich in fünf Ländern – Polen, Tschechoslowakei, Ungarn, Rumänien und Bulgarien – neue, spezifische Strukturen. (Jugoslawien und sein Halbsatellit Albanien übersprangen diese Periode und gingen vom Widerstand zur Selbstbefreiung und schließlich direkt zur kommunistischen Machtübernahme über.) Die gut bekannten Vorläufer dieses Prozesses reichen bis nach Moskau zurück. Nach 1939, in der ersten Kriegsphase, wiederholte die Komintern die alten leninistischen Grundsätze über den imperialistischen Charakter des Krieges als einer internen Ausgelegenheit der Bourgeoisie, aus der sich die Sowjetunion herauszuhalten habe. Der Faschismus war nicht länger, wie in der Volksfront-Periode 1935 bis 1939, der Feind, diese Rolle mußten nun die bürgerlichen Demokratien und die Sozialdemokraten übernehmen. Mit Hitlers Angriff auf die Sowjetunion im Juni 1941 änderte sich diese Auffassung schlagartig. Einige Tage später verkündete Georgi Dimitroff, der Generalsekretär der Komintern, die neue Parteilinie: „Die Diktatur des Proletariats und der Sozialismus können in dieser entscheidenden Phase des Weltkrieges nicht auf der Tagesordnung stehen. [...] Jetzt darf es nur eine Front geben, und zwar die antifaschistische. Wer der UdSSR gegen Nazideutschland beisteht, ist ungeachtet seiner Parteizugehörigkeit, des sozialen Hintergrundes und der gesellschaftlichen Einstellung unser Verbündeter."[42]

Als sich Mitte 1944 die Offensive der Roten Armee den Grenzen Ostmitteleuropas näherte, begann man, die politische Zukunft der Region und die Rolle der kommunistischen Parteien in ihr zu überdenken. Das Ergebnis war die Konzeption der Volksdemokratie, vage genug, um die zwei Nachkriegsziele Stalins zu unterstützen: den sowjetischen Einfluß auf die Grenzen der Region zu sichern und dennoch für die Westmächte tragbar zu bleiben. Politisch gesehen hieß dies Koalitionsregierungen demokratischer Parteien, wobei „demokratisch" eben „nicht antisowjetisch" bedeutete. Ökonomisch gesehen sollte ein nichtsozialistisches Mischsystem mit staatlichen und privaten Sektoren geschaffen, gesellschaftlich die alten feudalen und unlängst noch bestehenden faschistischen Strukturen beseitigt werden.

---

42 Norman Naimark/Leonid Gibianskii (Hg.): The Establishment of Communist Regimes in Eastern Europe, 1944–1949. Boulder 1997, 42.

Betont wurde die Notwendigkeit eines Entwicklungsweges im Einklang mit den Traditionen und spezifischen Bedingungen jedes einzelnen Landes – ein unbestimmbar langer „dritter Weg" zu einem unbestimmten Sozialismus.

Definiert war nur, was man *nicht* unter Volksdemokratien verstand, was sie sein sollten, ließ man im Dunkeln – ob das absichtlich geschah oder weil die Initiatoren ihre genaue Eigenart selbst nicht kannten, ist schwer zu sagen. Zbigniew Brzeziński[43] zitiert einige typische Leerformeln aus dem Jahr 1946: „Eine Sozialordnung, die sich von allen bisher bekannten unterscheidet" (so der sowjetische Wirtschaftswissenschaftler Eugen Varga), oder: „Hybride Herrschaftsformen, die Merkmale der proletarischen und bürgerlichen Demokratie miteinander verbinden, sich aber von beiden unterscheiden" (so der sowjetische Philosoph Ilja P. Trainin). Genauso unklar waren einige Formulierungen aus der Region selbst: „Diese spezifische Ordnung basiert auf keinem bereits existierenden Modell. Sie gleicht weder der sowjetischen sozialistischen Ordnung noch dem Wirtschaftssystem des Westens" (so der polnische Präsident Bolesław Bierut), und: „Wir orientieren uns an einer nationalen und demokratischen, nicht aber an einer sozialistischen Revolution" (so der tschechoslowakische Ministerpräsident Klement Gottwald), oder: „Bulgarien wird keine Sowjetrepublik sein, sondern Volksrepublik. In ihr wird es keine Diktatur geben" (so der bulgarische Ministerpräsident Dimitroff). Den Sozialismus verschob man in eine fernen Zukunft – das Mitglied des ungarischen Politbüros Ernö Gerö, ein alter Komintern-Funktionär, sprach von einer „Übergangsperiode von 10 bis 15 Jahren" –, auch wenn er das anzustrebende Ziel blieb. „Es gibt nicht nur den einen, sowjetischen Weg zum Sozialismus. Jede Nation muß ihren eigenen Weg gehen und dabei die in ihrem Land vorherrschenden Gegebenheiten berücksichtigen. Es muß ein in Ungarn entstandener und an die ungarische Geschichte angepaßter Sozialismus sein", erklärte der Generalsekretär der kommunistischen Partei Ungarns, Mátyás Rákosi.

War diese lahme „Theorie" nur ein taktischer Schachzug oder – angesichts der veränderten internationalen Situation – eine ehrliche,

---

43 Die folgenden Zitate sind entnommen aus: Zbigniew Kasimierz Brzeziński: The Soviet Bloc: Unity and Conflict. Cambridge/Mass. 1981, 27ff.

einsichtige Revision der leninistischen These von der „unvermeidbaren Diktatur des Proletariats als einzigem Weg zum Sozialismus"? Darauf kann man weder mit Ja noch mit Nein antworten. Der möglichst lange Bestand der während des Krieges geschaffenen Großen Koalition zwischen der Sowjetunion und den Westmächten war für Stalin von vitaler Bedeutung. Die sowjetischen Kriegsopfer wurden zu verschiedenen Zeiten auf 7, 11, 20 oder sogar 50 Millionen Tote beziffert. Ein Viertel des Kapitalvermögens der Vorkriegszeit war zerstört, während die Vereinigten Staaten, die größte Wirtschaftsmacht der Welt, nur relativ wenige Opfer und keine materiellen Schäden zu beklagen hatten. Während des Krieges war ihr Wirtschaftsvolumen jährlich um 10 Prozent gewachsen, ganz zu schweigen von dem ursprünglichen Monopol auf die Atombombe. Stalin brauchte eine lange Atempause zur Erholung. Die Sowjetunion hätte ihre Variante des Stalinismus den besetzten Ländern schon 1945 aufbürden können, aber nur um den Preis des sofortigen Bruchs der Großen Koalition. Diesen Preis wollte Stalin nicht zahlen. Die Instruktionen, die er den kommunistischen Parteien für die Nachkriegszeit gab, verfolgten gleichzeitig zwei Ziele: Sie unterstützten und stärkten die Position dieser Parteien in ihren Ländern, sorgten aber auch dafür, sie im Zaum zu halten, um Konflikte mit dem Westen zu vermeiden.

Diese Politik des Vorantreibens und Bremsens hing von drei miteinander verbundenen Faktoren ab: den strategischen Überlegungen der Sowjetunion, dem Widerstand der Westmächte und der Lage in den einzelnen Ländern.

Die strategische Bedeutung befreundeter Regierungen in den sowjetischen Nachbarstaaten wurde von den Westmächten schon früh akzeptiert. Mehr noch, das Akzeptieren der russischen Vormachtstellung in Ostmitteleuropa gab den Briten freie Hand in Griechenland und den Amerikanern in Italien und Frankreich. Die sich bald verschärfenden Konflikte drehten sich um den Charakter der unmittelbar nach dem Krieg gebildeten Koalitionsregierungen. Der Westen forderte demokratisch gewählte Koalitionen. Für die Sowjetunion bedeutete „demokratisch" die Vorherrschaft der Kommunisten und ihrer Sympathisanten unter Ausschluß einiger „historischer" Vorkriegsparteien, die sie, meist zu Recht, als antisowjetisch einstufte. Die Auseinandersetzungen endeten in einem Kompromiß mit der russischen

Interpretation. Die westlichen Alliierten erkannten 1945 die ungarische Übergangsregierung ebenso an wie die polnische, nachdem der Vorsitzende der Bauernpartei Stanisław Mikołajczyk eintreten durfte. Zu Anfang des Jahres 1946 akzeptierten sie auch die von den Sowjets installierte Groza-Regierung in Rumänien. Im Falle Bulgariens dauerte das Ringen um einen Kompromiß etwas länger, weil die kommunistisch dominierte Regierung sich trotz des westlichen Drucks und sowjetischer Empfehlung weigerte, Nikola Petkow, den Führer der oppositionellen Bauernpartei, einzubeziehen. Im September 1947 wurde Petkow in einem Schauprozeß zum Tode verurteilt. Eine Woche nach seiner Hinrichtung erkannte der Westen die bulgarische Regierung an. Die Zukunft Jugoslawiens war für beide Seiten nur eine akademische Frage. Schon 1943 schuf Tito vollendete Tatsachen, indem er den kommunistisch dominierten Antifaschistischen Rat der Nationalen Befreiung in eine provisorische Regierung umwandelte. Zwei Jahre später hatte weder der Westen noch die Sowjetunion eine andere Wahl, als sie anzuerkennen. Die Tschechoslowakei sorgte für keine Konflikte in der Großen Koalition. Die von Edvard Beneš geführte Londoner Exilregierung war von der Sowjetunion schon 1941 anerkannt worden. Eine neue Koalitionsregierung, die 1945 in Moskau gebildet, mit einem kommunistischen Programm ausgestattet und von Beneš akzeptiert worden war, erregte keine Bedenken. Die Eingliederung der baltischen Staaten in die UdSSR, die schon einmal zwei Jahrhunderte Teil des Zarenreiches gewesen waren, wurde nicht einmal ernsthaft diskutiert.

Die Errichtung eines Kordons sowjetfreundlicher Staaten in Ostmitteleuropa – eine Gegenvariante zum prowestlichen *cordon sanitaire*, der nach dem Ersten Weltkrieg eine kommunistischer Ansteckung verhindern sollte – war schon vor Kriegsende eine Tatsache. Der Westen fand sich widerstrebend mit der praktisch unabänderlichen Teilung des Kontinents ab, die einem Atomkrieg immer noch vorzuziehen war.

Nach diesem stark skizzierten und selektiven Überblick der äußeren Faktoren, die den Volksdemokratien in der sowjetischen Interessensphäre den Weg ebneten, müssen wir zunächst drei Länder aus unserer Analyse ausschließen, ehe wir uns dem eigentlichen Zentrum dieses Kapitels zuwenden: den inneren Strukturen, die dieses System in Ostmitteleuropa formten.

Wie bereits erwähnt ignorierte Titos Jugoslawien jede Übergangsphase. Seine Partisanenarmee befreite das Land ohne nennenswerte sowjetische Miltärhilfe und proklamierte eine Föderative Volksrepublik mit einer fingierten „Koalitions"-Regierung, in der 11 von 21 Kabinettsmitgliedern Kommunisten waren und die übrigen als verläßliche Sympathisanten galten. Bei Kriegsende war Jugoslawien im wesentlichen bereits eine kommunistische Einparteiendiktatur nach stalinistischem Muster.

Wir müssen auch Bulgarien übergehen. Am 4. September 1944 überschritt die Rote Armee die Landesgrenzen, fünf Tage später inszenierte die kommunistisch geführte Vaterländische Front einen Staatsstreich und installierte ihre eigene Schein-Koalitionsregierung. Die relativ starke Partei hatte feste Wurzeln in der Zwischenkriegsgeschichte, war als Führer der Widerstandsbewegung anerkannt und profitierte auch von den tiefen prorussischen Sympathien der Bevölkerung. Die Kommunisten widerstanden dem lauen Druck der Westmächte wie dem der Sowjetunion, die Koalition auf eine breitere Grundlage zu stellen. Knapp zwei Jahre nach dem Staatsstreich verschaffte sich die Vaterländische Front durch Wahlbetrug eine überwältigende Mehrheit und damit war die Vorherrschaft der kommunistischen Partei besiegelt.

Auch Rumänien wurde nicht die Zeit gewährt, ein echtes volksdemokratisches System zu entwickeln. Die Bevölkerung war stark antirussisch, die in der Zwischenkriegszeit verbotene kommunistische Partei ohne jede Bedeutung. Sie stellte nur einen Minister in dem von den Sowjets installierten ersten Kabinett unter General Sănătescu. In Übereinstimmung mit dem sowjetischen Interesse, die rumänische Armee in die allerletzte Phase des Krieges einzubeziehen, berief man eine große Zahl hoher Militärs in die Regierung. Im Februar 1945 wurde Sănătescu durch General Rădescu abgelöst. Nach einem blutigen Zusammenstoß zwischen der Armee und kommunistischen Demonstranten bezeichnete der General in einer Rundfunkansprache die „Moskauer" Parteiführer Ana Pauker und Vasile Luca als „schreckliche Hyänen, Fremde ohne Gott und Vaterland" – bestimmt keine sowjetfreundliche Äußerung. In einem scharfen Ultimatum forderte die

Sowjetunion den Rücktritt Rădescus und die Errichtung einer ihr freundlichen Regierung unter dem Kommunisten Petru Groza. In der neuen Scheinkoalition war kein Mitglied der Opposition vertreten. Diese Übergangszeit endete nach nur sechs Monaten und Rumänien fiel unter völlige sowjetische Kontrolle. Wie in Bulgarien und Jugoslawien war die „Volksdemokratie" in Rumänien schon vor ihrer Geburt gestorben.

Um die sozioökonomische und politische Struktur der Volksdemokratie untersuchen zu können, müssen wir uns auf drei Länder beschränken – die Tschechoslowakei, Ungarn und Polen. Sie repräsentieren verschiedene Varianten desselben Systems. Die Geschichtsschreibung dieser Region interpretiert die fünf Nachkriegsjahre meist als Bruch mit der Vergangenheit, als Öffnung eines Tores, durch das der Stalinismus ins Land kam und auf brutale Weise die eigenständige Entwicklung Ostmitteleuropas tilgte. Rückblickend scheint diese Interpretation durch die Tatsachen belegt zu sein. Wir behaupten jedoch, daß diese Phase zugleich Tendenzen fortsetzte, die in der Geschichte jedes dieser Länder offensichtlich waren, als auch eine Anpassung an die drastischen Veränderungen der internationalen Situation in dieser Region beinhaltete. In der Periode der Volksdemokratie blieb Ostmitteleuropa eine separate Region, doch das Gleichgewicht seiner charakteristischen Mischung aus westlichen und östlichen Strukturen veränderte sich radikal – genau so heftig wie schon vor hundert Jahren, als durch äußere Einflüsse der Kapitalismus vorherrschend wurde, während die feudalen Strukturen nach wie vor ihre Bedeutung behielten. In den Jahren 1944/45 drückten sozialistische Strukturen der Entwicklung zunehmend ihren Stempel auf. Gleichzeitig war es vollkommen unmöglich vorherzusagen, wohin diese neue, gegensätzliche innere Mischung führen und wie lange sie andauern würde. Die Kommunisten begriffen sie nur als notwendige Vorbereitung zur endgültigen Machtübernahme. Die Antworten auf diese Fragen ergaben sich aus rein externen Ereignissen – dem Ausbruch des Kalten Krieges und der sowjetischen Reaktion darauf.

Die Tschechoslowakei ist das deutlichste Beispiel für diese Abfolge. In der Zwischenkriegszeit war sie das einzige demokratische Land Ostmitteleuropas. Die frühe Industrialisierung Böhmens und Mährens führte zu einer gemischten sozioökonomischen Struktur, die mit einem Bein, dem tschechischen Gebiet, im Westen, und mit dem anderen, der hauptsächlich landwirtschaftlichen Slowakei, in Ostmitteleuropa stand. In dem vereinten Land erhielten die beiden Arbeiterparteien, Kommunisten und Sozialdemokraten, ungefähr ein Viertel der Stimmen und selbst die drittgrößte Partei, die Tschechischen Demokraten unter Tomáš Masaryk und Edvard Beneš, versuchte, ihren ausgeprägten Nationalismus mit einem vagen Marxismus zu ergänzen.

Nach dem Krieg war das Land die einzige Volksdemokratie der Region frei von sowjetischer Besatzung und mit echten demokratischen Traditionen. Aufgrund der besonderen Umstände der Vorkriegszeit müssen wir die Auffassung von Koalition und Reformen in einem spezifischen Zusammenhang sehen und, im Unterschied zu Ungarn und Polen, viel genauer darstellen, welche internen politischen Entwicklungen das Land, ohne direkte Eingriffe der Sowjetunion, an die Schwelle kommunistischer Diktatur führten.

Diese Kontinuität personifizierte besonders Beneš, in dessen Amtszeit als Premier auch das Trauma des Münchener Abkommens von 1938 fiel, als der Westen vor Hitler kapitulierte und die Sowjetunion das einzige Land war, das die Bereitschaft zeigte, der Tschechoslowakei zu Hilfe zu kommen. Beneš stand damals der Londoner Exilregierung vor und wurde zum Präsidenten der wiederhergestellten Nation, des einzigen Landes, aus dem Russen wie Amerikaner ihre Truppen bald nach der Befreiung abzogen.

Die Anfänge der tschechoslowakischen Volksdemokratie reichen bis in das Moskau des Jahres 1943 zurück, als Beneš die Zukunft des Landes mit der Führung der kommunistischen Emigranten diskutierte. Man skizzierte einen Entwurf für den Wandel, der eine Veränderung der außenpolitischen Orientierung vom Westen weg in Richtung Sowjetunion vorsah, dem Garanten gegen deutsche Aggression. Zugleich vereinbarte man politische und sozioökonomische Reformen sowie eine „regulierte Demokratie" mit einer „Nationalen Front" als Zentrum, aus der faschistische und antirussische Parteien ausgeschlossen waren und in der die Kommunisten eine führende Rolle spielen sollten.

Nach der Befreiung bildete dieser Plan aus der Kriegszeit die Basis für die spezifisch tschechoslowakische Variante der Volksdemokratie, die sich in vieler Hinsicht von der polnischen und ungarischen unterschied. Die traditionellen linksdemokratischen und prorussischen Bindungen bestimmten den besonderen politischen Charakter seiner Koalition. Im Unterschied zu Ungarn und Polen nahmen alle Parteien der Nationalen Front den „Sozialismus" in ihre Programme auf, wenn auch mit unterschiedlichen Konnotationen. Die Sozialdemokraten formulierten unzweideutig: „Unsere Mission war und ist es nicht, den Kapitalismus zu reformieren, sondern ihn abzuschaffen." [44] Das Programm der tschechischen Sozialisten forderte „die harmonische Einheit von Nationalismus, Sozialismus und Demokratie", oder wie es Präsident Beneš formulierte – „eine sozialistische Demokratie als politisches, wirtschaftliches und soziales System, eine neu regulierte Demokratie". [45] Sogar die nichtsozialistischen katholischen Parteien betonten den Sozialismus: „Es ist unmöglich, zum kapitalistischen System zurückzukehren, das vor dem Krieg herrschte. Der Krieg bedeutete das Ende des kapitalistischen Zeitalters, wir stehen jetzt an der Schwelle einer neuen Wirtschafts- und Gesellschaftsordnung", erklärte die Tschechische Volkspartei. [46] Ihr slowakisches Gegenstück, die Demokratische Partei, erinnerte an Masaryk, dessen „sozialistischer Idealismus, sowohl wissenschaftlich als auch leidenschaftlich, menschlich und warm, jetzt mit russischer Hilfe verwirklicht wird". [47]

Ironischerweise, jedoch getreu der Moskauer Linie, war die Kommunistische Partei im Jahre 1945 die einzige, für die der Sozialismus nicht auf der Tagesordnung stand. „Trotz der günstigen Lage sind Sowjets und die Sozialisierung nicht unser Ziel. Unser Ziel ist es, eine wirklich durchgreifende demokratische, nationale Revolution durchzuführen", erklärte Parteichef Klement Gottwald. [48] Sogar die Verstaatlichung lehnte die Partei in ihrem anfänglichen Programm ab. Nur auf

---

44 Karel Kaplan: The Short March: the Communist Takeover in Czechoslovakia 1945–1975. New York 1975, 34.
45 Ibid., 34.
46 Ibid., 49.
47 Ibid., 49.
48 Ibid., 50.

Druck der Sozialdemokratie und der Gewerkschaften nahm die Regierung diesen Punkt in ihre Agenda – und auf Anregung von Präsident Beneš. [49]

Die Struktur der Nationalen Front selbst unterschied sich von den Mehrparteiensystemen Polens und Ungarns. Ihr gehörten nur die vier tschechischen Parteien sowie ihre slowakischen Pendants an. Die Restauration rechter Organisationen der alten Republik war verboten und die Bildung jedweder Oppositionspartei wurde unmöglich gemacht. Auch innerhalb der Nationalen Front ahndete man jede Ablehnung der gängigen Politik mit dem Ausschluß und, damit verbunden, dem Verlust jeden politischen Einflusses, so daß die bald aufkommenden Konflikte mit den Kommunisten bis zum Schlußpunkt der Volksdemokratie immer mit der Kapitulation der Opponenten endeten.

In Kombination mit der sozialistischen Programmatik aller ihrer Parteien ermöglichte die besondere Struktur der Nationalen Front eine sehr schnelle Durchführung volksdemokratischer Reformen. Schon im Mai 1945 – wesentlich früher als in Polen und Ungarn – wurden alle Banken, Versicherungsgesellschaften, Minen, metallurgischen Fabriken und Großunternehmen verstaatlicht. Etwa 60 Prozent der Industrieproduktion wurden Teil des staatlichen Sektors. Im folgenden Monat, später als in Polen und Ungarn, fand eine Bodenreform statt. Beinahe drei Millionen Hektar Land, das in Feindbesitz (Deutsche und Ungarn) war, wurde konfisziert und an landlose und arme Bauern verteilt. Ein Jahr später wurden im Zuge einer ergänzenden Reform weitere 250.000 Hektar verteilt. Diese Reformen bewirkten wichtige Veränderungen in der Agrarstruktur des Landes: Ungefähr 80 Prozent der Gesamtfläche wurde in kleine und mittelgroße Güter umgewandelt, während der Einfluß des Großgrundbesitzes verschwand.

Verstaatlichung und Bodenreform veränderten die Grundlagen der tschechoslowakischen Gesellschaft. Die wirtschaftliche und politische Macht der Hochfinanz war gebrochen, die Position der Bourgeoisie geschwächt und der Staat wurde zur dominierenden Wirtschaftskraft.

---

49 Ibid., 35.

Waren die Bauern in der Vorkriegszeit ein konservativer Faktor, so wurden sie in der Volksrepublik Verbündete der Kommunisten und Sozialdemokraten – den treibenden Kräften der Landreform –, und trugen entscheidend zum schließlichen Untergang der Volksdemokratie bei.

Bei den ersten und einzigen freien Wahlen im Mai 1946 erhielt die Kommunistische Partei im tschechischen Landesteil 40,2 und in der rückständigen, katholischen Slowakei 30,4 Prozent. Landesweit stimmten 38 Prozent für die Kommunisten. Zusammen mit der eng verbündeten Sozialdemokratischen Partei erreichten sie eine knappe Mehrheit von 51 Prozent.

Der Erfolg der Kommunisten veränderte die politische Szenerie. Während in der Regierung von 1945 alle Parteien der Nationalen Front noch gleichmäßig vertreten waren, wurde nun Gottwald, der Führer der stärksten Partei, beauftragt, die neue Regierung zu bilden. Das Tempo der Umgestaltung beschleunigte sich. Zu den drei Pfeilern der Volksdemokratie – Koalition, Bodenreform und Verstaatlichung – gesellte sich ein vierter: der Entwurf eines wirtschaftlichen Zweijahresplans, der die weitere Stärkung des staatlichen Sektors und den Beginn der Industrialisierung der Slowakei vorsah. Mitte 1947 began-nen die Kommunisten, die Auflösung des System selbst zu beschleunigen und verkündeten offen ihr neues Ziel: die Erlangung der absoluten Mehrheit, ohne jedoch schon die ganze Macht zu beanspruchen.

Die Kampagnen zur Unterdrückung der Opposition wurden zwar immer brutaler, aber die Partei bewegte sich formal weiterhin im demokratischen Rahmen der Nationalen Front. Schritt für Schritt unterwanderten und entzweiten sie ihre Koalitionspartner, sogar ihre sozialdemokratischen Verbündeten. Sie infiltrierten die Sicherheitsdienste, Gewerkschaften, Betriebsräte und Massenorganisationen, übernahmen deren Führung und machten sie so zu ihren Werkzeugen.

Nach dem Beginn des Kalten Krieges und der Gründung des Kominform ging man daran, auch den demokratischen Rahmen und damit die Volksdemokratie selbst zu zerstören.

Auch im Fall Polens und Ungarns ist die Volksdemokratie aufs engste mit der Vergangenheit verknüpft. Die ersten Nachkriegsjahre bedeuteten gleichzeitig Befreiung und Unterdrückung, Kontinuität und Wandel ihrer Geschichte. Sie läßt sich als verspätete Korrektur der fehlgeschlagenen „Revolution von oben" des Jahres 1848 verstehen. Das 19. Jahrhundert öffnete die Tür zum Kapitalismus, deformierte ihn jedoch, indem es an wesentlichen feudalen Strukturen festhielt. Das 20. Jahrhundert brachte nationale Unabhängigkeit, aber keine Demokratie hervor. Das Horthy-Regime und die Diktatur Piłsudskis schlossen große Teile der Bevölkerung von jeder bedeutenden Teilnahme am politischen und wirtschaftlichen Leben der Nation aus und bereiteten so den Boden für einen halbfaschistischen Weg in die Katastrophe.

Durch eine Reihe wirtschaftlicher, politischer und sozialer Reformen mit genuin demokratischen und sozialistischen Charakterzügen begann man, die Versäumnisse der Vergangenheit zu berichtigen, und stieß dabei auf breite öffentliche Unterstützung. Die wichtigste unter ihnen war die Bodenreform. Im Polen der Zwischenkriegszeit erlaubte die Macht der grundbesitzenden Klassen ein nur langsames und zögerliches Vorgehen. Die Maßnahmen betrafen nur wenig mehr als 10 Prozent des Ackerlandes. Lediglich ein Viertel der Großgüter wurde aufgeteilt, etwa 20 Prozent des gesamten Ackerlandes blieb in der Hand der postfeudalen Landbesitzer. Diese sich hinziehende Minireform war weit davon entfernt, das Agrarproblem zu lösen.

Im Ungarn der Zwischenkriegszeit gab es keine nennenswerte Bodenreform und keine Änderung der Eigentumsrechte auf dem Land. Fast die Hälfte des Landes blieb wie bisher in den Händen der großen Landbesitzer. Nahezu einzigartig in Europa hielt sich hier das System feudaltypischer Großgüter.

Die Volksdemokratie brachte beiden Ländern radikale Agrarreformen und erfüllte damit lange verwehrte, jahrhundertealte Wünsche der Bauernschaft. Die Klasse der großen Landbesitzer, ein Hauptfaktor sozialer und politischer Rückständigkeit, hörte auf zu existieren. Polen löste die noch unerledigten Aufgaben der Reform, indem alle Güter über 100 Hektar Fläche aufgeteilt wurden. Von den 14 Millionen Hektar konfiszierten Landes erhielten landlose Familien neuen Grund und Boden und über eine halbe Million Zwerggüter zusätzliche Parzellen.

Mit der folgenden wichtigen wirtschaftlichen Wandlung wurden die ersten Schritte in Richtung staatlicher Kontrolle sowie der Verstaatlichung der Großbanken und der Schwerindustrie unternommen – verbunden mit dem Einstieg in die Planwirtschaft. Diese Politik war eine Fortführung der dirigistischen Tendenzen der Vorkriegszeit, nun aber mit einem verschwommenen sozialistischen Inhalt. Die Konfiszierung des Kapitals der Deutschen und der Kollaborateure als auch die Einführung staatlicher Kontrolle und die Verstaatlichung von Schlüsselindustrien waren durchaus allgemeine Forderungen, nicht nur die der kommunistischen und sozialdemokratischen Parteien, sondern sie waren auch in den ersten Programmen ihrer kleinbäuerlichen Koalitionspartner enthalten. Die Zerstörungen des Krieges und das darauf folgende Wirtschaftschaos machten starke staatliche Interventionen unerläßlich. Sie waren auch wegen der zögerlichen Haltung der Westmächte bei der Bewilligung von Aufbaukrediten nötig. Von der verarmten Sowjetunion konnte keine Hilfe erwartet werden, sie verstärkte im Gegenteil das Chaos durch die willkürliche Demontage von Fabriken und – im Falle Ungarns – die Forderung nach hohen Restitutionszahlungen.

Gegen Ende der volksdemokratischen Periode waren in Polen alle Betriebe wichtiger Wirtschaftszweige mit mehr als 50 Arbeitern verstaatlicht, was bedeutete, daß der staatliche Industriesektor 84 Prozent der Arbeitskräfte beschäftigte. Der Staat hatte alle Banken übernommen und der Außenhandel stand unter Regierungskontrolle. In Ungarn wurden zuerst der Kohlebergbau und die Kraftwerke verstaatlicht, die zehn größten Banken folgten. Mit der vollständigen staatlichen Monopolisierung des Kreditsystems wurde erreicht, daß bedeutende Bereiche der Industrie an den staatlichen Sektor gebunden wurden, der ohnehin schon 58 Prozent der Arbeiter beschäftigte. Beide Länder starteten einen Dreijahresplan, dessen Hauptrichtung der Wiederaufbau war.

Diese Wirtschaftsreformen hatten große soziopolitische Folgen. Die Agrarreform in Ungarn, die radikalste der Region, führte zur Verteilung postfeudaler und großer Bauerngüter an 650.000 bäuerliche Familien, was nahezu einem Drittel der Gesamtbevölkerung, über 2,5 Millionen Männern, Frauen und Kindern eine neue Existenz eröffnete. Mehr als ein Drittel des Gesamtterritoriums Ungarns war einbegriffen und das gesamte ländliche Gebiet erhielt eine neue Agrarstruktur geprägt durch kleine und Mittelbauern.

Während der Ausbau der staatlichen Interventionen und die einsetzende Verstaatlichung den wirtschaftlichen und politischen Einfluß der Industrieellen- und Finanzelite entscheidend schwächte, schalteten die Bodenreformen den jahrhundertealten hemmenden Einfluß der halbfeudalen sozialen Klasse aus. Das stärkte nicht nur den Einfluß der Kommunisten und Sozialisten auf die Arbeiter, sondern brachte ihnen neue Verbündete unter den Bauern und die Unterstützung eines großen Teils der Akademiker und Intellektuellen ein. Zbigniew Brzeziński, ein führender Architekt der US-amerikanischen Politik im Kalten Krieg, schreibt: „Diese Programme akzentuierten politische, soziale und wirtschaftliche Reformen, für die großer Bedarf bestand. Die aufgeklärte öffentliche Meinung konnte gegen viele der empfohlenen Maßnahmen tatsächlich nichts einwenden. [...] Ein großer Teil der Intelligenz [...] hatte sich von den Vorkriegsregierungen abgewendet, da diese den Mißständen nicht abzuhelfen vermochte. [...] Eine Minderheit unter ihnen, angezogen vom Marxismus, war bereit, seiner Ideologie die Chance einzuräumen, eine bessere Welt aufzubauen.

Die von den wirtschaftlichen Wiederaufbauprogrammen abhängigen Arbeiter und Ingenieure waren zuallererst daran interessiert, daß ihre Fabriken wieder arbeiteten. Der schnelle Wiederaufbau der Wirtschaft war ein wesentlich dringenderes Thema als die Politik. Die Mehrheit unter ihnen hielt die staatliche Planung für notwendig und folgerichtig.

Politisch aktive Liberale in Osteuropa kooperierten zumindest teilweise mit den Kommunisten, da es ihnen schien, daß die Demokratisierung und kommunistische Reformprogramme Hand in Hand gingen."[50]

Tatsächlich liefen die Demokratisierung und die Modernisierung der Wirtschaft parallel und verbanden sich miteinander. In Ungarn wie in Polen führte die Befreiung von der deutschen Besatzung gleichzeitig zur Befreiung großer Teile der Bevölkerung von den völlig kompromittierten postfeudalen, antidemokratischen und faschistischen

---

50 Brzeziński, 6ff.

Regimen. Direkt nach der Vertreibung der deutschen Truppen begann ein Prozeß der „Demokratisierung von unten", der in vielerlei Hinsicht den Absichten der kommunistischen Parteien zuwiderlief. Lokale, nach dem Muster der Koalitionsregierung gebildete Nationalkomitees ersetzten in den Dörfern, Städten und Provinzen die alte zusammengebrochene Verwaltung. Die durch die Kommunisten initiierten Komitees zur Landverteilung wurden von den landlosen und armen Bauern übernommen, die die gesetzlichen Richtlinien im Sinne ihrer eigenen Interessen interpretierten. Arbeiterräte besetzten die von ihren Eigentümern verlassenen Fabriken, übernahmen die Leitung und setzten mit Hilfe von Ingenieuren und Technikern die Produktion wieder in Gang. Spontan entstanden Arbeitsbrigaden, die das zerstörte Verkehrswesen wieder aufbauten. Nach der Wiederherstellung der Zentralmacht in Budapest und Warschau wurden diese populistischen Massenbewegungen von unten von oben gezügelt.

Was folgte war – trotz allem – eine bisher unbekannte Demokratie, auch wenn das Koalitionssystem den Bedürfnissen Moskaus entsprechend Schritt für Schritt eingeschränkt, kontrolliert und deformiert wurde.

In Ungarn erreichte die Partei der Kleinen Landwirte aufgrund ihrer in der Zwischenkriegszeit entstandenen bäuerlichen Basis und demokratischen Traditionen die Stimmenmehrheit in den freien Wahlen von 1945 und 1946. Auch bei den manipulierten Wahlen 1947 konnte sie, inzwischen ein Sammelbecken aller antilinken Kräfte, zusammen mit Oppositionsparteien außerhalb der Koalition diese Mehrheit verteidigen.

Weite Kreise der bislang jeden politischen Einflusses beraubten Bevölkerung partizipierten nun am politischen Leben, hatten Teil an der Machtstruktur und der Regierung. Bis zum Ende dieser Periode blieben große Teile der Presse-, Meinungs- und Glaubensfreiheit erhalten, obwohl sie durch den Machtgewinn der Kommunisten, den diese in einem diese Zeit charakterisierenden vierjährigen Machtkampf zwischen Rechten und Linken errangen, zunehmend gefährdet waren. Der ideologische Einfluß der katholischen Kirche, des größten Grundbesitzers der alten „Adelsgesellschaft", wurde durch die Trennung von Kirche und Staat und die Säkularisierung des Schulsystems zwar eingeschränkt, aber nicht gebrochen.

In Polen war die Entwicklung der politischen Demokratie größeren Beschränkungen ausgesetzt. Die Befreiung von der deutschen Okkupation durch die Rote Armee wurde weit weniger als echte Befreiung wahrgenommen, denn als eine neue Okkupation durch Rußland – den anderen historischen Feind. Die wichtigste Widerstandsbewegung gegen die Nazis war von der Londoner Exilregierung beherrscht worden und einige ihrer Fraktionen setzten den bewaffneten Kampf zwei weitere Jahre fort – jetzt gegen die Russen.

Die neue provisorische Regierung war eine von den Kommunisten und ihren sozialistischen *fellow travelers* dominierte Scheinkoalition. Erst nach starkem westlichen Druck auf die Sowjetunion konnte der Führer der Bauernpartei Mikołajczyk ihr beitreten. Für die Sowjetunion war die Kontrolle über Polen von höchstem Sicherheitsinteresse, aber prosowjetische Sympathien gab es nur in der Polnische Arbeiterpartei (PPR), bezeichnenderweise die einzige kommunistische Partei der Region, die die Bezeichnung „kommunistisch" vermied. Diese psychologische Hürde konnte nur teilweise durch die Hilfe der Sowjetunion bei der Übernahme reicher deutscher Gebiete und durch populäre sozioökonomische Reformen überwunden werden. Bis 1947 riskierte es die Regierung nicht einmal, eine manipulierte Wahl durchzuführen.

Das bedeutet nicht, daß es zu keinem Demokratisierungsprozeß der rückständigen postfeudalen Strukturen kam. Für große Teile der Bevölkerung öffneten sich die bis dahin fest verschlossenen Türen zum politischen und gesellschaftlichen Leben. Die polnische Historikerin Krystyna Kersten schreibt in ihrem ersten, auf Englisch publizierten Bericht über das Innenleben der Gesellschaft in dieser Periode: „Nichts könnte verkehrter sein, als zu behaupten, die gesamte Gesellschaft hätte die UdSSR, die Kommunisten und ihre politische Herrschaft abgelehnt. Die neue Staatsgewalt bot echte Vorteile. [...] Jeder sozialen Gruppe, ob Bauern, Arbeitern oder Intelligenz, winkten soziale Möglichkeiten, die sich im Lauf der Zeit noch verbesserten. [...] Arbeiter gelangten in führende Positionen und die Landjugend bekam die Chance schneller Förderung. [...] Die Kommunisten und ihre Verbündeten publizierten nicht nur ihre Parteiprogramme, sondern setzten, zumindest teilweise, die demokratischen Parolen der Linken in die Tat um."[51]

Zu ähnlichen Schlußfolgerungen kommt Marian K. Dziewanowski: „Diese Jahre waren gekennzeichnet durch Umgestaltungen, die bestimmte genuin demokratische und sozialistische Züge aufwiesen. [...] Den nichtkommunistischen politischen und religiösen Kräften wurde ein gewisser Spielraum gelassen, vorausgesetzt, sie forderten die neue Ordnung, die Führung der PPR oder das Grundprinzip der polnisch-sowjetischen Freundschaft nicht offen heraus. Das Maß an Freiheit war nicht unbedeutend. [...] 1947 gab es in Polen noch vier Freiheiten: Glaubensfreiheit, Reisefreiheit einschließlich der freien Wahl des Arbeitsplatzes, die Freiheit, Radio, auch ausländischer Sender, zu hören und schließlich die Meinungsfreiheit." [52]

Der eingeschränkte und überwachte Demokratisierungsprozeß wurde unterstützt durch den Generalsekretär der PPR Wladisław Gomułka und seinen ernsthaften Glauben an die Prinzipien der Volksdemokratie, wie sie für die Nachkriegsperiode postuliert und als – polnischer, nicht sowjetischer – Weg zum Sozialismus vorgesehen war. Am 2. Juni 1946 erklärte er: „Wir in Polen haben einen Weg eingeschlagen, der vom sowjetischen abweicht, ohne die Notwendigkeit einer Diktatur des Proletariats setzten wir uns für die Möglichkeit einer Entwicklung ein, die dem parlamentarischen System ähnelt." [53] Genau zwei Jahre später, am 2. Juni 1948, leitete das Festhalten an diesem Weg seinen Sturz ein und gleichzeitig die Zerstörung der Volksdemokratie in Polen.

Innerhalb des sozioökonomischen Rahmens von Demokratisierung und Reform fand der politische Kampf um den Charakter der Entwicklung zwischen den Kräften statt, die eine sozialistische Umgestaltung ablehnten, und denen, die sie vorantrieben. Die Gegner waren in den Bauernparteien konzentriert, Befürworter im Block der Kommunisten und Sozialisten sowie ihrer Mitläufer. Angesichts der schließlichen und zwangsläufigen Resignation der Westmächte sowie der aktiven Hilfe und des Drucks der Sowjetunion war es ein ungleicher Kampf.

---

51   Kersten, 170.
52   Marian K. Dziewanowski: The Communist Party of Poland: an Outline of History. Cambridge/Mass. 1976, 206ff.
53   Kersten, 270.

Während in der freien Tschechoslowakei der Vormarsch der Kommunisten hauptsächlich von den oben erwähnten inneren Faktoren abhing, war er in den besetzten Ländern Polen und Ungarn maßgeblich auf die offene und verdeckte Intervention der Sowjetunion zurückzuführen, die jederzeit, wenn nötig, das Gleichgewicht zugunsten der Kommunisten verändern konnte. Die demokratischen Errungenschaften, bürgerliche und sozialistische gleichermaßen, wurden allmählich kontrolliert, beschnitten und entstellt, je nachdem es in die Hochs und Tiefs der sowjetischen Sicherheitsinteressen und in den sich verschärfenden Konflikt mit den Westmächten paßte. Schließlich, in der Endphase dieses Konflikts, erhielt man grünes Licht für die durch die internationale Situation plötzlich vorzeitig veranlaßte totale kommunistische Kontrolle in allen Ländern der sowjetischen Interessensphäre.

Die Zerstörung der Volksdemokratie

Marshallplan und Kominform

Der Kalte Krieg brach nicht von einem Tag zum anderen aus. Die aufgrund des gemeinsamen Interesses an der Niederwerfung Deutschlands gebildete Große Koalition hatte nach dem Sieg ihren Charakter geändert. Grund dafür waren die vitalen gegensätzlichen Interessen in der Nachkriegswelt. Auf den Konferenzen während der Kriegszeit hatten Churchill und Roosevelt zwar das vorherrschende Sicherheitsbedürfis an einem sowjetfreundlichen *cordon sanitaire* akzeptiert, nicht jedoch die vorbehaltlose Sowjetisierung Ostmitteleuropas. Spätestens 1947 waren die westlich orientierten Koalitionspartner dezimiert und zum hoffnungslosen Rückzug gezwungen. In der Tschechoslowakei jedoch konnten sie noch zurückschlagen. Die polnische Regierung stand noch unter der Führung eines Sozialdemokraten und hielt an einem nichtsowjetischen Weg fest. In Ungarn entstammten sowohl der Premierminister als auch das Staatsoberhaupt der Partei der Kleinen Landwirte, und bei der Wahl Ende August 1947 erhielt der Linksblock aus Kommunisten, Sozialisten und der Bauernpartei nur 46 Prozent der Stimmen.

Für die Vereinigten Staaten war die Lage in Westeuropa viel alarmierender. In Frankreich und Italien beteiligten sich die Kommunisten an den Regierungen und erlangten bedeutenden Einfluß. In Frankreich wurden sie zur stärksten Partei und in Italien erhielten sie zusammen mit den Linkssozialisten die Mehrheit der Stimmen. Hinzu kam das wirtschaftliche und politische Chaos in den zerstörten westlichen Besatzungszonen Deutschlands. Es war viel mehr diese alarmierende Situation in Westeuropa als einige bedrohliche neue Entwicklungen in der politisch untergeordneten sowjetischen „Pufferzone" – zumal es Stalin zu dieser Zeit noch ängstlich vermied, die USA gegen sich aufzubringen –, die Washington mit der Ankündigung des Marshallplanes zu einem radikalen Politikwechsel veranlaßte.

Die Richtung ließ sich bereits durch die Truman-Doktrin erahnen. Die im Frühjahr 1947 von der US-Politik vollzogene historische Kehrtwende begann damit, das fruchtlose diplomatische Gerangel mit der Sowjetunion durch einseitige, offen militärische, wirtschaftliche und politische Aktionen zu ersetzen, um den sowjetischen Einfluß in Europa einzudämmen. Durch die Entwicklung der sowjetischen Atombombe erhöhte sich die Gefahr, daß Moskau seine bis dahin defensive, auf die Stärkung ihrer bisherigen Position gerichtete Politik zugunsten einer offensiven, expansionistischen aufgeben könnte. Am 11. März 1947 verkündete Präsident Truman: „Es muß nach meiner Auffassung die Politik der Vereinigten Staaten sein, freie Völker zu unterstützen, die sich gegen die Unterjochung durch bewaffnete Minderheiten oder durch äußeren Druck zur Wehr setzen."[54] Daraufhin bot er der Türkei und Griechenland militärischen Beistand gegen die kommunistische Bedrohung an.

Am 5. Juni wurde der Marshallplan verkündet, ein Angebot wirtschaftlicher Unterstützung für Europa. Er verfolgte drei untrennbare verbundene Grundziele: die Eindämmung der befürchteten Ausbreitung des Kommunismus nach Westeuropa, den Wiederaufbau eines vereinten westlichen Deutschland und seines wirtschaftlichen Potentials sowie die Bildung eines westeuropäischen Blocks. Mit den Worten des amerikanischen Staatssekretärs im Außenministerium Dean Acheson: „Weil Diplomatie und Verhandlungen ergebnislos blieben, müssen wir unsere wirtschaftliche Macht nutzen, um die von der Sowjetunion ausgehende Expansion und Infiltration zu stoppen und eine Grundlage für politische Stabilität und wirtschaftlichen Wohlstand zu schaffen".[55]

Für die Sowjetunion bedeutete der Marshallplan eine offene Drohung mit dem überwältigenden US-Wirtschaftspotential, den Versuch, mittels wirtschaftlicher Hilfe die jüngst errungenen, jedoch noch ein wenig dünnen sowjetischen Landgewinne in Ostmitteleuropa zu untergraben. Ihre Antwort, einige Monate später, war, um im Gegenzug ihre Sicherheitszone unter totale kommunistische Kontrolle zu bringen, die Bildung des Kommunistischen Informationsbüros (Kominform) – war die Stalinisierung der Region.

---

54 Ibid., 400.
55 Daniel Yergin: Shattered Peace. The Origins of the Cold War. Boston 1977, 308.

Über die Ursprünge des Kalten Krieges ist schon seit seinem Beginn heiß diskutiert worden. Die am weitesten verbreitete Meinung unter westlichen Historiographen gibt die Schuld klar der Sowjetunion und lehnt die gegenteilige Ansicht als „revisionistisch" ab. Das erst seit kurzer Zeit zugängliche russische und ostmitteleuropäische Archivmaterial stützt jedoch die „Revisionisten". Die Chronologie ist eindeutig: Die ersten Schüsse in diesem lange eskalierenden und konfrontativen Prozeß feuerten die Amerikaner mit der Truman-Doktrin ab, vor allem aber mit dem Marshallplan. Obwohl die Sowjetunion und ihre Klientelstaaten auch zur Pariser Konferenz über den Marshallplan eingeladen wurden, hatten doch die Amerikaner, Briten und Franzosen zu keiner Zeit die Absicht, Moskau mit einzubeziehen. Scott Parrish schreibt dazu, aus einem offiziellen US-Archivdokument zitierend: „Sowohl Bevin als auch Bidault [die Außenminister Englands und Frankreichs] versicherten dem amerikanischen Botschafter in Paris, Jefferson Caffery, daß die Einladung kaum mehr als Staffage wäre, um innenpolitisch der Kritik durch die Linke vorzubeugen. Beide sagten Caffery, 'sie hofften, daß die Sowjets die Kooperation verweigerten'". [56]

Auf der anderen Seite war Stalin immer noch bemüht, die Große Koaltion aufrechtzuerhalten. Er hatte entschieden, eine Delegation unter der Führung Molotows nach Paris zu senden, um die Einzelheiten des amerikanischen Angebots herauszufinden und Bedingungen einer sowjetischen Beteiligung – anstelle eines gesamteuropäischen Plans Pläne für einzelne Staaten – zu prüfen. Als der sowjetische Vorschlag abgelehnt wurde, stürmte Molotow aus der Konferenz und beschuldigte die Westmächte, Europa in zwei feindliche Lager zu spalten. Der sowjetischen Ablehnung folgten auf unmißverständlichen Befehl Stalins alle Klientelstaaten, obwohl sie anfangs sehr begierig auf eine Teilnahme waren. Während der nächsten Monate reagierte die Sowjetunion unentschlossen. Sie schwankte zwischen der Hoffnung auf einen möglichen Kompromiß und dem Eingeständnis, daß die Große Koalition endgültig beendet war. [57]

---

56 Zitiert nach Scott Parrish: The Marshall Plan, Soviet-American relations and the division of Europe. In: The Establishment of Communist Regimes in Eastern Europe, 1944–1949. Boulder/Colorado 1997, 277.
57 Dies belegen verschiedene, manchmal widersprüchliche Papiere, die in Giuliano Procacci et al.: The Cominform. Minutes of the Three Confernces: 1947, 1948, 1949. Mailand 1994, dokumentiert sind.

Im Juni 1947 schlug Stalin Gomułka die Einberufung einer Konferenz zur Gründung eines „Informationsjournals" – nicht einer Organisation – vor, das gemeinsam von verschiedenen kommunistischen Parteien publiziert werden sollte. Erst am 15. August 1947 entwarf die Außenpolitische Abteilung der KPdSU ein Memorandum für den Sekretär des Zentralkomitees Andrej Shdanow, das den Aufbau einer Organisation und die Änderung der Tagesordnung der Konferenz ankündigte: „Kämpft gegen die Versuche des amerikanischen Imperialismus, die Länder Europas wirtschaftlich zu versklaven, diskutiert die Beziehungen zwischen der Sowjetunion und den kommunistischen Parteien und koordiniert ihre Aktivitäten". [58]

Shdanow nahm in den nächsten Wochen beträchtliche Änderungen an dem Entwurf vor. Erst die letzten Korrekturen formten ihn in das Eingeständnis um, daß die Teilung der Welt in zwei Lager als definitiv anzusehen sei und nach der Entfernung der französischen und italienischen Kommunisten aus der Regierung im Westen keine Kräfte mehr zur Verfügung standen, um dies rückgängig zu machen. Daher seine scharfe Kritik dieser Parteien für ihre „unmarxistische Idee eines friedlichen Übergangs auf einem eigenen Weg zum Sozialismus, unterschieden vom russischen" und dafür, daß sie „dem Charme parlamentarischer Kombinationen erlegen seien". [59]

Die ursprüngliche sowjetische Direktive der Nachkriegszeit von den „nationalen Sonderwegen" war damit verworfen und vergessen. Im Kontext dieses Buches werden wir die internationale Bedeutung dieser neuen Politik nicht weiter untersuchen, sondern uns auf die Konsequenzen für die Volksdemokratien beschränkten. In einer Fassung seines Entwurfs kritisierte Shdanow die tschechoslowakische Partei scharf, weil sie „die Anwesenheit der Sowjetarmee nicht zu nutzen verstand und nicht über genug Erfahrung verfügte, aus der günstigen Situation Vorteile" für die Ergreifung der Macht zu ziehen. [60] Diese Anklage wurde nicht in den endgültigen Text übernommen, weil man die Verurteilung der westlichen Parteien für ausreichend hielt, um den irregeleiteten Parteien der Volksdemokratien den politischen Wandel zu demonstrieren.

58   Ibid., 4.
59   Ibid., 22.
60   Ibid., 20.

Und irregeleitet waren sie in der Tat. In seiner Eröffnungsrede im ersten Teil der Warschauer Konferenz vom 22.–24. September 1947 betonte Gomułka die informelle Natur des Treffens, wiederholte den Wunsch, die Gründung einer internationalen Organisation nach dem Vorbild der Komintern möge ausgeschlossen werden, und betonte das Prinzip des „nationalen Weges". Die Sprecher aller anderen Parteien folgten seinem Beispiel und hielten ihrerseits an dem ursprüngliche vorgeschlagenen Rahmen eines bloßen Erfahrungsaustausches fest.

Die jähe Wende erfolgte am 25. September während des zweiten Teils der Konferenz, als Shdanow, zur völligen Überraschung der Delegierten aus den Volksdemokratien, neue Richtlinien erließ: keine nationalen Wege mehr, dafür die Anwendung des russischen Modells, keine bloßen Konsultationen, sondern Koordination der Politik, keine informellen Treffen, sondern strikte organisatorische Einheit unter sowjetischer Führung. Hatte im ersten Konferenzteil Georgi M. Malenkow, der Delegierte der Sowjetunion, noch von der „Unerläßlichkeit der friedlichen Koexistenz beider Systeme" und der „freundschaftlichen Zusammenarbeit friedliebender Nationen" gesprochen[61], so präsentierte Shdanow im zweiten Teil bereits die neue Doktrin der Bildung zweier Lager – dem imperialistischen und dem demokratischen – als Antwort auf den Marshallplan. Er sprach von der Notwendigkeit, eine Organisation zu gründen, die der Konsultation und „freiwilligen" Koordination der Aktionen diene und Moskaus Recht legitimiere, sich in die inneren Angelegenheiten der „Bruderparteien" einzumischen.

Dieser plötzliche Wandel wurde von den Delegierten unterwürfig akzeptiert und unterstützt. Nur Gomułka sträubte sich. In der Pause, die Shdanows Bericht folgte, rief er die Mitglieder des polnischen Politbüros zusammen, und erklärte, daß er die Bildung einer internationalen Organisation mit kontrollierenden Machtbefugnissen eines ausländischen Zentrums ablehne, und legte sein Amt als Generalsekretär nieder. Auch andere hatten ihre Zweifel, legten sie jedoch schnell ab. Gomułka widerrief seinen Rücktritt vorerst und ließ seine Bedenken beiseite.

---

61 Ibid., 89.

Die Unentschlossenheit und das Schwanken der sowjetischen Führung dauerte vom Juni 1947, als Stalin Gomułka die Unterstützung der „speziellen Informationskonferenz" vorgeschlagen hatte, bis in die ersten Septembertage, in denen Shdanow den endgültigen Text seiner Rede Stalin übergab. Während mit der Proklamation des Marshallplans der erste Schuß des Kalten Krieges gefallen war, wurde mit dem Shdanow-Bericht, mehr als drei Monate später, das Feuer erwidert und die Unterwerfung der kommunistischen Parteien in der sowjetischen Interessensphäre durch die Wiederbelebung der Komintern und die aufgezwungene Umwandlung der Volksdemokratien der ostmitteleuropäischen Region in die uniformen Strukturen des Stalinismus in Gang gesetzt.

Die Details der kommunistischen Machtergreifung sind nicht Thema dieses Buches. Unter direkter sowjetischer Kontrolle erfolgten in allen Klientelstaaten koordinierte, konzentrierte Angriffe mit dem Ziel, die Volksdemokratien zu zerstören. Als erste mußte die Tschechoslowakei nachgeben. Am 13. Februar 1948 provozierten die Kommunisten in einem wahren „Blitzkrieg"[62] eine tiefe politische Krise im Verhältnis zu ihren Koalitionspartnern, mobilisierten Arbeiter- und Bauernorganisationen zur Einschüchterung der Opposition und zwangen die zentristischen – nicht jedoch die sozialistischen – Regierungsmitglieder zum Rücktritt. Am 19. Februar kam der stellvertretende sowjetische Außenminister Valerian Sorin nach Prag und erklärte seinem tschechischen Amtskollegen Jan Masaryk, daß die Sowjetunion aufgrund der sich zuspitzenden Weltlage von seinem Land größere Loyalität und stärkere Unterstützung für Gottwalds Bemühungen erwarte, die Krise zu lösen. Gegenüber dem Vorsitzenden der Sozialisten, Bohumil Laušman, äußerte er sich offener und riet ihm dringend, sich zusammen mit Gottwald gegen die Verbündeten der „reaktionären Kräfte des Auslands" zu stellen, andernfalls die Sowjetunion sich gezwungen sähe, die „Unabhängigkeit" der Tschechoslowakei selbst sicherzustellen. Gottwald überbrachte er den „Vorschlag" Stalins, die Krise auszunutzen und, wenn nötig mit Hilfe des sowjetischen Militärs, eine entscheidende Konfrontation herbeizuführen.

---

62 Im Original Deutsch (Anm. d. Ü.).

Gottwald schlug dieses Angebot aus und erklärte, die Situation völlig unter Kontrolle zu haben. Ein sowjetischer Einmarsch würde nur die innen- und außenpolitischen Probleme verschärfen. US-Botschafter Lawrence Steinhardt traf am gleichen Tag wie Sorin in Prag ein, konnte aber nur die moralische und diplomatische Unterstützung seines Landes anbieten. Während der nächsten Tage verkündete Gottwald, daß die Parteikader, die bewaffnete Polizei und die Sicherheitsdienste in Bereitschaft stünden. Er beorderte Sondereinheiten in die Hauptstadt und organisierte im ganzen Land Massendemonstrationen. Am 25. Februar sah Beneš keine andere Möglichkeit, als eine von den Kommunisten geführte Regierung in „Koalition" mit linken Sozialisten und einigen prokommunistischen Mitläufern zu berufen. Binnen zwölf Tagen waren alle Hindernisse beseitigt und die Stalinisierung des Landes konnte beginnen.

Die Demontage der polnischen Volksdemokratie nahm wesentlich mehr Zeit in Anspruch. In der stark manipulierten und gefälschten Wahl vom Januar 1947 erhielt der Linksblock 80 Prozent der Stimmen und die Bauernpartei wurde mit 10 Prozent zu einer marginalen Kraft. Das nächste Ziel der Kommunisten war die völlige Zerschlagung der Bauernpartei und die Vereinigung der beiden Arbeiterparteien, der Kommunisten und Sozialisten. Diese Ziele sollten jedoch innerhalb des Konzeptes des „polnischen Weges" erreicht werden, also durch vorzugsweise politische, organisatorische und ideologische Mittel, nicht durch administrative oder polizeiliche Maßnahmen. Es sollte, wie Gomułka es nannte, eine „sanfte Revolution" sein, die Spannungen und Konflikte entsprechend der konkreten Situation des Landes in Grenzen gehalten werden.

Mit der Proklamation des Marshallplans und der Gründung des Kominform hatte sich die internationale Situation geändert. Zu diesem Zeitpunkt war Polen von den Vereinigten Staaten bereits abgeschrieben worden. Seine Bitten um Getreidelieferungen und Kredite wurde abgelehnt, weil, so US-Botschafter Stanton Griffis, „ein Dollar für Polen [...] ein Dollar für die Sowjetunion" sei.[63] Jetzt drängte Moskau die Polen, den Prozeß der Umgestaltung zu beschleunigen. Der

---

63 Kersten, 406.

wachsende Druck auf die Bauernpartei führte bald zu ihrem Zerfall und zwang Mikołajczyk im Oktober 1947 zur Flucht ins Ausland, weil er um sein Leben fürchten mußte. Auch der Druck auf die Sozialisten erhöhte sich, doch Gomułka lehnte jede erzwungene Eingliederung mit der Begründung ab, die Vereinigung könne nur freiwillig erfolgen.

In den Augen Moskaus bildete jedoch eine unabhängige sozialistische Partei das letzte zu überwindende Hindernis. Als sich der Konflikt zwischen Stalin und Tito zuspitzte, wurde die Ausschaltung des aufsässigen Gomułka zu einer dringenden Aufgabe. Die Gelegenheit ergab sich am 3. Juni 1948 nach Gomułkas Bericht vor dem Zentralkomitee. Wir müssen uns hier auf seine Hauptaussage beschränken, die Verteidigung des „polnischen Weges zum Sozialismus", der Unabhängigkeit Polens und der polnischen Partei. Weder wollen wir die Angriffe des Politbüros auf Gomułkas „rechte, nationalistische und revisionistische Abweichungen" noch seine beherzte Verteidigung im einzelnen schildern. Auch können wir die im Vorfeld ausgegebenen sowjetischen Direktiven an Bierut, den stalinistischen Präsidenten der Republik, nicht genauer dokumentieren. Bekannt ist jedoch, daß während der Attacken auf Gomułka zeitweise Molotow anwesend war. Der Konflikt endete fürs erste am 22. August 1948 mit der Amtsenthebung Gomułkas als Generalsekretär und seiner Ersetzung durch Bierut.

Damit befand sich der polnische Weg zum Sozialismus in der Sackgasse. Im September wurden sieben rechtssozialistische Führer verhaftet und des Versuchs angeklagt, im Auftrag eines ausländischen Geheimdienstes das demokratische System stürzen zu wollen. Im November verurteilte man sie in einem stalinistischen Schauprozeß zu langen Haftstrafen. In einer Atmosphäre zunehmenden Terrors verabschiedeten am 15. Dezember 1948 die Delegierten der Sozialistischen und Kommunistischen Partei einstimmig eine Vereinigungsresolution. Die letzte Hürde der Sowjetisierung war genommen.

Ungarn war Anfang 1947 die einzige Volksdemokratie, in der rechte Kräfte der Bauernschaft, der Bourgeoisie und der Kirche noch über beträchtliche politische Macht verfügten. Am Vorabend des Kominform-Treffens änderte sich die Situation schlagartig. Die Partei der Kleinen Landwirte zerfiel, ihr Generalsekretär wurde verhaftet, ihr Premierminister zum Verlassen des Landes gezwungen und ihr Stimmenanteil schrumpfte von 57 auf 15 Prozent. Mit dem Ausschluß ihres rechten Flügels verlor die Partei jede Hoffnung, den Gang der Ereignisse noch beeinflussen zu können. Jedoch konnte die Partei der Kleinen Landwirte zusammen mit einigen zersplitterten, untereinander verfeindeten Oppositionsparteien außerhalb der Koalition noch eine, wenn auch ohnmächtige Parlamentsmehrheit aufrecht erhalten.

Nach dem Kominform-Treffen begann die Demontage der volksdemokratischen Strukturen und die Stalinisierung der Gesellschaft. Im Februar 1948 wurde im Rahmen einer neuen Wirtschaftspolitik unter anderem die Verstaatlichung oder staatliche Kontrolle der Finanz-, Industrie- und Bergbauunternehmen gefordert, soweit sie noch in privater Hand waren. Gleichzeitig sollten das Volkseigentum an allen Schulen den Einfluß der katholischen Kirche auf die Bildung brechen, der Ausbau des genossenschaftlichen Sektors in der Landwirtschaft vorangetrieben und die „kulakischen" Großbauern beschränkt werden. Der Dreijahresplan wurde zugunsten der Schwerindustrie verändert.

Die politische Umgestaltung zur totalen politischen Macht erfolgte schnell und relativ reibungslos. Die Oppositionsparteien außerhalb der Koalition zerfielen rasch, ihre Führer flohen in den Westen. Der nächste entscheidende Schritt zur Einparteienherrschaft war die Eingliederung der Sozialdemokratischen Partei. Schon im Dezember 1947 hatte sie ihren rechte Flügel öffentlich angegriffen, im Januar 1948 begannen Massenübertritte ihrer Mitgliedern zur Kommunistischen Partei und im Februar wurde die rechte Parteiführung zum Rücktritt gezwungen. Viele von ihnen verließen das Land mit Reisepässen, die der kommunistische Innenminister ausgestellt hatte. Im März entschied ein Parteitag unter der neuen linken Führung, Verhandlungen mit den Kommunisten aufzunehmen, um die Vereinigung vorzubereiten. Im April begann die Vereinigung auf der Ebene der lokalen Organisationen und am 22. Juni erklärte ein gemeinsamer Parteitag die Bildung einer vereinigten ungarischen Arbeiterpartei.

Die von Moskau aufgezwungene Koordination wird bei der Zerstörung der sozialdemokratischen Parteien besonders deutlich. Sie wiederholte sich im Zuge des Stalinisierungsprozesses in allen Satellitenstaaten: in Rumänien am 21. Februar, in der Tschechoslowakei am 27. Juni, in Bulgarien am 11. August und in Polen am 15. Dezember 1948.

Übrig blieb das Problem der Partei der Kleinen Landwirte, doch die Partei liquidierte sich letztlich selbst. Auf einem Parteitag im Oktober 1948 akzeptierte sie das Prinzip der sozialismustypischen genossenschaftlichen Landwirtschaft, anerkannte die führende Rolle der Arbeiterklasse beim Aufbau einer sozialistischen Gesellschaft, erklärte ihre Unterstützung im Kampf gegen den politischen Katholizismus und die „reaktionäre Kirche" und sprach sich sogar für Beschränkungen der „Kulaken" aus. Mit den Rücktritten von Premierminister Lajos Dinnyés und Präsident Zoltán Tildy war die Kapitulation der Partei der Kleinen Landwirte perfekt.

Der Endpunkt in diesem „Jahr des Wandels", wie es der Generalsekretär der Kommunistischen Partei Rákosi nannte, war die Verhaftung von Kardinal Mindszenty am 23. Dezember. Damit wurde ein 900 Jahre alter Pfeiler der ungarischen Gesellschaft, Politik und Ideologie zu Fall gebracht. Die katholische Kirche hatte die Geschichte Ungarns durch den westlichen und ostmitteleuropäischen Feudalismus und Kapitalismus begleitet und auch die Periode der Volksdemokratie konnte ihr nur wenig anhaben. Nun wurde sie in die administrativ-polizeiliche Zwangsjacke des Stalinismus gezwungen.

*

Ende 1948 waren alle ehemaligen Volksdemokratien vom Sowjetsystem absorbiert worden. Dimitroff, der das Konzept 1944 als erster formuliert hatte, berichtigte es vier Jahre später dahingehend, daß die sowjetische und die volksdemokratische Regierungsform zwei Formen ein und derselben Macht der Diktatur des Proletariats seien. Der Begriff selbst war anachronistisch geworden und wurde von nun an nur noch genutzt, um dem stalinistischen System ein demokratisches Mäntelchen umzuhängen.

Die Stalinisierung kappte die geschichtlichen Bindungen der aufkommenden gesellschaftlichen und demokratischen Errungenschaften mit der Vergangenheit. Nach 450 Jahren eigenständigen Lebens hörte die ostmitteleuropäische Region auf zu existieren und wurde der von der Sowjetunion beherrschten östlichen Region einverleibt. Die historische Scheidelinie, die sie vom Westen trennte, befand sich wieder dort, wo sie am Ende des Mittelalters gezogen worden war.

Das stalinistische Erbe

Strukturwandel in einer zerstörten Region

Die fünf stalinistischen und die folgenden 35 poststalinistischen Jahre gehören nicht zum Gegenstand dieses Buches, der Geschichte der ostmitteleuropäischen Region. Während die kurze Periode der Volksdemokratien eine Fortführung und Erweiterung dieser Geschichte war und – wie so oft in den vergangenen Jahrhunderten – Modifikation und Anpassung an vorherrschende äußere Einflüsse, stellten die folgenden 40 Jahre einen radikalen Bruch dieser Kontinuität dar. Die autonome Region selbst wurde ausgelöscht und gezwungen, ein Anhängsel einer grundlegend verschiedenen Region zu werden.

Wir werden weder den Prozeß ihrer politischen Unterwerfung untersuchen, noch uns mit der terroristischen kommunistische Diktatur des Parteistaates und ihren blutigen Schauprozessen, der Struktur der Kommandowirtschaft und der Militarisierung angesichts eines drohenden dritten Weltkriegs befassen. Nach Stalins Tod konnte das modifizierte, teilweise sogar reformierte Modell des seiner sozialökonomischen Basis nach unveränderten Stalinismus nur für kurze Momente schnell unterdrückter Aufstände in Warschau, Budapest und Prag durchbrochen werden – ein gescheiterter Hoffnungsschimmer während des „Tauwetters", international wie intern.

Uns interessiert, welche Erbschaft der zusammengebrochene Stalinismus der Gegenwart und Zukunft dieser Region hinterließ, die nun keine besondere Zwischenregion mehr ist, sondern auf dem Weg der Integration in das postindustrielle Europa. Mit dieser Zielstellung wollen wir die tiefen strukturellen Wandlungen skizzieren, denen das geographische Ostmitteleuropa in diesen 40 Jahren unterworfen war, den Charakter des zuerst rücksichtslosen, dann „sanften" Typs stalinistischer Modernisierung. Die Länder Ostmitteleuropas, mit ihrer historischen Zwischenlage zwischen Ost und West, die sich erst zur einen, dann zur anderen Seite neigten, versuchten auf stalinistischer

Grundlage die Jahrhunderte der Rückständigkeit in wenigen Jahrzehnten zu überwinden und zum übrigen Europa aufzuschließen.

Alle Länder erlebten die schnellste Wirtschaftsentwicklung ihrer Geschichte. Während das Bruttoinlandsprodukt Westeuropas in den ersten drei Jahrzehnten um das Zweieinhalbfache anstieg, belief sich der Zuwachs in den sowjetischen Satellitenstaaten auf das Viereinhalbfache. 1938 blieb das Bruttoinlandsprodukt der fünf Länder Tschechoslowakei, Ungarn, Polen, Rumänien und Bulgarien um 34 Prozent unter dem europäischen Durchschnitt, 1973 jedoch hatte sich der Abstand auf nur 20 Prozent verringert. Ehemalige Agrarländer wurden zu Industrienationen: In der Tschechoslowakei fiel der Anteil der bäuerlichen Bevölkerung von 28 auf 18, in Ungarn von 51 auf 24, in Polen von 65 auf 38, in Rumänien von 78 auf 55 und in Bulgarien von 80 auf 42 Prozent der Gesamtbevölkerung. Mehr als die Hälfte des Bruttoinlandsprodukts Ostmitteleuropas wurde industriell produziert und nur ein Drittel in der Landwirtschaft. In der Vorkriegszeit hatte der Anteil der Industrie nur ein Drittel betragen.

Während die forcierte Industrialisierung und brutale Kollektivierung der 50er Jahre die Landwirtschaft zwei Jahrzehnte lang lähmten, sorgten in der poststalinistischen Zeit Stabilisierung und Lockerung, in Polen gar die Aufgabe der Kollektivierung, die teilweise Einführung der Marktwirtschaft und vermehrte Investitionen für eine rasche Entwicklung. Dank der Mechanisierung und Nutzung moderner Agrartechnologie erreichte die durchschnittliche Agrarproduktion pro Kopf im Jahre 1980 fast drei Viertel, in Ungarn sogar 98 Prozent des US-Niveaus.

Iván T. Berend, dessen gründlicher Studie meine Ausführungen hier folgen, bemerkt dazu: „Eine Randregion, die unfähig war, im 19. Jahrhundert dem Pfad der westlichen Industrialisierung zu folgen, dann ihre vergleichsweise noch zunehmende Rückständigkeit in der ersten Hälfte des 20. Jahrhunderts mit ansehen mußte und die ihren überwiegend landwirtschaftlichen Charakter bis in die Mitte dieses Jahrhunderts beibehielt – dieses Ostmitteleuropa vollzog nunmehr eine verspätete ‚industrielle Revolution'.“[64]

---

64   Iván Tibor Berend: Decades of Crisis. Central and Eastern Europe before World War II. Berkeley 1998, 191.

Die wirtschaftliche Umgestaltung begleiteten soziale und kulturelle Veränderungen. Krieg, Holocaust und Stalinismus zerstörten die gesamte alte große und einen Großteil des kleineren Bourgeoisie, die politische, Verwaltungs- und kulturelle Elite. Mit großer sozialer Mobilität übernahmen mehr und mehr Bauern und Arbeiter ihren Platz; eine Art „positiver Diskriminierung" brachte sie an die Universitäten und in führende Positionen der Wirtschaft, Verwaltung und auf intellektuellem Gebiet. Die extrem arbeitsintensive Industrialisierung und die Kollektivierung der Landwirtschaft trieb Massen früherer Bauern in die städtische Fabrikarbeit und schuf eine neues Arbeiterklasse, die den Bedürfnissen der riesigen Partei- und Staatsbürokratie des Parteistaates entgegenkam.

Die vergleichsweise armen Gesellschaften wurden in hohem Maße homogenisiert, weil die Armut gleicher verteilt wurde. In einem System mit nahezu 100 Prozent Staatsangestellten verdiente ein Ingenieur oder ein junger Arzt nur ungefähr 20 bis 40 Prozent mehr als ein durchschnittlicher Arbeiter. Gleichzeitig blieben Fachkenntnissen und überdurchschnittlichen Leistungen oft die Anerkennung versagt und die allgemeine Arbeitsmoral sank auf ein niedriges Niveau.

Eng mit dem sozialen Wiederaufbau verbunden war eine echte „Kulturrevolution". Das Bildungssystem wurde radikal ausgebaut und blieb auf allen Ausbildungsebenen gebührenfrei. Man entwickelte ein Vorschulsystem für Drei- bis Sechsjährige, die nahezu alle Kinder dieser Altersgruppe aufnahm, und verlängerte die Basiswissen vermittelnde Grundschulzeit auf 8 bis 10 Jahre. Die weiterführenden höheren Schulen, die in der Vorkriegszeit nur 10 Prozent der Kinder besuchen konnten, nahmen nun – wenn auch in der Ausbildung mehr berufsorientiert – bis zu 90 Prozent auf. Die Anzahl der an Hochschulen und Universitäten Studierenden war zehn- bis fünfzehnmal höher als früher.

Der Kulturbereich erhielt hohe Subventionen. Bücher, Theater, Konzerte, Opern und Ausstellungen wurden jedem zugänglich gemacht. Zur Zeit des Zusammenbruchs des Kommunismus verfügte die Bevölkerung über ein wesentlich höheres kulturelles, intellektuelles und Bildungsniveau als vor dem Krieg.

Von größter Bedeutung war die verfrühte Errichtung eines alle Bürger umfassenden Wohlfahrtsstaates, der, wenngleich auf einem qualitativ niedrigen Niveau, eine breite Palette sozialer Dienstleistungen anbot. Altersrenten, kostenlose medizinische Versorgung, Kindergeld und lange Schwangerschaftfreistellungen wurden selbstverständlich. Viele Arbeitsstätten boten Kindertagesstätten und hochsubventioniertes Kantinenessen an. Die Wohnungsmieten wurden extrem niedrig gehalten. Einem Großteil der Bevölkerung bot man über die Gewerkschaften für ein geringes, eher nominelles als reelles Entgelt Urlaubsplätze an. In der nachstalinistischen Zeit gab Ungarn mehr als 15 Prozent seines Bruttoinlandsprodukts für soziale Dienste aus – mehr als die USA und die westeuropäischen Länder. Die anderen Satellitenstaaten lagen nicht weit dahinter zurück. Zusammen mit dem verfassungsmäßig garantierten Recht auf Arbeit und der Beseitigung der Arbeitslosigkeit wurde ein engmaschiges soziales Netz geknüpft, das der überwiegenden Mehrheit der Bevölkerung, wenn auch oft qualitativ unter der Norm, eine Grundsicherung bot.

Während wir diese wirtschaftlichen und sozialen Veränderungen und Errungenschaften betonen, beabsichtigen wir keineswegs, die repressive Natur des Systems zu beschönigen: der anfangs totale, dann hochselektive Entzug von Freiheiten und Menschenrechten für jeden, der nicht zur herrschenden kommunistischen Elite zählte, ferner die wachsende, alles beherrschende moralische Korruption und die hermetische Abschottung gegenüber dem Westen, die sich erst in den letzten Jahrzehnten etwas zu lockern begann. Wie bereits betont wollen wir weder das stalinistische noch das poststalinistische Modell analysieren, sondern einige der tiefgreifenden Veränderungen herausstellen, die, nachdem Stalin der Region eine Variante des Kommunismus auferlegt hatte, mit der Sowjetisierung verbunden waren und die notwendigerweise Gegenwart und Zukunft Ostmitteleuropas beeinflussen. Wir lassen ferner die politische Geschichte dieser vierzig Jahre, den Polizeistaat und die nationale Demütigung, die Polen, Ungarn und die Tschechoslowakei in Aufstände trieb, außer acht, und gehen auch nicht auf die verschiedenen Wege ein, denen jedes dieser Länder folgte, soweit es die engen Grenzen, die im Sowjetblock galten, gestatteten. Wir widmen uns weder der graduellen Lockerung der Diktaturen in Ungarn und Polen nach Stalins Tod, noch dem kaum veränderten, starren Stalinismus des „nationalen Kommunismus" in Rumänien, während Bulgarien und die Tschechoslowakei nach dem „Prager Frühling" zwischen beiden Extremen schwankten. Der Spielraum war in jedem der Satellitenstaaten verschieden groß, aber die Grenzen waren durch die sowjetische Partei und Armee sowie durch die praktisch vollständige Akzeptanz des Status quo durch den Westen klar abgesteckt.

Nach 1973 verlangsamte sich das rasche Wirtschaftswachstum schrittweise, stagnierte dann und ging schließlich zurück. Im Westen begann mit der Erfindung des Computers eine neue postindustrielle Epoche. Die auf neuen Kommunikationstechniken gegründete Veränderung des Produktions- und Dienstleistungssektors führte zur Einführung von Robotern, der Raumfahrttechnologie, neuen Werkstoffen und Energiequellen.

Die Sowjetunion und ihre Satelliten waren mit ihrer aus dem vorigen Jahrhundert stammenden technologischen Basis, die bereits bei ihrer Einführung in Ostmitteleuropa während der 50er Jahren veraltet war, politisch und ideologisch nicht in der Lage, ihre Wirtschaftspolitik diesen revolutionären Veränderungen anzupassen. Aus der Wirtschaftskrise wurde auch eine politische Krise. Um noch einmal Berend zu zitieren: „Da der Staatssozialismus die gesamte Wirtschaft beherrschte, untergrub die sich vertiefende Wirtschaftskrise die Legitimität des Regimes, die es vorübergehend hatte. Mit der schrumpfenden Wirtschaft verschwanden auch die staatlich verteilten Gewinne. Der mäßige, jedoch steigende Lebensstandard stagnierte völlig, der verfrüht eingeführte Wohlfahrtsstaat verlor seine Grundlage und das Schicksal der auf bescheidenem Niveau praktizierten Sicherheit, zu der auch die Vollbeschäftigung gehörte, wurde ungewiß. Aus dem zunehmenden Wirtschaftsdesaster entwickelte sich schrittweise eine umfassende Krise des Regimes."[65]

Das Ende kam mit der Agonie der Sowjetunion. Sie konnte weder wirtschaftlich, noch politisch oder ideologisch mit der westlichen Technologie Schritt halten, was auch Auswirkungen auf das militärische Gleichgewicht hatte. Sie verlor die Kontrolle über das krisengeschüttelte Ostmitteleuropa und mußte hilflos zusehen, wie in nur wenigen Wochen, zwischen November und Dezember 1989, der Stalinismus in der ehemaligen Region zusammenbrach.

---

65 Ibid., 232.

Die Region 1950 bis 1989/91

Requiem auf eine nicht mehr existierende Region

Einige abschließende Gedanken zur Umgestaltung

Die ostmitteleuropäische Region gibt es nicht mehr. Ihre spezifische historische Einheit hörte 1948/49 mit der Eingliederung in die stalinistische Gesellschaftssteuerung auf zu existieren. Vierzig Jahre später wurden die Satellitenstaaten durch den Zusammenbruch und Zerfall der Sowjetunion und des kommunistischen Systems von der Unterdrückung befreit, aber die ehemalige ostmitteleuropäische Region wurde nicht wiederbelebt. Sie verschwand unmittelbar nach Erlangung der Freiheit auch von der Landkarte. Ostdeutschland wurde mit der Bundesrepublik wiedervereinigt, Jugoslawien zerfiel in kleine, verfeindete Staaten und die Slowakei verkündete ihre Unabhängigkeit.

Oberflächlich betrachtet, schien der politische Wandel in all den Ländern, die nunmehr ihre Freiheit wiedererlangt hatten, vielversprechend. Die Einparteiendiktatur wurde schnell durch ein parlamentarisches, allerdings von Anfang an fragmentarisches Mehrparteiensystem abgelöst. Im entwickelten Zentrum der ehemaligen Region, in Ungarn, Polen und der Tschechoslowakei, brachten die Wahlen Mitte- und Mitterechtsparteien an die Macht, die von der früher im Untergrund agierenden demokratischen Opposition angeführt wurden. Auf dem Balkan, in den rückständigen, nach wie vor zumeist agrarisch geprägten Ländern Rumänien, Bulgarien und der abgefallenen Slowakei, erhielten Ex-Kommunisten mit geändertem Namen und dünner demokratischer Tünche die Mehrheit der Stimmen.

Die unterschiedlichen Wahlergebnisse markierten auch einen Scheideweg für die zukünftige Entwicklung. Die drei entwickelten Länder zog es zum Westen, die rückständigen Balkanstaaten nahmen Kurs in Richtung weiterer Verfall. Welchen der beiden Wege die Slowakei nehmen wird, ist noch ungewiß.

In jeder anderen Hinsicht erwies sich der erste Phase des Übergang vom Staatseigentum zur Privatisierung, von einer Plan- zu einer neo-

liberalen Marktwirtschaft als gleichermaßen katastrophal. Massenarbeitslosigkeit und Inflation, schnelle Verarmung der großen Mehrheit, besonders der Älteren und Rentner auf der einen Seite, die Bildung einer schmalen Oberschicht, der *nouveau riches,* von 5 bis 10
Prozent andererseits schufen eine tiefe Kluft zwischen den wenigen
Wohlhabenden und den vielen Armen, den Verlierern des Übergangs.
Eine Kriminalitätswelle erfaßte die gesamte frühere Region und
gefährdete die öffentliche Sicherheit. Das Wohlfahrtssystem wurde
schrittweise abgebaut, und das gut durchdachte Netz sozialer Sicherheiten, durch das der Staat die Lasten und Leiden von Krankheit und
Alter erleichtert hatte, wurde immer rissiger. Um die sozialen Auswirkungen zu demonstrieren, reicht ein Blick auf die durchschnittliche Lebenserwartung. War sie in den 70er Jahren bis auf 3 bis 4 Prozent an das westeuropäische Niveau herangekommen, so sank sie
jetzt wieder auf jenes Niveau, das vor den 70er Jahren bestanden
hatte.

Parallel zur sozialen Auflösung begann ein schwerer wirtschaftlicher
Verfall. Sogar in den entwickeltsten und am besten vorbereiteten Ländern führten die ersten Jahre der Umgestaltung zu einem plötzlichen
Fall des Bruttosozialprodukts um 20 bis 30 Prozent, während die Industrieproduktion sogar um bis zu 40 Prozent sank. In Ungarn kam
es infolge der überhasteten Zerstörung der mit Privatparzellen verbundenen landwirtschaftlichen Genossenschaften – dem einzigen
wirklich produktiven und prosperierenden Sektor – zu einem Rückgang der Produktion und des Exports um 50 Prozent. In Bulgarien
führte die Reprivatisierung zu einem Massenschlachten von Millionen von Schafen und Schweinen, weil die neuen, kleinen Privatbe-
triebe die Tiere nicht versorgen konnten.

Politisch gesehen schwand die anfängliche Euphorie über die neu
gewonnene Freiheit angesichts der sich verschlechternden Atmosphäre
des Alltagslebens schnell. Aus dem Nährboden enttäuschter Hoffnungen und verlorener Sicherheiten tauchte als einziges „Ideal" die
Fremdenfeindlichkeit und der Antisemitismus wieder auf. Nur dank
des veränderten internationalen Rahmens – westliche Demokratien
statt der Nazidiktatur – bleiben die Angriffe auf Juden, Sinti und Roma
sowie Schwarze sporadisch, wird die wechselseitige nationalistisch-
chauvinistische Propaganda zwischen Ungarn, Slowaken, Rumänen,

Ukrainern und anderen „fremden Elementen" in gewissem Maße gezügelt.

Wir haben die enormen, komplexen Schwierigkeiten nur kurz an-
gedeutet, denen Ostmitteleuropa gegenübersteht. Es gibt umfang-
reiche Literatur, die sich mit einzelnen Aspekten dieser problemati-
schen Lage beschäftigt. In diesem letzten Kapitel versuchen wir, über
Fragen und Antworten nachzudenken, über Enttäuschungen und
Hoffnungen für Gegenwart und Zukunft. Wir konzentrieren unsere
Überlegungen auf das Übergangsstadium in den drei entwickelten
Ländern und dabei vorrangig das Ungarns, dem Geburtsort des Au-
toren. Wir tun dies nicht nur, weil hier – im Hinblick auf die Gestaltung eines vereinten Europa – die Situation am aussichtsreichsten
ist, sondern weil die Zukunft der drei anderen, rückständigen Länder düster und bedrückend und leider, wie so oft in ihrer Geschichte, ein Randproblem auf der internationalen politischen Bühne bleiben wird.

Polen, die Tschechische Republik und Ungarn wurden gedrängt und
genötigt, mit westlicher Hilfe und zu westlichen Konditionen eine offene, voll funktionsfähige Marktwirtschaft zu übernehmen und die dirigistischen Sozialstrukturen abzubauen – sei es auf dem Weg einer
Schocktherapie oder durch eine schonendere Variante derselben Methode. Die schrecklichen Konsequenzen wurden als unglücklicher,
aber unvermeidbarer Preis des Übergangs dargestellt.

Mitte der 90er Jahre stoppte der dramatische Niedergang, die Wirtschaft begann sich leicht zu erholen und die galoppierende Inflation
konnte gebremst werden. Die Regierungen veröffentlichten ermuti-
gende Statistiken, denen zufolge sich das Blatt wende, und prophe-
zeiten optimistisch eine abzusehende Stabilisierung und künftiges
Wachstum. Die bedrückte allgemeine Stimmung unter der Bevölkerung verbesserte das jedoch nicht, weil die offiziellen Angaben weder
zu spüren waren noch glaubwürdig schienen. Es tauchte eine breit aus-
geprägte Sehnsucht nach der Vergangenheit auf, keineswegs nach dem
kommunistischen System, das kaum jemand zurückwünschte, wohl
aber nach der verlorenen Sicherheit und der Vorausschaubarkeit des
Lebens. Es war eine Reaktion auf die zügellose Kriminalität und Korruption der neuen politischen und wirtschaftlichen Elite, auf das hart-

näckige Andauern der Massenarbeitslosigkeit und die miserablen Sozialleistungen.

Diese Unzufriedenheit fand ihren politischen Ausdruck in der Niederlage der Mitterechtsregierungen. 1993 in Polen und 1994 in Ungarn konnten die Linken, Nachfolger der kommunistischen Parteien, einen Wahlsieg erringen, verloren aber nur wenige Jahre später, als sich herausgestellt hatte, daß sie derselben restriktiven neoliberalen Politik folgten wie ihre Vorgänger und sich keine spürbare Verbesserung der Lebenssituation einstellte. Ähnlich erging es 1998 der Mitterechtsregierung in der Tschechischen Republik, als die Sozialdemokraten die neue Regierung bildeten. Jedoch ist voraussehbar, daß sie in naher Zukunft aufgrund derselben Enttäuschungen und Mißerfolge das gleiche Schicksal ereilen wird.

Auch ein Jahrzehnt nach dem Zusammenbruch des Kommunismus drückte eine Ende 1998 durchgeführte Meinungsumfrage in Ungarn, das gerühmte Paradebeispiel eines erfolgreichen Übergangs, die desillusionierte Stimmung der Bevölkerung aus. Auf die Frage: „Leben Sie heute besser, schlechter oder genauso wie vor zehn Jahren?" antworteten nur 9 Prozent mit „besser". Gleichzeitig mußte der geschlagene sozialistische Premierminister Gyula Horn einräumen, daß der durchschnittliche Lebensstandard der Ungarn nach wie vor nur halb so hoch ist wie der der Österreicher und daß ein Drittel der Bevölkerung unter der Armutsgrenze lebt.

In den vierzig Jahren Kommunismus wuchsen ganze Generationen unter genau vorgegebenen und verinnerlichten Regeln und Erwartungshaltungen heran. Initiative und Ehrgeiz, nonkonformistische Gedanken und Ideen, jede bedeutende Abweichung von den vorgeschriebenen Verhaltensweisen waren verdächtig und eher ein gefährliches Hindernis denn ein Vorteil der eigenen Karriere oder des Aufstiegs. Als die lang ersehnte freie Marktgesellschaft plötzlich einschlug, mußten die in Vergessenheit geratene kapitalistische Mentalität erst wiedererfunden und die Werte einer freien Gesellschaft neu erlernt werden. Die Entstehung einer kleinen Schicht von Unternehmern und Fachleuten, die „es geschafft" haben, ist in so kurzer Zeit eine beachtliche Leistung, selbst dann, wenn man bedenkt, daß eine vielfach größere Zahl als jene 9 Prozent in Ungarn es versucht hatte und scheiterte.

Unter den vorherrschenden widrigen Umständen der Übergangsphase stiegen viele junge Leute erfolgreich in die Industrie, das Finanzwesen, den Handel und in den Dienstleistungsbereich ein. Sie
gründeten neue Firmen und Gemeinschaftsunternehmen mit ausländischen Investoren, übernahmen ehemals staatseigene, jetzt brach-
liegende kleine und mittlere Unternehmen und machten sie profitabel, um erfolgreich ihre Qualitätsprodukte in den Westen zu exportieren.

In Ungarn ist die Privatisierung des Einzelhandels, der Geschäfte
und Restaurants abgeschlossen, etwa 60 Prozent des Bruttosozialprodukts erwirtschaften Privatfirmen. Das ist ein Zeichen des Fortschritts, ungeachtet der Schieflage, daß sich nahezu 80 Prozent des Pri-
vatgewerbes im Handel und im Dienstleistungsbereich engagieren, jedoch nur weniger als ein Viertel im Handwerk. Darüber hinaus haben
die meisten staatseigenen und subventionierten großen Industriekomplexe – der Stolz der veralteten stalinistischen Modernisierung –
noch keinen Käufer gefunden. Sie bleiben praktisch gesehen Staatseigentum, arbeiten aber mangels staatlicher Unterstützung nur mit
niedrigen Kapazitäten oder sind ganz stillgelegt und die Arbeiter entlassen.

Mit einigen Unterschieden gleichen diese Bilder des Erfolgs und
Mißerfolgs denen in Polen und der Tschechischen Republik. In und
um Prag, Budapest und Warschau entstanden Villen mit Swimming
Pool und gaben den Städten ein neues Gesicht. Wo früher Millionen
Haushalte kein Telefon besaßen oder zumindest lange Jahre auf ihren
Anschluß an das staatlich monopolisierte Telefonnetz warten mußten, findet man heute überall Mobiltelefone. Als der altmodische Autor
dieses Buches jüngst in Budapest in einem der Akademie der Wissenschaften angegliederten Institut arbeitete, suchte er vergebens
nach einer Schreibmaschine: Sie waren ausnahmslos durch Compu-
ter ersetzt worden.

Für die drei führenden Länder steht die Richtung des Übergangs
fest: zurück nach Westeuropa. Ihre Mitgliedschaft in der NATO und
die versprochene Aufnahme in die Europäische Union lassen keine re-
alistische Alternative zu. In den Jahrzehnten um 1900, als die Länder
ihre Unabhängigkeit vom österreichischen und russischen Reich er-

langt hatten, erfolgte eine halbherzige Wendung zum Westen. Die adaptierten, dem westlichen Typ entsprechenden Verfassungen und Institutionen wurden jedoch, wie wir gesehen haben, durch die regionalen Strukturen pervertiert. Mit Ausnahme der Tschechoslowakei verdeckte ein Pseudoparlamentarismus autoritäre Regimes, Militärdiktaturen und halbfaschistische Regierungen, die zu einer leichten Beute des übermächtigen Nazi-Einflusses wurden. Konstitutionelle Freiheiten wurden durch gefälschte Wahlen, ethnischen und religiösen Haß und durch Unterdrückung untergraben. Jetzt, nach dem Sieg des Westens im Kalten Krieg, bleibt kein anderer Weg als die völlige Wende zum Westen, eine mögliche und sicher auch wünschenswerte Rückkehr.

Heute, um die Jahrhundertwende stellen sich zwei miteinander verbundene Fragen: Waren die katastrophalen Folgen der Übergangsperiode wirklich unvermeidlich? Oder hätten die Länder in völliger Übereinstimmung mit dem Westen und seiner jeweiligen Regierungen nicht doch einen weniger schmerzhaften Weg einschlagen können? Die überwältigende Mehrheit der Wirtschafts- und Sozialwissenschaftler bejaht die erste Frage und verneint notwendigerweise die zweite. Unsere Antwort jedoch ist zweideutiger und verhaltener.

Betrachten wir zunächst die überaus entscheidende Rolle der ausländischen Hilfe. Für den Westen als Sieger im Kalten Krieg war die Zukunft der zusammengebrochenen Sowjetunion und ihrer Satelliten von eminenter ideologischer und politischer Bedeutung. Um dem vorhersehbaren Chaos und den unvorhersehbaren Gefahren für den Weltfrieden aus dem Wege zu gehen, wollte man die Zukunft so gestalten, daß die westlichen Interessen gewahrt blieben. Die historisch einmalige Aufgabe der Umwandlung der leninistisch-stalinistischen Wirtschaft in eine kapitalistische freie Marktwirtschaft veranlaßte den Westen, die Früchte seines Sieges im Kalten Krieg schnell und vollständig zu ernten. Führende Politiker der Vereinigten Staaten und der Europäischen Union mobilisierten die westliche Finanzwelt, den Internationalen Währungsfonds, die Weltbank, die sogenannten Gruppen der G 7 und G 24, die Vertreter der entwickeltsten Länder der Welt, Kredite zu gewähren, die an die strikte Bedingung gebunden waren, den Neoliberalismus reaganomistischen und thatcheristischen Typs zu übernehmen, der zu dieser Zeit das vorherrschende Produkt der jahrhundertelangen sozioökonomischen Geschichte des Westens war. Ein Schwarm von Spezialisten und gefallenen Weisen, angeführt von einer Clique von Harvard-Ökonomen, machte sich über die Ruinen des kommunistischen Systems her. Sie gaben Ratschläge, wie die dirigistischen Strukturen zu zerstören und zu privatisieren waren, wie man westliche Privatinvestoren anlockt und die freie Marktwirtschaft mittels totaler Deregulierung und ohne jede staatliche Intervention, durch „Schocktherapie" oder eine etwas gemäßigtere Variante derselben einführt.

Ihren Ratschlägen, die an ähnlich strenge Bedingungen geknüpft waren wie die der Kreditvergabe, folgten die neuen Regierungen und die entstehende neue Elite untertänig. Zu ihnen gesellten sich Teile der alten Nomenklatura, die plötzlich ihre marxistische Vergangenheit vergessen hatten und zu fanatischen Neoliberalen wurden. Sie dachten, nicht anders handeln zu können, als nach der vorgeschriebenen Rezeptur – getreu dem ungarischen Sprichwort: „Der stärkere Hund gewinnt." Unter den neuen ungefestigten Verhältnissen waren die zusammengebrochenen Wirtschaften nicht in der Lage, genügend Binnenkapital zu akkumulieren. Die zentralen Planungsmechanismen wurden zerstört und nach Brüssel oder New York verlagert, um Konzepte, Strategien und Rahmenbedingungen des Übergangs zu entwerfen. Jede staatliche Einmischung galt nach neoliberaler Interpretation als Verletzung marktwirtschaftlicher Prinzipien und wurde zurückgewiesen. Die Idee vom Tal der Tränen, das die ostmitteleuropäische Region zu durchschreiten hätte, um die Wohltaten des freien Marktes genießen zu können, wurde nicht nur von den Mitterechtsregierungen prompt akzeptiert, sondern noch eifriger von ihren sozialistischen, ex-kommunistischen Nachfolgern, die jeden Anflug von Etatismus vermeiden wollten, um nicht als der sprichwörtliche Leopard zu gelten, der niemals seine Flecken wechselt.

Es stellte sich jedoch schnell heraus, daß die Hoffnungen übertrieben waren und die westliche Hilfe für einen neoliberalen Durchbruch nicht ausreichte. Einige Jahre später, als der vom Westen befürchtete politische Aufstand nicht stattfand, schraubte man die anfänglich enthusiastisch aufgenommenen Versprechungen drastisch herunter. Schon 1993 betrug die durchschnittliche Hilfsleistung für die zusammengebrochene Region nur 30 US-Dollar pro Kopf, nur ein Bruchteil der ursprünglichen Zusage und deutlich unterhalb dessen, was für die Bewältigung der gewaltige Aufgabe als notwendig veranschlagt worden war. Westdeutschland beispielsweise pumpte jährlich im Durchschnitt fast 6000 US-Dollar pro Kopf in das frühere Ostdeutschland und konnte die tiefe soziale und psychologische Kluft zwischen beiden Ländern dennoch nicht schließen.

Es gab zwar zahlreiche ausländische Privatinvestitionen, sie hatten jedoch wenig Einfluß auf den dringend notwendigen Strukturwandel. Außer einigen eindrucksvollen Investitionen zum Beispiel amerikanischer, japanischer und deutscher Autohersteller oder deutscher und französischer Telekommunikationsfirmen war die Mitwirkung des Auslands meist gering. Sie berührte nur die Oberfläche der rückständigen Basisstrukturen und konzentrierte sich hauptsächlich auf den Immobiliensektor und den Einzelhandel, weil hier leicht und schnell Profit zu erwarten war. Jeder Spaziergang durch das Zentrum Budapests zeigt das deutlich. Amerikaner, Deutsche und Österreicher übernahmen die besten Hotels, Restaurants, Bekleidungsketten, Süßwarengeschäfte, Drogerien, Fachmärkte und Warenhäuser. Riesige neue Einkaufszentren wurden gebaut, die man, neben den viel genannten McDonald's oder Burger King, auch überall kennt. Die Straßen sind mit Mercedes-Limousinen verstopft, die Läden mit westlichen Artikeln gefüllt (von Zahnpasta, Mineralwasser und Reinigungsmitteln bis zu hoch entwickelten Geräten), was den irrigen Eindruck einer Gesellschaft erweckt, die sich einer importorientierten, luxuriösen Konsumtion erfreut.

In den Außenbezirken jenseits des Zentrums und der Touristenquartiere hat sich jedoch die graue, ärmliche Realität des alten Systems kaum geändert. Vorzeitig gealterte Männer und Frauen tragen ihre Plastikeinkaufsbeutel mit einfachen Nahrungsmitteln, drängen sich auf dem Weg zur und von der Arbeit in überfüllte, übelriechende Busse oder eilen nach Einbruch der Dunkelheit, aus Angst, ausgeraubt zu werden, durch verlassene Straßen nach Hause – und das ist neu – in dringend reparaturbedürftige Häuser.

Über das Schicksal Rumäniens und Bulgariens, die früh vom entwickelten Kern der Region abfielen, konnten wir hauptsächlich deshalb wenig sagen, weil das Resultat ihrer Übergangsphase anscheinend nicht vorhersehbar ist. Die Gegenwart verheißt allerdings nichts Gutes. Diese Länder haben vorrangig die dunklen Seiten des Zusammenbruchs kennengelernt und der Aufbau der Marktstrukturen vollzieht sich im Schneckentempo. Weder der Internationale Währungsfonds und die Weltbank noch westliche Investoren zeigten das geringste Interesse, die Umgestaltung zu beschleunigen. So liegt der Anteil der Privatinvestitionen am rumänischen Bruttosozialprodukt bei etwa 0,1 Prozent, in Bulgarien sogar noch niedriger.

Vom Westen ignoriert, an alten, gescheiterten Strukturen klebend und politisch unzuverlässig überläßt man beide Länder dem weiteren soziopolitischen Niedergang in eine Art Pariastatus. Ihre Übergangsphase scheint in eine tiefere relative Rückständigkeit zu führen. Ihre jahrhundertelange Geschichte innerhalb des Ottomanischen Reiches machte sie zum Randgebiet der Region, der sie erst im späten 19. Jahrhundert beitraten. Nun treiben sie nicht nur an die Peripherie der westlichen Region, sondern des europäischen Kontinents.

Die Zukunft der drei Kernstaaten als Teil Westeuropas steht außer Frage. Das liegt nicht nur im Interesse des Westens, sondern entspricht der Politik der polnischen, tschechischen und ungarischen Regierungen und den Wünschen ihrer Bevölkerungen. Ironischerweise ist es der rechteste, ausländerfeindliche, antisemitistische und nationalistische Rand, der sich der Westintegration entgegenstellt und einen nebulösen „dritten Weg" sucht. Darin liegt eine gewisse Gefahr, denn die von der bislang vorherrschenden übereinstimmenden Politik der wechselnden Mitte- und Linksregierungen enttäuschten Wähler könnten die extreme Rechte in eine politisch einflußreiche Position bringen und damit vorläufig den Weg in Richtung Demokratie versperren.

Während am Endresultat kein Zweifel bestehen dürfte, bleibt doch die Frage: War und ist all das schreckliche Leid und Elend vermeidbar? Allgemein gesehen war es möglicherweise nicht abwendbar. Die Geschichte kennt keine revolutionäre Umgestaltung ohne Opfer. Im Falle Großbritanniens war es die traditionelle Bauernschaft, im Falle Frankreichs der Adel, in Lenins Sowjetrevolution waren es alle tatsächlichen und vermeintlichen „Konterrevolutionäre" und „weißen

Banditen", vom späteren Terror Stalins und seinen Opfern einmal ganz abgesehen. Im Zuge der ostmitteleuropäischen revolutionären Umgestaltung kam es nur in Rumänien zu Opfern, als im Dezember 1989 mehrere Tausend Menschen getötet wurden. In allen anderen Ländern jedoch opferten die „samtenen Revolutionen" die Mehrheit „nur" insofern, als sie ihnen die Existenzsicherheit nahm.

In einem bestimmten Sinne sollte die Frage jedoch bejaht werden. Die Fülle der den Menschen dieser ehemaligen Region abverlangten Opfer waren unnötig und vermeidbar, wenn nicht so viele Fehler gemacht worden wären. Die Wurzeln liegen in dem engstirnigen ideologischen Anspruch des Westens und derer, die vor Ort den Übergang leiteten. Beiden stand nur ein Weg vor Augen: der noch nie und nirgends praktizierte reine *laissez-faire*-Kapitalismus ohne protektionistische Politik und ohne staatlichen Besitz, ein vollständig freier Markt, von dem man glaubte, daß er schließlich jedes Problem allein löst.

Sicherlich, der Übergang konnte nicht ohne ausländische Hilfe funktionieren, aber das Problem bestand in dem Charakter dieser Hilfe. Westlicher Rat und die an harte Auflagen geknüpften Kredite entsprachen nicht der Einsicht, daß Ostmitteleuropa zu keiner Zeit einen wirklich freien Markt gekannt hatte, während die westliche Marktwirtschaft auf einer jahrhundertelangen Entwicklung fußte. Auch wurde die Tatsache ignoriert, daß nicht einmal der Westen selbst seinen eigenen Ratschlägen folgt. Staatliche Eingriffe durch Schutzzölle, direkte Subventionen für krisengeschüttelte Branchen, Importbeschränkungen, Quoten und eine Unmenge anderer pragmatischer Maßnahmen werden im Regelfall angewandt, um den sich angeblich selbst regulierenden Markt zu korrigieren. Besonders hervorgehoben wurde die Rolle des Staates in so kritischen wirtschaftlichen Zeiten wie dem *New Deal* in den Vereinigten Staaten der 30er Jahre oder der Welle von Verstaatlichungen nach der Kriegszerstörung in Frankreich, England, Italien und Österreich.

War der gesellschaftliche Zusammenbruch Ostmitteleuropas nicht krisenhaft genug, um einen weniger ideologischen als pragmatischen Ansatz zu finden, einen, der die Interessen des Westens mit den inneren Notwendigkeiten und Bedingungen der einzelnen Länder ausbalanciert? Sogar der Internationale Währungsfonds und die Weltbank haben begonnen einzugestehen, daß Fehler gemacht wurden.

Die Geber entwarfen die Grundzüge der Hilfsmaßnahmen, doch die von ihnen entsandten Berater setzten sie vor Ort in konkrete Ratschläge um. Ihre Erfahrungen stammten meistens aus der Arbeit in Südamerika oder Afrika, und sie wußten so gut wie nichts über die Strukturen des Staatssozialismus, die sie ändern und privatisieren sollten. So neigten sie Ratschlägen zu, die sie auch in Ekuador oder Simbabwe gegeben hatten. Sie erhielten luxuriöse Wohnungen, Hauspersonal, Chauffeure und verdienten unvorstellbare Gehälter. Janine R. Wedel zitiert ein verwundertes Mitglied einer tschechischen Hilfsorganisation mit der Frage: „Wer eigentlich ist der beabsichtigte Nutznießer der ausländischen Hilfe"? Wedel bezieht sich auf die zahllosen Kurzzeitberater, die sogenannte „Marriott-Brigade" – ein Spitzname, den ihnen die Polen gegeben hatten, da sie im Warschau Luxushotel „Marriott" abstiegen, für wenige Tage oder Wochen die Gegend bereisten, Versprechungen machten, mit guten Ratschlägen schnell bei der Hand waren und dann verschwanden. Die Ungarn hätten sie „Forum-Brigade" und die Tschechen „Intercontinental-Brigade" nennen können.

Wedels Kritik macht auch vor den Bossen in New York, London oder Brüssel nicht halt, und es lohnt sich, weitere Erkenntnisse zu zitieren: „Hätten die Geldgeber ihre Hilfe weniger gedankenlos organisiert und hätten sie begriffen, wie wichtig es ist, das Erbe des Kommunismus zu berücksichtigen, [...] dann hätten sie die Hilfe anders strukturiert. [...] Hätten sie nicht eine Truppe derart ungeeigneter Leute dorthin geschickt, wären vielleicht einige dieser Erblasten überwunden worden. [...] Wenn die Geber den Osten nicht behandelt hätten, als wäre er eine Wandtafel, von der man den Kommunismus einfach abwischen kann, hätten sie mehr von ihren Zielen erreicht."[66]

Es ist nicht verwunderlich, daß das anfangs unerschütterliche Vertrauen in die ausländischen Berater der Desillusionierung wich. Ich zitiere weiter: „Heute, da einige Länder Ostmitteleuropas den westlichen an Extravaganz und Mißachtung der Bedürftigen gleichen oder sie teilweise sogar übertreffen, fällt es manchmal schwer, sich zu ver-

---

66 Janine R. Wedel: Collision and Collusion. The Strange Case of Western Aid to Eastern Europe 1989–1998. New York 1998, 185.

gegenwärtigen, daß die Exzesse der Marriott-Brigade allgemein als widerwärtig empfunden wurden. Das bedeutet nicht, daß die Abneigung gegenüber ,dem Westen' verschwunden ist. [...] Die Grenzen verlaufen jetzt vor allem zwischen denen, die mit dem Kollaps des Kommunismus reich geworden sind, und jenen, die es nicht geschafft haben.‟[67]

Auch für die Fehler, die von den Regierungen der ehemaligen Region gemacht wurden, sind ideologische Scheuklappen und Blindheit verantwortlich. Werfen wir noch einen Blick auf Ungarn. Es waren rein ideologische Überlegungen, daß die erste postkommunistische Regierung die meisten landwirtschaftlichen Genossenschaften zerstörte – die einzige Branche der poststalinistischen Wirtschaft, die auf Weltmarktniveau produzierte und der Bauernschaft Wohlstand brachte. Die Folgen der Reprivatisierung waren verheerend. Die ehemaligen Besitzer waren ältere Bauern oder deren Kinder und Kindeskinder, die trotz des drastisch geschrumpften Agrarsektors vor Jahrzehnten nicht in die Städte gezogen waren. Vielen von ihnen war schnell klar, daß sie die kleinen Parzellen nicht bewirtschaften wollten und verkauften sie, oder sie hatten nicht die Sachkenntnis, ohne die technischen Möglichkeiten, die die Genossenschaften geboten hatten, zu wirtschaften. Anderen fehlten angesichts der stark gekürzten staatlichen Subventionen die finanziellen Mittel, um die Parzellen zu bewirtschaften: Die neoliberale, restriktive Haushaltspolitik erlaubte nur eine Unterstützung in Höhe von 8 Prozent des Ertragswertes – im Gegensatz zu den 40 bis 45 Prozent im Westen.

Produktion und Export fielen auf ungefähr die Hälfte ihres früheren Niveaus. Während die Regierung westlichen Forderungen nach Senkung der Einfuhrzölle nachgab, erhöhte die EU die ihrigen, um sich vor Getreideimporten aus Ostmitteleuropa zu schützen. Ungarn konnte nur zu Preisen exportieren, die gerade die Herstellungskosten deckten und manchmal nicht einmal dies.

Wir sind auf einige Details der katastrophalen Umgestaltung der Landwirtschaft in Ungarn nur eingegangen, um ein deutliches Beispiel für die ideologische Einstellung der Regierung zu geben, die die sozialen und wirtschaftlichen Konsequenzen ignorierte. Die Zerstörung der

---

67   Ibid., 194.

genossenschaftlichen Betriebe war nicht nötig. Sie enthielten bereits viele marktförmige Strukturen und hätten, ähnlichen Modellen im Westen folgend, in freiwillige Bauernkooperativen umgewandelt werden können.

Diese unwirtschaftliche, unrealistische und ideologische Einstellung vergrößerte auch das Elend im Industriesektor stark. Es war unnötig, die Industriestruktur, die über zwei Generationen aufgebaut wurde, von einem auf den anderen Tag zu zerschlagen. Es wäre hinreichend und für die Berater aus dem Westen sicherlich akzeptabel gewesen, das Staatseigentum nur in dem Maße abzubauen, in dem es durch eine sich parallel entwickelnde marktgerechte Produktion und entsprechende rechtliche Strukturen abgelöst worden wäre. Die übereilte Privatisierung ging mit zügelloser Korruption, Vetternwirtschaft und Kriminalität Hand in Hand. Einerseits bahnten sich offen kriminelle Elemente ihren eigenen Weg in die aufkommenden kapitalistischen Möglichkeiten, andererseits zog die allgemeine Steuerhinterziehung ihren Nutzen aus der laxen Gesetzgebung.

Während man die großen, unprofitablen und veralteten stalinistischen Industriekomplexe ignorierte, kauften multinationale Konzerne einige der wenigen Staatsbetriebe, die bereits erfolgreich auf internationalen Märkten etabliert waren, und versteckten ihre Profite, indem sie sie auf verschlungenen Wegen in ihre westlichen Filialen schleusten. Andere kauften Betriebe auf, nur um sie zu schließen und so einen Konkurrenten auszuschalten.

Die Privatisierung der Industrie war nur teilweise ein Segen. Einerseits war sie ein entscheidender Teil des notwendigen und unvermeidlichen Strukturwandels, andererseits trug die überhastete neoliberale Orthodoxie unnötigerweise zum Leid Zehntausender bei, die plötzlich vor der Arbeitslosigkeit standen. (Allerdings muß man hinzufügen, daß die Entlassungen auch eine Korrektur der verdeckten Arbeitslosigkeit aus der kommunistischen Ära darstellten, in der eine Vielzahl von Arbeitern und Angestellten mit Aufgaben beschäftigt waren, für deren Ausführung eine geringere Anzahl von Arbeitskräften ausgereicht hätte.)

Der durch die neoliberalen Scheuklappen verursachte völlige Mangel einer allgemeinen innenpolitischer Strategie ist einer der Hauptgründe dafür, daß der Übergang in Ostmitteleuropa von so viel ver-

meidbarem Leid und Elend begleitet ist. Eine regierungspolitische Leit-
linie für kurzfristige, temporäre Maßnahmen staatlichen Eingreifens
existiert nicht. Obwohl sie der reinen Marktphilosophie widerspräche,
wäre sie zur Behebung gravierender Fehler unverzichtbar. Es werden
weder Prioritäten gesetzt, noch gibt es durchdachte Pläne für Inve-
stitions-, Energie-, Industrie- oder Arbeitsmarktstrategien.

Der kleinmütige Einwand, daß in einem solchen Fall der westliche
Kreditfluß versiegen würde und die Europäische Union ihre Zustimmung verweigerte, ist falsch. In Rußland haben der Internationale
Währungsfonds und die Weltbank Milliardenkredite für leere Versprechungen, Diebstahl und Zerstörung verschleudert und der einzige reale Übergang war der zum totalen Chaos. Viele Jahre hindurch
schloß der Westen unter ideologisch motivierten Bedingungen Kom-
promisse, wartete ab und zahlte für illusorische Ergebnisse – in dem
Irrglauben, daß Insiderprivatisierung, Auflösung und offizielle Korruption nur Schlaglöcher auf der Straße zu freier Marktwirtschaft und
Demokratie seien.

*

Heute beginnen die Kernländer Ostmitteleuropas ihren unaufhaltsa-
men Rückmarsch mit dem Ziel, wieder Teil des Westens zu werden,
unter wesentlich schlechteren Bedingungen als vor 150 Jahren, als der
Kapitalismus begann, die Region zu durchdringen. Damals waren ihre
Bemühungen jedoch auf halbem Wege ins Stocken geraten und ver-
kehrten sich schließlich in ihr Gegenteil. Zerstörerische Einflüsse von
außen und deformierte einheimische Strukturen führten auf einen
antiwestlichen Kurs und zum schließlichen Untergang.

Nun ist die vollständige Wendung zum Westen gewiß. Ob und wie
schmerzhaft sie sein wird, hängt davon ab, ob der Westen weiterhin
auf einem diskreditierten Konzept beharrt oder seine objektiv notwendige Revision akzeptiert und dabei nicht nur die vierzig Jahre der
Sowjetisierung, sondern auch die 500 Jahre während Trennung vom
Westen berücksichtigt. Die letzte Frage betrifft nur die Qualität des Er-
gebnisses. Die tausendjährige Geschichte Ostmitteleuropas als soziales Randgebiet des Kontinents, der ungenutzten Möglichkeiten und
zerstörten Hoffnungen, kann man nicht in einigen Jahrzehnten aus-

löschen. Der Kern der früheren Region, der nach 500 Jahre wieder Anschluß an den Westen findet, kann die Vergangenheit nicht schlagartig durch eine neoliberale Schocktherapie oder ähnliches ungeschehen machen. Übertriebene Hoffnungen und Illusionen werden nur zu neuen Enttäuschungen führen. Es ist gut möglich, daß Polen, Ungarn und die Tschechische Republik auch im 21. Jahrhundert das rückständige Randgebiet des Westens bleiben, das sie vor der Trennung, während der ersten 400 Jahre der Bildung Europas, schon einmal waren.

Die Zukunft ist nicht gerade verheißungsvoll, denn die Kluft zwischen West- und Ostmitteleuropa wird für eine sehr lange Zeit Bestand haben. Das Bruttosozialprodukt pro Kopf der Bevölkerung läßt sich wegen der verschiedenen Quellen und Vergleichsmaßstäbe nur annähernd berechnen. Zur Ermittlung der Rückständigkeit haben wir jedoch versucht, auf mehr oder weniger verläßliche Zahlen zurückzugreifen, die zumindest die Tendenzen in beiden Teilen Europas widerspiegeln. In der Periode zwischen 1860 und 1913, als sich der Westen schon auf dem Weg zur Industrialisierung befand, begann die ostmitteleuropäische Region gerade mit der schmerzhaften Umgestaltung von der Jahrhunderte währenden Zweiten Leibeigenschaft zum Kapitalismus: Das Bruttosozialprodukt betrug 56 bis 57 Prozent des westlichen Niveaus und stieg bis 1938 langsam auf 60 Prozent. Nach dem Krieg, auf dem Höhepunkt der stalinistischen Zwangsindustrialisierung und -modernisierung der Landwirtschaft 1973 schnellte es auf 80 Prozent, um nur zehn Jahre später, zur Zeit der Krise der sozioökonomischen Strukturen, wieder auf 72 Prozent zu fallen.

Für die Zeit nach dem Zusammenbruch des Kommunismus stehen dank der Berichte der Weltbank und der Europäischen Bank für Wiederaufbau genauere Zahlen zur Verfügung.[68] Das Bruttosozialprodukt der ehemaligen ostmitteleuropäischen Region liegt pro Kopf heute etwa bei 44 Prozent der westlichen Länder. Die drei fortgeschrittensten Länder, die Tschechische Republik, Polen und Ungarn, erreichten zur Jahrtausendwende durchschnittlich 50 Prozent und damit weniger als vor 100 Jahren.

---

68   Neue Zürcher Zeitung, 1. August 1999.

Alarmierender ist die psychologische Wahrnehmung dieser Kluft. In einer 1999 durchgeführten Umfrage des Ungarischen Institutes für Sozialforschung erklärten ein bißchen zweifelhaft 80 Prozent der Befragten, daß ihr Lebensstandard niedriger als 1989 sei. Nicht viel anders, wenn auch aus einem anderen Blickwinkel, sind die Ergebnisse einer mitteleuropäische Umfrage des Instituts für Verbraucherforschung in Wien: 23 Prozent der Ungarn sind mit dem gegenwärtigen System zufrieden, 66 Prozent enttäuscht und 11 Prozent gaben an, sie hätten keine Verbesserungen erwartet und könnten daher auch nicht enttäuscht werden. [69]

Diese Ergebnisse sind zwar alarmierend, könnten aber dennoch einen Hoffnungsschimmer enthalten. Jung und Alt erinnern sich noch der Zeit, als jedermanns Existenz gesichert schien. Es gab weder Bettler, noch Obdach- und Arbeitslose und für die grundlegenden Bedürfnisse des Lebens sorgte der „paternalistische" Staat. Das geschah zwar auf niedrigem Niveau – Sicherheit minderer Güte zum Gegenwert von politischer Unterdrückung, ideologischen Lügen und eingeschränkter persönlicher Freiheit –, doch die junge Generation wußte, daß nach der Schule eine Arbeitsstelle wartete. Für die Alten, die von miserablen Sozialleistungen lebten, schien das eigene Elend angesichts der allgemeinen Armut ringsum erträglicher. Der aufstrebende Mittelstand schließlich war froh, in den Nischen und Schlupflöchern einer „moderateren" Diktatur ein etwas besseres Leben zu finden. Nun sind die Beschränkungen der Vergangenheit verschwunden, zum Preis des Elends verlorener sozialer Sicherheit. Hierin liegt die Wurzel für die beharrliche Sehnsucht nach dem zusammengebrochenen Regime.

Vielleicht bleibt in den zukünftigen Generationen die Erinnerung an die ehemalige Region wach, und es entsteht eine Hoffnung, daß Existenzsicherheit weder eine Utopie noch ein zum Scheitern verurteiltes kommunistisches Experiment sein muß. Dann könnte ein neues Kapitel in der sich ständig verändernden demokratischen Entwicklung der Region beginnen. Der gegenwärtige neoliberale Glaube ist nicht das Ende der Geschichte.

69   Vasárnapi Hirek, 8. August 1999.

Nachwort an den deutschen Leser

In der deutschen Ausgabe meines Buches möchte ich noch einmal auf zwei Problemkreise zurückgreifen, die in meinem kurzen Abriß vielleicht zu gedrängt, zu kurz ausgefallen sind und doch für deutsche Leser von besonderem Interesse sein könnten.

Der erste ist die primär nazideutsche Verantwortung für die „Endlösung der Judenfrage" in Ostmitteleuropa. Im Kapitel „Antisemitismus und Holocoust" könnte die Konzentrierung auf das kurz geschilderte Lokalgeschehen den Eindruck erwecken, ich hätte die ausschlaggebende Rolle des faschistischen Deutschland verkleinert. „Auslösen", „inspirieren" und „bestärken", wie es in einem Satz hieß (S. 111), ist zwar richtig, aber ungenügend. Es war der ständige, fast zur Besessenheit gesteigerte Druck aus Berlin, der in Wechselwirkung mit den einheimischen Faschisten und den lokalen herrschenden Klassen den regionalen Antisemitismus zum Massenmord an anderthalb Millionen Juden steigerte.

Ich hätte das am Beispiel Rumäniens deutlich zeigen können, wo Hitler, als die von ihm finanzierte faschistische Eiserne Garde im Januar 1941 versuchte, mittels Revolte, Mord und Pogromen die Macht zu ergreifen, deutsche Tanks in Bukarest einrollen und mit Hilfe regulärer rumänischer Armee-Einheiten die Garde zerstören, den Faschistenführer Horia Sima von der Gestapo verhaften und in Deutschland internieren ließ. Fünf Monate später ordnete er der mörderischen Kreuzzugsarmee General Antonescus die deutsche SS-Einsatzgruppe D als Aufpasser bei, um bei den von Moldawien bis Odessa reichenden Massenpogromen die deutschen Interessen zu wahren.

Auch das Beispiel des Marionettenstaates Slowakei hätte ich heranziehen können, um die deutschen Prärogative deutlich zu machen. Hier spielte Hitler den klerikalfaschistischen Ministerpräsidenten Josef Tiso und den Führer der Faschistenpartei Sano Mach in ihrem antisemitischen Wettlauf gegeneinander aus und unterstellte die Hlinka-Garde der Obhut des SS-Hauptsturmführers Dieter Wisliceny, um sicherzustellen, daß in der Deutschland entsprechenden Art und Weise drei Viertel der slowakischen Juden ordnungsgemäß in die Gaskammern geschickt wurden.

Ich habe das ausführliche Beispiel Ungarn gewählt, teils weil ich es am besten kenne, teils weil der spezifische postfeudale Antisemitismus während der Habsburg-Periode (S. 103ff.) dieser Wechselwirkung eine besondere Färbung gegeben hat. Geringfügige Wiederholungen möge mir der Leser vergeben.

In Ungarn sticht das Dreieck Nazideutschland – lokale Regierung – lokale Faschisten unter deutschem Primat besonders klar hervor. Das gilt schon unter der Decke der autoritären Horthy-Periode mit ihrem beschränkten parlamentarischen System und der rechtskonservativ-halbfeudalen herrschenden Klasse, die in bedeutendem Maße durchaus mit dem jüdischen Industrie- und Handelskapital verbunden war. Die 1938/39 stets weiter verschärfte ungarische Judengesetzgebung gab dem ständig steigenden Druck aus Berlin nach, wobei die letzte Fassung schon eine Kopie der Nürnberger Gesetze darstellte – von dem Paragraphen über „Rassenschande", dem Verbot der Mischehe und den aufgefächerten „Mischlings"-Kategorien bis zur Fixierung der jüdischen Abstammung bei einem jüdischen Vorfahren unter der Generation der Großeltern. Auch der spektakuläre Stimmengewinn der faschistischen Partei im Jahre 1939 – ihr Stimmenanteil stieg von zwei auf 25 Prozent – kam erst dadurch zustande, daß auf Druck Berlins das in der Zwischenkriegszeit offene, von oben manipulierte Wahlrecht jetzt in allgemeine geheime Wahlen verändert worden war.

Der gleiche deutsche Druck, diesmal wegen der Entsendung jüdischer Arbeitskräfte, stand hinter der Deportation von 18.000 Juden aus den annektierten slowakischen Gebieten im Jahr 1941. Das Scheitern des Weitertransports vom galizischen Städtchen Kamenez-Podolsk nach Deutschland auf Grund von Transportschwierigkeiten war eine Betriebsstörung, die mit der Niedermetzelung an Ort und Stelle rektifiziert wurde. Um weiteren Wünschen nach jüdischen Arbeitskräften Nachdruck zu verleihen, schaltete Hitler den SS-Oberstleutnant Adolf Eichmann in die Verhandlungen ein. Ungarn bot damals die Deportation von 12.000 Juden an, doch Eichmann meldete Himmler, wegen einer so geringen Anzahl lohne es sich nicht, den ganzen Deportierungsapparat zu mobilisieren, eher solle man warten, bis die totale Lösung der Judenfrage in Ungarn herangereift sei.

Im Oktober 1942 reiste Wisliceny von Pressburg nach Budapest, um mit ungarischen Regierungsbeamten über die Entsendung von 100.000 Juden zu verhandeln. Als jedoch drei Monate später, kurz vor der deutschen Niederlage in Stalingrad, bei Woronesch die gesamte 2. Ungarische Armee von der Roten Armee zerschlagen wurde, zögerte Horthy – Nazi-Deutschland könnte ja den Krieg verlieren. Umso dringender wurde es für Hitler. Er ließ im März 1943 Horthy zu sich zitieren und erzwang dessen vage Zustimmung für die „Umsiedlung" einer „großen Zahl" von Juden. Heimgekehrt begann Horthy jedoch Friedensfühler zu den Westalliierten auszustrecken. Für Hitler war Ungarn nicht nur eine Quelle für den Nachschub von jüdischen Sklavenarbeitern, sondern jetzt auch ein strategisches Sicherheitsrisiko. Am 19. März 1944 besetzten deutsche Truppen Ungarn. Horthys Macht wurde gebrochen, SS-Brigadeführer Eduard Veesenmayer zum generalbevollmächtigten Gesandten ernannt und der faschistische ungarische Gesandte in Berlin, Döme Sztojay, als Ministerpräsident einer Marionettenregierung eingesetzt.

Gleichzeitig kam Eichmann mit einer Gruppe von SS Offizieren aus dem KZ Mauthausen nach Budapest und begann mit der Organisierung der Endlösung. Seine SS-Sondereinsatzgruppe konnte am 19. April den ersten Deportationszug nach Auschwitz losschicken. Das geschah unter Mitwirkung der zwei faschistischen Staatssekretäre „für jüdische Angelegenheiten" aus dem ungarischen Innenministerium und des Kommandanten der Gendarmerie. Innerhalb von zweieinhalb Monaten wurden 450.000 Juden, die gesamte jüdische Bevölkerung der ungarischen Provinz in den Tod geschickt.

Die Geschichte der nach dem fehlgeschlagenen Absprungversuch Horthys am 15. Oktober eingesetzten Vasallenregierung unter dem Pfeilkreuzlerführer Ferenc Szálasi ist am Schluß des Abschnittes über den Antisemitismus in Ungarn (S. 115f.) hinreichend beschrieben worden. In Budapest, dieser letzten Enklave der Juden, gab es eine klare Arbeitsteilung zwischen den deutschen Okkupanten und Szálasi – die Deutschen waren für die Verteidigung der ungarischen Hauptstadt verantwortlich, Szálasi und seinen faschistischen Banden bot man die Vernichtung der im Belagerungsring der Roten Armee noch überlebenden 230.000 Juden an. (Ihre genaue Zahl ist nicht mehr feststellbar.) Im Gegensatz zu der, zwar von ungarischen Gendarmen ausgeführten, aber von den Deutschen organisierten und kontrollierten brutalen Sammlung und Verfrachtung der Juden bei den Deportationen aus der Provinz, nahm der Terror jetzt chaotische, willkürliche und pogromartige Formen an. Vom 15. Oktober 1944 bis zum 13. Februar 1945, als Budapest von den Sowjettruppen befreit wurde, sind schätzungsweise 120.000 Juden vor den Augen der meist gleichgültigen, oft schadenfrohen Einwohner ermordet worden.

Die Schreckensbilanz war die Vernichtung von 600.000 Juden, 70 Prozent der gesamten jüdischen Bevölkerung des im Krieg vergrößerten Ungarn. Die Wechselwirkung zwischen dem deutschen Auftraggeber und den ungarischen Beauftragten war zu Ende.

Ein zweites, ganz anderes Problem, auf das ich hier zurückkommen möchte und das für den deutschen Leser von Interesse sein könnte, ist am Ende meines Buches behandelt. Es klingt dort die bald nach 1989 aufgekommene, heute weit verbreitete „Nostalgie" nach der poststalinistischen Vergangenheit, nach bestimmten Lebensformen im „real existierenden Sozialismus" an, und ich versuchte, diese Sentimentalität gleichsam vom Kopf auf die Füße zu stellen: „Vielleicht bleibt in den zukünftigen Generationen die Erinnerung an die ehemalige Region wach, und es entsteht eine Hoffnung, daß Existenzsicherheit weder eine Utopie noch ein zum Scheitern verurteiltes kommunistisches Experiment sein muß. Dann könnte ein neues Kapitel in der sich ständig verändernden demokratischen Entwicklung der Region beginnen. Der gegenwärtige neoliberale Glaube ist nicht das Ende der Geschichte."

So dachte ich vor Jahren und so denke ich auch heute noch, zeitweise von Zweifeln getrieben, ob ich mich nicht doch nur an eine längst begrabene Illusion klammere. Die nachfolgende Analyse schreibe ich, um den Versuch zu machen, mich selber und meine Leser davon zu überzeugen, daß ein Nachdenken doch notwendig und nützlich ist.

Mit einigem Erstaunen las ich in dem Buch von Thomas Kunze „Nicolae Ceaușescu" (Berlin 2000) auf Seite 10: „In einer im November 1999 veröffentlichten Repräsentativumfrage bezeichnen immerhin 22 Prozent aller Rumänen Ceaușescu als den besten Führer, den ihr Land in diesem Jahrhundert hatte." Und das in Rumänien, mit sei-

nem tiefen Elend und der versteinerten stalinistischen Diktatur; aus-
gesagt über einen Mann, dessen Beiname, wie man im selben Buch
lesen kann, „Dracula der Karpaten" war, den man mit Nero, Iwan dem
Schrecklichen oder Hitler verglich und über den das Gerücht verbreitet
war, er habe das Blut kleiner Kinder getrunken.

Ich war erstaunt, aber zugleich erleichtert. Wenn es sogar in Rumänien eine Nostalgie gab, mußte es etwas Grundlegendes sein, das
sie erzeugte und mir meine Zweifel nehmen konnte, etwas, das im
gegenwärtigen Kapitalismus verloren gegangen, zum Leben aber notwendig war, dem die Menschen nachtrauern inmitten der Warenfülle
und der Freiheit der parlamentarischen Demokratie. Was dieses Etwas
ist, dem möchte ich am Beispiel Ungarns nachgehen, einem Land, in
dem die Reform und Umgestaltung des alten Systems am weitesten
entwickelt wurde, aus dem jedoch schon während des Kommunismus
Besucher von Verwandten und Freunden mit Schaudern und Mitleid
zurückkehrten.

Zunächst muß die Frage untersucht werden, welcher Abschnitt dieser von Ende 1944 bis Ende 1989, also fast ein halbes Jahrhundert umfassenden Periode eigentlich das Objekt der Nostalgie ist. Die Antwort
darauf kann nicht die in meinem Buch im 7. Kapitel „Volksdemokratie" genannte Periode sein, trotz ihrer ersten vorwärts weisenden
demokratischen Errungenschaften. Sie dauerte bloß drei bis vier Jahre;
bei den jetzt lebenden Generationen der Jahrhundertwende ist die Erinnerung an sie gelöscht. Dieser kurze, intensive geschichtliche Abschnitt wird heute nur noch, und teilweise falsch, als Beginn der Sowjetisierung empfunden, wenn überhaupt darüber nachgedacht wird.

Der eigentliche Beginn der Sowjetisierung in Ungarn muß auf die
Mitte des Jahres 1947 datiert werden. In den folgenden zehn bis zwölf
Monaten wurden die Anfangsstrukturen einer vom gesamten Volk ge-
tragenen Demokratie zerstört und die stalinistische Diktatur Rákosis
errichtet. Doch die Erinnerung an diese achtjährige Willkürherrschaft
ist ebenfalls verblaßt, den Kindern von heute sogar der Name Rákosi
oft unbekannt. Die rechtskonservative Regierung von 1988-2002 fand
es daher notwendig, das Pseudo-Museum „Haus des Terrors" zu er-
richten, um diese Periode der brutalen Unterdrückung ins Gedächt-
nis der Besucher zurückzurufen. Diese Diktatur bietet Niemandem
Grund für Nostalgie.

Als Kommunismus wird heute die von 1957 bis 1989 dauernde Ära des Parteichefs János Kádár bezeichnet. Eine Mitte 2003 publizierte soziologische Untersuchung befand, daß 71 Prozent der Ungarn Kádár sogar den auf die Niederschlagung der Revolution von 1956 folgenden zweijährigen blutigen Vergeltungsterror vergeben hat. Die Mehrheit betrachtet den Kádár jener Zeit eher als Opfer, von Moskau gezwungen, die Sowjettruppen ins Land zu rufen und der Unterdrückung seinen Namen zu verleihen. Es ist die Kádár-Periode, auf die sich nach dem Systemwechsel und seitdem anhaltend die verschönernde, selektive Wahrnehmung richtet.

Nach den zwei Jahren des Terrors folgten erste Schritte einer Lockerung, parallel dazu die Anfänge der Versöhnung zwischen Volk und Parteiführer. Sie begann mit der Akzeptierung des Unveränderbaren. Nach den langen Jahren der Rákosi-Diktatur, der Revolution, der Streiks, des Widerstandes, der brutalen Vergeltung und dem Justizmord an Imre Nagy und dessen engstem Kreis atmete man erleichtert auf, die regierende Partei erwartete vom Volk keine Begeisterung, sondern lediglich daß es den Mund hielt und seine Arbeit verrichtete. Diese Zeit der Resignation wurde ab 1962 durch einen ungeschriebenen Vertrag abgelöst, einen Kompromiß unter dem Kádárschen Motto: Wer nicht gegen uns ist, ist mit uns. Schritt für Schritt wurde die „Diktatur des Proletariats" abgebaut und durch die paternalistisch-autoritäre Form des Einparteienstaates ersetzt, eine Gesellschaftsform, die auch von den ablehnendsten Resignierten nur noch als „weiche Diktatur" bezeichnet werden konnte; im Westen „Gulaschkommunismus" genannt, vom Volksmund dagegen mit dem Kosenamen „die lustigste Baracke im Lager" gerühmt – das hieß im „sozialistischen Lager", wie der kommunistische Staatenbund von der Elbe bis zum Stillen Ozean sich selber nannte.

Die Niederlage der ungarischen Oktober-Revolution von 1956 schlug suksessive in eine Art Sieg der Mehrheiten um. Objektiv betrachtet – von ihm zwar nie gewollt und nie eingestanden – knüpfte Kádár an die allerersten Novembertage an, als er noch neben Imre Nagy der neuen Revolutionsregierung angehört hatte, damals als Generalsekretär der „Sozialistischen Arbeiterpartei", die Rákosis „Partei der Werktätigen" ablösen sollte. 1962 wurde die Mehrzahl der wegen „konterrevolutionärer" Tätigkeit eingekerkerten Aktivisten der

Revolution durch eine Amnestie freigelassen, der „Personenkult" der „Rákosi-Clique" öffentlich verurteilt und eine Partei-Säuberung, die sich gegen „Dogmatiker" richtete, in die Wege geleitet. Ein anderes frühes und wichtiges Zugeständnis war die Verkündung der Religionsfreiheit, erwidert durch den Hirtenbrief des Episkopats, worin die Mitwirkung der Kirche an der Schaffung eines besseren und leichteren Lebens der Staatsbürger angeboten wurde.

Leichter und besser wurde es tatsächlich. Vor allem bot die Kádár-Periode die Existenzsicherheit für jeden Staatsbürger. Es gab keine Arbeitslosigkeit, keinen Hunger, keine Obdachlosen und es war möglich, die grundlegenden Lebensbedürfnisse zu einem für jeden erschwinglichen Preis zu befriedigen. Schule und Ausbildung, auch an der Universität, war ebenso kostenlos wie die Zuteilung von Wohnungen für Bedürftige in den neu erbauten, von Parkanlagen eingefaßten Wohnblöcken. Die Mieten wurden auf eine heute lächerlich anmutende niedrige Stufe herabsubventioniert. Die Reallöhne stiegen fast ununterbrochen und das Lebensniveau näherte sich in den 70er und 80er Jahren in manchen Kategorien dem der entwickelten westlichen Gesellschaften an. Ein früher Wohlfahrtsstaat war geschaffen worden mit einer kostenlosen allgemeinen Krankenversicherung, Alterspension und stark subventioniertem, oft kostenlosem Erholungsurlaub in gewerkschaftlichen Ferienheimen. Im Gegensatz zu der totalen Absperrung des Landes von der Umwelt während der Rákosi-Diktatur wurden Auslandsreisen ermöglicht, zunächst nur in die sozialistischen „Bruderländern", später, zwar eingeschränkt, auch in den Westen. Die soziale Mobilität nach oben war gesichert. Besonders spektakulär fiel der Fortschritt in der Landwirtschaft auf, wo das von den Kolchosen befreite und jeder Familie eine kleine private Hauswirtschaftsfläche bietende Genossenschaftssystem eine in der ungarischen Geschichte nie dagewesene wohlhabende Bauernschaft hervorbrachte.

Die Liste ist bei weitem nicht vollständig, doch sie mag erklären, weshalb Kádár und das mit seinem Namen verbundene System schon bald von der Mehrheit nicht bloß toleriert, sondern akzeptiert wurde. Kein geringer Faktor war seine bescheidene Persönlichkeit, seine kleinbürgerlich-unauffällige Lebensform.

Die Schattenseite dieser Zufriedenheit war die weitgehende Entpolitisierung der Bevölkerung. Der ungeschriebene Vertrag zwischen

Volk und Kádár enthielt auch eine ungeschriebene, aber jedem geläufige Liste von Tabu-Themen: die Revolution 1956, Kritik an der Sowjetunion, Infragestellung des Einparteienstaates, aktive Opposition, offener Antisemitismus und „Anti-Zigeunerismus", um nur die wichtigsten zu nennen. Ausdrücklich demonstriert wurde dies auf kulturellem Gebiet, damit die stets unsichere Intellektuellenschicht diese Grenzen nicht vergaß. György Aczél, dem innerhalb der Parteiführung dieses Gebiet unterstand, stellte drei Bewertungskategorien der offizielle Kulturpolitik auf: unterstützt, toleriert und verboten. In Kunst und Literatur verlor der „sozialistische Realismus" seine Alleinherrschaft, die kulturelle Freiheit verbreitete sich weit über das in den „Bruderländern" übliche Maß hinaus – doch die Kontrolle blieb. Von Zeit zu Zeit wurden Filme, Romane, Gedichte und Ausstellungen verboten, Künstlern und Schriftstellern Auslandsreisen untersagt.

Im politischen Bereich kam es nur vereinzelt zu Verhaftungen, die Repressionen beschränkten sich meist auf Verwarnungen, Hausdurchsuchungen nach „feindlicher Literatur" und ähnliche Schikanen. Charakteristisch für diesen Reformkurs war, daß der einzige, Aufsehen erregende Prozeß wegen „demokratiefeindlicher Aufwiegelung" gegen drei Mitglieder einer maoistisch-anarchistischen Gruppe durchgeführt wurde. In der Regel blieben Tabu-Brüche, von den vielen Informanten immer auch an die politische Polizei gemeldet, folgenlos.

Mit der Zeit wurden die Tabu-Themen nicht nur zur Kenntnis genommen, sondern auch weitgehend internalisiert. Die große Mehrheit schenkte János Kádár ihr Vertrauen und glaubte, daß er im Rahmen der sowjetischen Okkupation und der Abhängigkeit des Landes das mögliche und erreichbare Optimum herausholte. In den unteren Schichten wurde die Bezeichnung „Onkel János" oder „Väterchen Kádár" oft gebraucht, sie „adoptierten" ihn als einen der Ihren. In den Intellektuellenschichten oder unter den Universitätsstudenten, die den noch so lockeren Maulkorb schwer vertrugen und Kádár den Mord an Imre Nagy nicht verzeihen konnten, war dem allerdings nicht so. Mit einem sicheren politischen Instinkt erhielt sich Kádár sogar das Vertrauen der poststalinistischen Sowjetführer, wenn es auch oft nur stirnrunzelnd und mit Warnungen über „kleinbürgerliche Tendenzen" verbunden gewährt wurde.

Ein wichtiger Faktor der Zufriedenheit war, daß die Privatsphäre respektiert wurde und tatsächlich privat blieb, sowohl von Parteizwängen als auch was den Umgang mit Tabu-Themen betraf. Man konnte im Familien- und Freundeskreis Radio Freies Europa einschalten, zu westlicher Musik tanzen, der Mode oder Punk- und Rock´n Roll-Stars huldigen, in die Kirche gehen, seine Kinder taufen lassen oder sie dem fakultativen Religionsunterricht entziehen. Auch der Parteieintritt blieb Privatsache, er konnte abgelehnt oder angenommen werden, letzteres in vielen Fällen aus der mehr oder weniger richtigen Vermutung, er könnte für die Karriere von Vorteil sein.

Bezeichnend war eine Meinungsumfrage aus dem Jahr 1981, in der die Frage gestellt wurde, worin Ungarn dem Westen überlegen sei. In 8 von 19 Kategorien ergab sich, daß die Befragten (mit 75 bis 98 Prozent) das Leben in Ungarn als besser denn im Westen einschätzten. Dies betraf (zwischen 98 und 90 Prozent) vor allem die Erziehungsmöglichkeiten der Kinder, das Recht auf Arbeit, den Schutz der Interessen der Werktätigen, die Krankenversorgung und das moralische Niveau der Gesellschaft. Es folgten die Stabilität des Familienlebens, kultivierte menschliche Beziehungen, die Geltendmachung der Chancengleichheit und – überraschenderweise – die Freiheit der Meinungsäußerung. Als dem Westen gegenüber unterlegen wurden u. a. eingestuft: der materielle Wohlstand, die Vielfalt des Warenangebots, der Zugang zu Wohnungen, die Qualität der Kleidung und Wohnungseinrichtung, die Mechanisierung der Hausarbeit und die Möglichkeiten zu Auslandsreisen.

Drei Jahre später, 1984, wurde Ungarn in der gleichen Umfrage nur in einer einzigen Kategorie, dem Recht auf Arbeit, noch für überlegen befunden. Die Außenwelt, die Wirtschaftskrise in den sozialistischen Ländern, vor allem die strukturelle und ideologische, sich als unüberwindbar zeigende Krise der Sowjetunion hatte auch auf Ungarn übergegriffen und die Legitimität des Systems in Frage gestellt.

Die Beschreibung des plötzlichen und raschen Zusammenbruchs in der zweiten Hälfte der 80er Jahre liegt außerhalb meines eigentlichen Themas, des Nachdenkens über die sich auf die Kádár-Periode beziehende Nostalgie. Die radikal veränderte Weltsituation und die mit ihr zusammenhängende Wiederbelebung und Erstarkung der inneren Opposition riefen verzweifelte, nicht funktionierende Rettungsversuche hervor, gipfelnd in dem Beschluß des Zentralkomitees vom Februar 1989, ein Mehrparteiensystem vorzubereiten. Das geschah noch in der wirklichkeitsfremden Annahme, daß freie Wahlen die führende Rolle der Sozialistischen Arbeiterpartei beweisen würden. In den Märzwahlen von 1990 erzielte die Partei dann 11 Prozent. Der Systemwechsel war vollzogen.

Ich habe bisher versucht, die verbreitete Nostalgie für die Kádár-Periode in großen Umrissen aus dem Verhältnis der Menschen zum System zu begründen. Diese Periode kann nicht unabhängig von der Revolution 1956 betrachtet werden. Geschichtlich betrachtet knüpfte Kádár – ungewollt und nie eingestanden, sie konsequent als Konterrevolution bezeichnend, ja, in den „Vergeltungsjahren" ihre Initiatoren und Aktivisten blutig unterdrückend – an die sozialistische, antistalinistische Komponente der Revolution an. Ohne diese Revolution und – fügen wir hinzu – ohne Chruschtschow hätte auch Ungarn den nach der Zerschlagung des Prager Frühlings folgenden retardierenden „tschechoslowakischen Weg" gehen müssen.

Kádár und die um ihm gescharten Reformkommunisten sind durch den Druck der Erinnerung an die Revolution in den Köpfen und Herzen des gesamten Volkes, der Kommunisten wie Nicht-Kommunisten, nicht bei den Reformen des Stalinismus stehen geblieben, sie haben tastend und vorsichtig Grundpfeiler des Systems in Angriff genommen. Die „Diktatur des Proletariats" wurde in ein paternalistisch-autoritäres System verwandelt. Sogar in der neuen Verfassung war mancherorts das Wort „Arbeiterklasse" durch „Bevölkerung" ersetzt worden, das Kolchossystem wurde abgeschafft, die Abkapselung von der Außenwelt durchlöchert, die Planwirtschaft auf makroökonomische Grundzüge beschränkt und den Unternehmungen die Freiheit gegeben, selbst zu bestimmen, was und wie viel sie produzieren. Ein gemischtes Preissystem von behördlich festgesetzten und marktwirtschaftlich gestalteten Preisen wurde eingeführt, innerhalb und parallel zu dem verstaatlichten entstand ein profitorientierter zweiter Wirtschaftsektor. Sogar das marxistische Grundprinzip der Verstaatlichung der Produktionsmittel wurde aufgeweicht, durch die über die Hintertür eingelassenen Elemente der Privatwirtschaft ergänzt und später durch die 1984 vom Zentralkomitee beschlossene

Vorbereitung einer gemischten, staatlich-genossenschaftlichen und privaten, gelenkten Marktwirtschaft legitimiert.

Hier sollte meine Analyse eigentlich enden. Wir wollen den Kampf des Kádár-Systems um Leben und Tod nicht nachzeichnen. Doch eine letzte Frage soll noch aufgeworfen werden. Was unterschied das Demokratie-Verständnis der Kádár-Periode vom bürgerlichen Parlamentarismus und Rechtsstaat? Was wäre geschehen, wenn ihre Entwicklung nicht frühzeitig abgebrochen worden wäre? Eine Demokratie im wörtlichen Sinne der direkten Volksherrschaft gab es nie und kann es nicht geben, es sei denn, vielleicht, in den kleinen, aber reichen Schweizer Kantonen. Auch in ihrer parlamentarisch-repräsentativen Form delegiert das Volk die Herrschaft an in freien Abstimmungen gewählte Parteien als den Handlungsagenten des Systems. Die politische Grundlage der Kádár-Periode war und blieb der Einparteienstaat – als einziger intakter Pfeiler des Sowjetsystems. Von freien Wahlen konnte keine Rede sein, nur von gefälschten Abstimmungen mit Ergebnissen zwischen 90 und 98 Prozent. Auf dem Gipfel der diesem System gegebenen Entwicklungszeit hatte Kádár zwar mit Reformen auch dieser Methode experimentiert: In den Versammlungen der Wahlkreise konnte neben dem von der Partei im Rahmen der Nationalen Volksfront bestimmten Kandidaten ein zweiter Name zur Wahl gestellt werden, doch wurde der von der Partei kontrolliert und meist gestrichen oder durch einen Mitläufer ersetzt. Diese „Reform" blieb vollständig unbedeutend.

Nach der Niederschlagung der Revolution 1956 usurpierte die Partei zweifellos die eben genannte Rolle des Handlungsagenten für das Volk. In den 70er Jahren jedoch nahmen die Mehrheiten Kádár als Verkörperung dieses Handlungsagenten an, wenn auch notgedrungen und ohne Alternative. Beim Durchdenken der damaligen sozialen Mehrheitserfahrung, die sich heute – wie selektiv und subjektiv die Erinnerung auch sein mag – in der Nostalgie reflektiert, finde ich in der Kádár-Periode Ansätze einer anderen Demokratie, die unter dem einmaligen Zusammenspiel der Umstände stecken geblieben sind. Sie führt zum Neudenken der alten Überzeugung – so alt wie die Linke, ja der moderne Demokratie-Begriff selber –, daß das Versprechen, das in dem politischen Ziel von Freiheit, Gleichheit und Brüderlichkeit

187

liegt, doch einlösbar ist. Daran ändert der Zusammenbruch der Sowjetunion nichts; er zeigt vielmehr, daß die Idee des Sozialismus, so realisiert, bankrott gehen mußte. Um der Erfüllung jenes Versprechens näher zu kommen und ihm einen volleren Inhalt zu geben, wird es eines Tages notwendig werden, wieder über den Horizont des Kapitalismus hinauszugehen. Der ihm innewohnende Widerspruch zwischen individuellen Rechten und globalisiertem, radikalem freien Markt kompromittiert seine spät geschaffenen demokratischen und sozialstaatlichen Grundlagen selbst und schafft mit seiner realen Existenz das Bedürfnis einer anderen Welt. Mit dem Schiffbruch des Kommunismus sind die in der Demokratie steckenden Möglichkeiten nicht gestorben.

In der unterbrochenen Entwicklung der Kádár-Periode gab es Ansätze, die sowohl über den Leninismus-Stalinismus als auch über den parlamentarisch-rechtsstaatlichen Kapitalismus hinausreichten. Das betraf die Existenzsicherheit und Berechenbarkeit der Lebensplanung auch in den Unterschichten, die Vollbeschäftigung und die weitgehend einkommensunabhängige Konstruktion des Systems der Wohlfahrtsgesellschaft, die daraus folgende Chancengleichheit und neue Ausbildung gesellschaftlicher Solidarität. Danach sehnen sich viele inzwischen zurück und verdrängen dabei die paternalistische, „weiche" Unterdrückung und die Sowjetokkupation, die diese Ansätze noch weiter verzerrte. Man könnte die Kádár-Periode vielleicht als eine potenziell neue Demokratie verstehen.

Die sogenannte Nostalgie richtet sich offenbar nicht vordergründig auf die Verschönerung der Vergangenheit, sondern auf den Entwurf und die Ansprüche an die Zukunft. Das ist ihr eigentlicher Inhalt, das Reale und Wertvollste, auch das Bleibende an ihr. Sie kann dazu beitragen, daß Ostmitteleuropa mit seiner geschichtlich bedingten Vergangenheit auch nach dem Eintritt in die Europäische Union nicht gleichgeschaltet wird. Was immer für Bedingungen und Umstände zukünftig heranreifen werden, mag diese Region den nur ihr eigenen Traum davon bewahren, wie es anders sein könnte.

Auswahlbibliographie

Anderson, Perry: *Passages from Antiquity to Feudalism,* London 1978 (Dt.: *Von der Antike zum Feudalismus: Spuren der Übergangsgesellschaften.* Frankfurt am Main 1981).

Barraclough, Geoffrey: *Eastern and Western Europe in the Middle Ages,* London 1970.

Bell, John D.: The Bulgarian Communist Party, Stanford 1986.

Berend, Iván Tibor: *Decades of Crisis: Central and Eastern Europe before World War II,* Berkeley 1998.

Ders.: *Central and Eastern Europe, 1944-1993,* New York 1996.

Ders. / Ránki, György: *The European Periphery and Industrialization,* New York 1954, Budapest 1982.

Dies.: *Economic Development in East-Central Europe in the 19th and 20th Centuries,* New York 1974.

Birke, Ernst / Neumann, Rudolf: *Die Sowjetisierung Ost-Mitteleuropas. Untersuchungen zu ihrem Ablauf in den einzelnen Ländern,* Frankfurt am Main - Berlin 1959.

Blum, Jerome: *Lord and Peasant in Russia,* Princeton 1961.

Brentano, Margherita von: *Die Endlösung – Ihre Funktion in Theorie und Praxis des Faschismus,* in: Huss, H. / Schröder, A.(Hg.): Antisemitismus. Zur Pathologie der bürgerlichen Gesellschaft, Frankfurt am Main 1965.

Brown, James Franklin: *Eastern Europe and Communist Rule,* Durham 1988.

Brzeziński, Zbigniew Kasimierz: *The Soviet Bloc: Unity and Conflict,* Cambridge / Mass. 1981; zuerst 1960. (Dt.: *Der Sowjetblock. Einheit und Konflikt,* Köln - Berlin 1962.)

Butnaru, Ion C.: *The Silent Holocaust: Rumania and its Jews,* New York 1992.

Carsten, Francis Ludwig: *The Origins of Prussia,* Oxford 1954 (Dt.: *Die Entstehung Preußens,* Frankfurt am Main 1981).

Ders.: *Revolution in Mitteleuropa 1918 -1919,* Köln 1973.

Checinski, Michael: *Poland: Communism, Nationalism, Antisemitism,* New York 1982.

Chirot, Daniel: *Social Change in a Peripheral Society,* New York 1976.

Ders. (Hg.): *The Origins of Backwardness in Eastern Europe,* Berkeley 1989.

Conze, Werner: *Ostmitteleuropa. Von der Spätantike bis zum 18. Jahrhundert.* Hg. u. m. e. Nachwort v. Klaus Zernack, München 1992.

Dawidowicz, Lucy S.: *The War against the Jews 1933-45,* New York 1979.

Deak, István: *Hungary,* in: Rogger / Weber 1966.

Ders.: *The Lawful Revolution: Louis Kossuth and the Hungarians,* New York 1979 (Dt.: *Die rechtmäßige Revolution: Lajos Kossuth und die Ungarn 1848-1849,* Budapest 1989).

Dobb, Maurice: *Studies in the Development of Capitalism,* New York 1946, [2]1963 (Dt.: *Entwicklung des Kapitalismus vom Spätfeudalismus bis zur Gegenwart,* Köln 1972).

Dubnow, Simon: *Die neueste Geschichte des jüdischen Volkes von der französischen Revolution bis zum Ausbruch des Weltkrieges; mit Epilog 1914-1928,* Jerusalem 1935, 1971.

Dziewanowski, Marian K.: *The Communist Party of Poland,* Cambridge / Mass. 1976.

Endres, Robert: *Revolution in Österreich1848,* Wien 1947.

Fejtö, François: *Histoire des démocraties populaires,* Paris 1952 (Dt.: *Die Geschichte der Volksdemokratien,* Frankfurt am Main 1988).

Fischer, Jürgen: *Orient, Okzident, Europa in der Spätantike und im frühen Mittelalter,* Wiesbaden 1957.

Fleming, Denna Frank: *The Cold War and its Origins 1917-1960,* New York 1961.

Florinsky, Michael T.: *Russia: a History and an Interpretation,* New York 1953.

Fontaine, André: *A History of the Cold War,* London 1969.

Gati, Charles: *Hungary and the Soviet Bloc,* Durham 1985.

Ders.: *The Bloc that Failed,* Bloomington 1990.

Gerschenkron, Alexander: *Economic Backwardness in Historical Perspective,* Cambridge / Mass. 1962.

Geyer, Dietrich: *Osteuropäische Geschichte und das Ende der kommunistischen Zeit,* Heidelberg 1996 (Sitzungsberichte der Heidelberger Akademie der Wissenschaften, Phil.-hist. Klasse, Jg. 1996, 1).

Gibianskii, Leonid: *The Soviet-Yugoslaw Split and the Cominform,* in: Naimark/Gibianskii 1997.

Gross, Jan T.: *Neighbors. The Destruction of the Jewish Community in Jedwabne, Poland,* Princeton 2001.

Grothusen, Klaus-Dietrich / Zernack, Klaus: *Europa Slavica – Europa Orientalis. Festschrift für Herbert Ludat zum 70. Geburtstag,* Berlin 1980.

Gunst, Peter: *Einige Probleme der wirtschaftlichen und sozialen Entwicklung Osteuropas,* Köln 1977.

Heller, Celia Stopnicka: *On the Edge of Destruction: Jews of Poland between the Two orld Wars,* New York 1977.

Hillgruber, Andreas: *Deutschland und Ungarn 1933-1941,* in: Wirtschaftliche Rundschau, 1959/11.

Hobsbawm, Eric: *The Age of Revolution 1789–1848,* New York 1969.

Ders.: *The Age of Capital 1848–1875,* New York 1975.

Ders.: *The Age of Empire 1875–1914,* New York 1987 (Dt.: *Das imperiale Zeitalter: 1875–1914,* Frankfurt am Main 1996).

Ders.: *The Age of Extremes. The Short Twentieth Century 1914–1991,* London 1994. (Dt.: *Das Zeitalter der Extreme. Weltgeschichte des 20. Jahrhunderts,* München - Wien ⁵1997).

Horowitz, David: *The Free World Colossus: a Critique of American Foreign Policy in the Cold War,* New York 1977.

Ionescu, Ghita: *Communism in Rumania 1944–1962,* Westport 1976.

Janos, Andrew C.: *The Politics of Backwardness in Hungary,* Princeton 1982.

Jászi, Oscar: *The Dissolution of the Habsburg Monarchy,* Chicago 1966.

Jones, J. R.: *England,* in: Rogger/Weber 1966.

Jowitt, Kenneth (Hg.): *Social Change in Romania: 1860–1940,* Berkeley 1978.

Kaplan, Karel: *The Short March: the Communist Takeover in Czechoslovakia 1945–1975,* New York 1987.

Kaser, Michael Charles/Radice, E. A.: *The Economic History of Eastern Europe 1919–1975,* New York 1985.

Kersten, Krystyna: *The Establishment of Communist Rule in Poland 1943–1948,* Berkeley 1991.

Kochan, Lionel: *The Making of Modern Russia,* London 1997.

Kornai, János: *The Socialist System: the Political Economy of Communism,* Princeton 1992.

Ders.: *The Economics of Shortage,* Amsterdam 1980.

Kovrig, Bennett: *Communism in Hungary: From Kun to Kádár,* Stanford 1979.

Lévai, Jeno: *Zsidó sors Magyarországon [Das jüdische Schicksal in Ungarn],* Budapest 1948.

McCagg, William O., Jr.: *A History of Habsburg Jews: 1670–1918,* Bloomington 1989.

McCauley, Martin (Hg.): *Communist Power in Europe 1944–1949,* New York 1977.

Massing, Paul W.: *Vorgeschichte des politischen Antisemitismus,* Frankfurt am Main 1959.

Mastny, Vojtech: *The Cold War and Soviet Insecurity: the Stalin Years,* New York 1996.

Mayer, Arno Joseph: *Why did the Heavens Not Darken? The Final Solution in History,* New York 1990.

Moore, Barrington, Jr.: *Social Origins of Dictatorship and Democracy,* Boston 1967. (Dt.: *Soziale Ursprünge von Diktatur und Demokratie. Die Rolle der Grundbesitzer und Bauern bei der Entstehung der modernen Welt,* Frankfurt am Main 1974, [3]1987.)

Naimark, Norman/Gibianskii, Leonid (Hg.): *The Establishment of Communist Regimes in Eastern Europe 1944–1949,* Boulder 1997.

Parrish, Scott: *The Marshall Plan, Soviet-American Relations and the Division of Europe,* in: Naimark/Gibianskii1997.

Poliakov, Léon: *The History of Anti-Semitism: From the Time of Christ to the Court Jews,* New York 1974 (Dt.: *Geschichte des Antisemitismus,* Worms 1977).

Procacci, Giuliano et al.: *The Cominform. Minutes of the Three Conferences: 1947, 1948, 1949.* Mailand 1994.

Reddaway, William F./Parson, H.: *The Cambridge history of Poland,* Cambridge 1950, New York 1971.

Reichmann, Eva G.: *Hostages of Civilisation,* London 1941 (Dt.: *Die Flucht in den Haß. Die Ursachen der deutschen Judenkatastrophe.* Frankfurt am Main 1949).

Roberts, Henry L.: *Rumania: political problems of an agrarian state,* Hamdem 1969.

Rogger, Hans/Weber, Eugen (Hg.): *The European Right: A Historical Profile,* Berkeley 1965.

Rothschild, Joseph: *East Central Europe between the Two World Wars,* Seattle 1992.

Spulber, Nicolas: *The State and Economic Development in Eastern Europe,* New York 1966.

Stengers, Jan: Belgium, in: Rogger, Hans/Weber, Eugen (Hgg.): *The European right: a historical profile,* Berkeley 1965.

Stökl, Günther: *Osteuropa und die Deutschen. Geschichte und Gegenwart einer spannungsreichen Nachbarschaft,* 3. erw. Aufl. m. e. Nachtrag, Stuttgart 1982.

Stokes, Gale: *The social origins of eastern European politics,* in: Daniel Chirot (Hg.): *The origins of backwardness in Eastern Europe: economics and politics from the middle ages until the early twentieth century,* Berkeley 1991.

Sugar, Peter F.: *Southeastern Europe under Ottoman rule: 1354-1804,* Seattle 1993.

Szücs, Jenö: *The Three Historical Regions of Europe,* Budapest 1983 (Dt.: *Die drei historischen Regionen Europas,* Frankfurt am Main 1994).

Taubman, William: *Stalin's American policy: from Entente to Detente to Cold War,* New York 1982.

Taylor, Jack: *The Economic Development of Poland 1919-1950,* New York 1952.

Thomas, Hugh: *Armed Truce: The Beginnings of the Cold War 1945-46,* New York 1987.

Thompson, John M.: *Russia and the Soviet Union: an historical introduction from the Kievan state to the present,* Boulder 1998.

Ulam, Adam Bruno: *Titoism and the cominform,* Westport 1971.

Vago, Bela/Mosse, George L. (Hg.): *Jews and Non-Jews in Eastern Europe 1918-1945,* New York 1974.

Wandycz, Piotr S.: *The Lands of Partitioned Poland* 1795-1918, Seattle 1993.

Weber, Eugen: France, in: Rogger, Hans / Weber, Eugen (Hg.): *The European right: a historical profile,* Berkeley 1965.

Ders.: Romania, in: Rogger, Hans/Weber, Eugen (Hg.): *The European right: a historical profile,* Berkeley 1965.

Wedel, Janine R.: *Collision and Collusion. The Strange Case of Western Aid to Eastern Europe 1989-1998,* New York 1998.

Wolff, Robert Lee: *The Balkans in Our Time,* New York 1978.

Woolfe, Stuart J.: *Fascism in Europe,* London 1981.

Yergin, Daniel: *Shattered peace. The Origins of the Cold War and the Nationals Security State,* Boston 1977.

Zernack, Klaus: *Osteuropa. Eine Einführung in seine Geschichte,* München 1977.

Zubok, Vladislav Martinovich / Plechakov, C.: *Inside the Kremlin's Cold War. From Stalin to Khrushchev,* Cambridge / Mass. 1996.

Kommentiertes Personenregister

Acheson, Dean – 1893-1971, US-Politiker und Rechtsanwalt, ab 1933 Unterstaatssekr., ab 1941 Unterstaatssekr. für Wirtschaftsangelegenheiten im Außenministerium, Außenminister 1949-1953, nach 1961 außenpolit. Berater der US-Regierung. 146.

Aczél, György – 1917-1991, ungarischer Politiker, seit 1935 Mitgl. der illegalen KP, 1949 im Zusammenhang des Rajk-Prozesses verhaftet, 1954 entlassen und rehabilitiert, 1956-1988 Mitgl. des Zentralkomitees (ZK) der Ungarischen Sozialistischen Arbeiterpartei (USAP), 1957-1967 stellv. Bildungsminister, 1970 ZK-Sekr. für Agitation und Propaganda und Mitgl. des Politbüros, Chefideologe der Kadar-Ära, ab 1985 Direktor des Sozialwissenschaftlichen Institutes der USAP, schied 1988 aus dem Politbüro aus. 184.

Antonescu, Ion – 1882-1946, rumänischer Militär und Politiker, 1933 Generalstabschef, 1937/38 Kriegsminister, durch Staatsstreich 1940 Militärdiktator, 1944 im Volksaufstand gestürzt, 1946 hingerichtet. 110, 113, 177.

Belloc, Hilaire – 1870-1953, britischer Schriftsteller, wie G. K. Chesterton Vertreter des sozialkritischen Katholizismus. 93.

Beneš, Edvard – 1884-1948, tschechoslowakischer Politiker, Außenminister der Tschechoslowakischen Republik (ČSR) 1918-1935, 1940-1945 Präsident der tschechoslowakischen Exilregierung in London, 1935-1938 und 1945-1948 Staatspräsident, Rücktritt nach dem kommunistischen Aufstand 1948. 131, 134-136, 151.

Bevin, Ernest – 1881-1951, britischer Politiker, Generalsekr. der Transportarbeiter Gewerkschaft, 1940-1945 Arbeitsminister, 1945-1951 Außenminister. 147.

Bidault, Georges – 1899-1983, französischer Politiker, führend aktiv in der Widerstandsbewegung (Gruppe *Combat*), 1943 Vors. des Nationalkomitees der *Résistance*, Mitbegr. der katholischen MRP, 1944-1948 und 1953/54 Außenminister, 1946 und 1949/50 Ministerpräsident, später führend in der OAS, 1963-1968 Exil in Brasilien und Belgien. 147.

Bierut, Bolesław – 1892-1956, polnischer Politiker, seit 1919 KP-Mitgl., Instrukteur der Kommunistischen Internationale (KI), 1935 verhaftet, 1939 Emigration in die UdSSR, 1943 Rückkehr und illegale Untergrundarbeit, Generalsekr. der PZPR 1948, 1948-1954 Vors. und 1954-1956 Erster Sekr. des ZK der Polnischen Vereinigten Arbeiterpartei (PZPR), 1947-1952 Präsident der Volksrepublik Polen, 1952-1954 Premier. 129, 152.

Brzeziński Zbigniew Kasimierz – geb. 1928, US-Politiker und Politologe, galt seit John. F. Kennedys Präsidentschaftskandidatur 1960 als maßgebl. Sowjetexperte der Demokratischen Partei, 1976-1981 Sicherheitsberater Präsident Jimmy Carters. 129, 140.

Caffery, Jefferson – 1886-1974, US-Diplomat, u.a. 1934-1937 in Kuba, 1937-1944 Brasilien, 1944-1949 Frankreich und 1949-1955 Ägypten. 147.

Carol II. – 1893-1953, seit 1930 rumänischer König, 1940 durch die Militärdiktatur General Antonescus abgelöst, starb in Lissabon. 109.

Ceauşescu, Nicolae – 1918-1989, rumänischer Politiker, Mitgl. der Rumänischen Kommunistischen Partei (RKP) seit 1936, seit 1945 im ZK, seit 1955 Mitgl. des Politbüros, ab 1965 1. Sekr. des ZK der RKP, 1967-1974 zugleich Vors. des Staatsrates, seit 1974 Staatspräsident. 1989 zusammen mit seiner Ehefrau zum Tode verurteilt und hingerichtet. 180.

Churchill, Winston Leonard Spencer – 1874 -1964, britischer Politiker, Historiker und Schriftsteller, seit 1922 Konservativer, 1924-1929 Schatzkanzler, 1939/40 Erster Seelord, 1940-1945 und 1951-1955 Premierminister. 145.

Codreanu, Corneliu Zelea – 1899-1938, rumänischer Politiker, 1923 Begründer der Liga zur Christlich-Nationalen Verteidigung, Führer der Legion des Erzengels Michael (seit 1930 Eiserne Garde), 1938 Verurteilung wegen Hoch- und Landesverrats, in der Haft erschossen. 108/109, 111.

Déat, Marcel – 1894 -1955, französischer Philosoph, Politiker, 1934 Austritt aus der Sozialistischen Partei, wegen Kollaboration im 2. Weltkrieg 1945 in Abwesenheit zum Tode verurteilt. 94.

Dimitroff, Georgi – 1882-1949, bulg. Politiker, Mitgl. der bulgarischen Sozialdemokratischen Partei seit 1902, seit 1909 Mitgl. des ZK, 1919 Mitbegr. der Bulgarischen Kommunistischen Partei (BKP), 1923 nach Septemberaufstand Emigration, 1935-1943 Generalsekr. der KI, 1946-1949 Ministerpräs. der Volksrepublik Bulgarien. 128/129, 154.

Dinnyés, Lajos – 1901-1961, ungarischer Politiker, Gründungsmitglied der Partei der Kleinen Landwirte, 1943-1945 Illegalität, nach 1945 Führer der linken Gruppierung innerhalb der Partei der Kleinen Landwirte, 1947 Verteidigungsminister im Kabinett Ferenc Nagy, Mai 1947 Ministerpräsident, Dezember 1948 Rücktritt, 1958 Vizepräsident des Parlamentes. 154.

Doriot, Jacques – 1898-1945, französischer Politiker, Abgeordneter der Kommunistischen Partei Frankreichs (KPF) seit 1924, 1934 Ausschluß aus der KPF, 1936 Gründung der rechtsradikalen *Parti Populaire Français*, kämpfte mit der von ihm gegründeten

Légion Tricolore im 2. Weltkrieg auf deutscher Seite gegen die UdSSR. 94/95.

Dózsa, György – 1475-1514, Führer des bäuerlichen Kuruczenaufstandes in Ungarn, am 15.7.1514 hingerichtet. 38.

Dreyfus, Alfred – 1859-1935, französischer Generalstabsoffizier jüdischer Herkunft, 1894 wegen angeblichen Verrats militärischer Geheimnisse an Deutschland verurteilt, 1906 rehabilitiert. 74.

Dubnow, Simon – 1860-1941, jüdischer Historiker und Publizist, emigrierte Anfang der 20er Jahre aus Riga nach Berlin, 1933 Rückkehr, 1941 bei der Auflösung des Rigaer Ghettos von den Nazis ermordet. Hauptwerk: „Weltgeschichte des jüdischen Volkes von den Uranfängen bis zur Gegenwart" (10 Bde., Berlin 1925-1929). 122.

Eichmann, Adolf – 1906-1962, SS-Obersturmbannführer, seit 1939 Leiter des Judenreferats im Reichssicherheitshauptamt, hauptverantwortlich für die Durchführung des Massenmord an den Juden in den von den Deutschen besetzten Gebieten. Nach Kriegsende Flucht über Italien nach Argentinien, 1960 vom israelischen Geheim-dienst nach Israel gebracht, dort angeklagt und hingerichtet. 178.

Eötvös, József – 1813-1871, ungarischer Schriftsteller und Politiker, seit 1840 einer der geistigen Führer der ungarischen Reformbewegung, 1848 Unterrichtsminister, schuf die ungar. Volksschule. 46.

Ferdinand II. – 1578-1637, König von Böhmen (1617) und Ungarn (1618), seit 1619 deutscher Kaiser, Verfechter der Gegenreformation; durch seine Politik wurde der Dreißigjährige Krieg ausgelöst. 37.

Friedrich II. – 1712-1786, seit 1740 König von Preußen. 34, 120.

Friedrich Wilhelm I. – 1620-1688, seit 1640 Kurfürst von Brandenburg („Großer Kurfürst"). 34.

Gerö, Ernö – 1899-1980, ungarischer Politiker, seit 1918 Mitgl. der KP, 1919

nischen Bürgerkrieg, ab 1937 Generalsekr. der KPJ. Ab 1941 Organisator des Partisanenkampfes gegen die deutsche und italienische Besatzung, seit 1945 Ministerpräsident und Verteidigungsminister Jugoslawiens, seit 1952 Vorsitzender des Bundes der Kommunisten Jugoslawiens (BKJ), ab 1953 Staatspräsident. 131/32, 152.

Touvier, Paul – 1915-1996, französischer Faschist, seit 1937 Mitgl. der Pétain nahestehenden SNCF, 1943/44 Führer der Vichy-Milizen in Lyon, nach der Befreiung untergetaucht, 1946 in Abwesenheit zum Tode verurteilt, 1989 bei Nizza verhaftet. 96.

Trainin, Ilja Pawlowitsch – sowjetischer Philosoph, Mitgl. der Akademie der Wissenschaften, schrieb u.a. „Soviet Democracy" (1939). 129.

Truman, Harry Spencer – 1884-1972, US-Politiker, Demokrat, 1933/34 Senator, 1944/45 Vizepräsident, 1945-1953 US-Präsident. 146/47.

Veesenmayer, Edmund – 1904-1977, NS-Diplomat, 1941-1943 Sonderbeauftragter des Auswärtigen Amts in Jugoslawien und der Slowakei, 1944 deutscher Bevollmächtigter in Ungarn, zuständig für die Ermordung der ungarischen Juden, 1949 zu 20 Jahren Haft verurteilt, 1951 Entlassung. 179.

Varga, Eugen S. – 1879-1964, ungarischer Nationalökonom, 1919 Volkskommissar, dann Vors. des Obersten Volkswirtschaftsrates der ungarischen Räterepublik, 1920 Exil in der Sowjetunion, Wirtschaftsberater der KI, 1927-1947 Vors. des Instituts für Weltwirtschaft und Weltpolitik, 1956 Mitbegr. des Instituts für Weltwirtschaft und Internationale Beziehungen in Moskau. 129.

Wisliceny, Dieter – 1911-1948, SS-Hauptsturmführer, ab 1940 „Berater für Judenfragen" in der Slowakei, 1943/44 in Griechenland, ab März 1944 im SS-Sonderkommando Eichmann in Ungarn, 1945 Verhaftung, 1948 in Bratislawa hingerichtet. 177, 179.

Władisław II. Jagiellończyk – 1456-1516, König von Böhmen seit 1471; von Ungarn seit 1490, von den ung. Ständen gewählt. 32, 36.

Kartenauszüge nach:

Großer historischer Weltatlas, Teil 2. Hg. von Josef Engel u. a. , München 1979. (S. 28, 29.)

Propyläen-Weltgeschichte. Hg. von Walter Goetz, Band 5, Berlin 1930; Band 7, Berlin 1929. (S. 54, 64.)

Die Deutschen und ihre östlichen Nachbarn. Ein Handbuch. Hg. von Viktor Aschenbrenner, Ernst Birke, Walter Kuhn und Eugen Lemberg, Frankfurt am Main - Berlin - Bonn - München 1967. (S. 85, 160.)